__________________ 님의 소중한 미래를 위해

이 책을 드립니다.

4차산업혁명과 디지털 트랜스포메이션

개정판

성당에서 시장으로

FROM THE CATHEDRAL TO THE BAZAAR

이호근 지음

연세대학교 출판문화원

개정판

성당에서 시장으로
4차산업혁명과 디지털 트랜스포메이션

2018년 12월 5일 초판 발행
2021년 2월 26일 개정판 발행
2022년 8월 31일 개정판 2쇄

지은이 이호근
펴낸곳 연세대학교 출판문화원
주소 서울특별시 서대문구 연세로 50
등록 1955년 10월 13일(제9-60호)
전화 02) 2123-3378~80
팩스 02) 2123-8673
전자우편 ysup@yonsei.ac.kr
홈페이지 http://press.yonsei.ac.kr
인쇄 ㈜동국문화

ISBN 978-89-6850-548-5 (03320)

값 16,000원

개정판을 출간하며

‘성당에서 시장으로’ 초판이 발간된 지 2년이 지났습니다. 인터넷과 디지털 세계의 1년은 아날로그 세상의 5년에 해당한다는 얘기가 있습니다. 그만큼 디지털 기술의 발전과 시장의 변화가 빠르기 때문일 것입니다. 불과 2년밖에 지나지 않았지만 디지털 세계에서는 강산도 변한다는 10년이 흘러간 셈입니다. 초판이 나온 지 2년 만에 본서의 개정판을 출간하게 된 배경입니다. ‘성당에서 시장으로’는 지난 25년간 연세대학교에서 ‘IT 전략(IT Strategy)’ 과목을 강의하며 발전시킨 인사이트(Insight)를 정리한 것입니다. IT 전략 과목은 디지털 트랜스포메이션을 통해 시장을 재편하고자 하는 기업들이 숙지해야 할 내용을 토론식으로 진행하는 수업입니다. 토론 과정에서 다양한 아이디어와 예리한 통찰력으로 이 책의 영양소(營養素)를 제공한 수많은 학부 학생들과 MBA 학생들에게 이 자리를 빌어 감사의 뜻을 전합니다.

이 책이 출간될 수 있도록 지원을 아끼지 않은 연세대학교 대학출판문화원의 하경심 원장님과 출판과정에서 전문적인 편집능력으로 많은 도움을 주신 김성수 선생님과 심영주 선생님께 고마움을 표합니다. 본서의 초판부터 개정에 이르기까지 옆에서 많은 조언과 격려를 아끼지 않았고, 편집과정에서도 세세하게 도움을 준 제 아내에게도 진심으로 감사의 마음을 전합니다. 마지막으로 평생 자식을 사랑하시는 삶을 사시다가 지금은 하늘에 계신 아버님의 영전에 이 책을 바칩니다.

저자 이호근

프롤로그

프랑스의 라스코 동굴에서 1940년에 발견된 벽화는 동물의 그림뿐만 아니라 사냥을 위한 지형지물과 자연환경에 대한 지도를 포함하고 있다. 인류가 먹거리를 사냥하기 위해 이미 17,000년 전에 지도를 사용한 것이 확인된 것이다. 1994년 스페인의 나바라 동굴에서는 14,000년 전에 만들어진 휴대용 돌멩이 지도가 발견되었다. 돌멩이 지도에는 산봉우리, 물이 넘치는 지역, 나무가 많은 지역, 계곡 등이 그려져 있었는데, 고고학자들이 동굴 주변의 지형이 돌멩이 지도와 일치함을 확인했다. 라스코 동굴의 벽화가 사무실에 걸려 있는 대형 지도의 역할을 했다면 나바라 동굴의 돌멩이 지도는 휴대용 내비게이션의 역할을 한 셈이다.

이처럼 기술이나 도구를 사용해 문제를 해결하고, 보다 나은 삶을 지향하는 특성은 인류의 DNA에 저장되어 있는 속성이다. 18세기 후반에 증기기관의 발명으로 산업혁명이 시작된 지 불과 200여 년 사이에 우리는 벌써 네 번째 산업혁명을 맞고 있다. 끊임없이 새로운 기술에 도전하고 필요한 도구를 만들어내는 인간이 이루어낸 성과다.

4차산업혁명은 PC의 대량 보급과 인터넷의 발전으로 촉발된 정보화혁명, 즉 3차산업혁명의 연장선 위에서 진행되고 있다. 지난 25년간 대학에서 강의를 진행하면서 디지털로 전환되는 환경변화에 제대로 적응하지 못해 디지털 다위니즘(Digital Darwinism)의 희생이 된 기업들을 많이 보았다. 디지털 다위니즘은 환경변화에 적응하지 못하는 동식물이 생태계에서 퇴출되듯이 디지털로 진화하는 시장환경에 제대로 대응하지 못하는 기업은 도태될 수밖에 없음을 의미한다. 오랜 기간 시장에서 군림했던 이들 마켓리더들은 디지털 기술이 제품 혁신을 초래하고, 그 결과 시장에서 경쟁의 룰이 바뀌는 흐름을 놓쳐 한순간에 몰락하거나 어려움을 겪고 있다. 반면 디지털 기술을 활용한 제품혁신으로 시장을 재편하며 새로운 마켓 리더로 부상한 기업들도 많다. 디지털 혁신에 실패해 추락한 기업들과 제품혁신으로 시장 재편에 성공한 기업들의 차이는 무엇일까? 본서는 이 질문에 대한 해답을 찾아가는 여정을 정리한 것이다.

"도대체 '성당과 시장'이 4차산업혁명과 무슨 관계가 있나?"며 책의 제목에 대해 궁금해하는 독자가 많을 것 같다. 성당과 시장이라는 개념은 오픈소스 소프트웨어 지지자인 에릭 레이몬드가 1999년에 출판한 책에서 처음 사용했다. 레이몬드는 기업내 소수의 전문가 그룹만으로 소프트웨어를 제작하는 기존의 개발방식을 '성당(Cathedral)'이라고 표현한 반면, 누구나 개방적인 환경에서 소프트웨어 개발에 참여할 수 있는 오픈소스 소프트웨어 프로젝트를 '시장(Bazaar)'이라 불렀다. 소프트웨어 개발에 도입된 성당과 시장의 경영철학은 제품 혁신을 위한 기업전략에도 시사하는 바가 크다. 즉, 제품 혁신을 기업내 가용 인력만으로 추진하면 성당 방식이 되고, 외부의 파트너들을 혁신 과정에 동참시키면 시장 메커니즘이 되는 셈이다. 애플 아이폰 성공의 일등공신은 앱스토어다. 애플이 자사내 인력만으로 아이폰을 위한 앱을 개발하는 성당 방식을 채택했다면 앱스토어에 올라와 있는 200만 개에 해당하는 앱을 만들어내는 것이 불가능했을 것이다. 애플은 누구나 아이폰을 위한 앱 개발에 참여할 수 있는 시장 메커니즘으로 스마트폰 시장을 장악했다.

1990년대와 2000년대에 온라인과 디지털화의 영향을 가장 많이 받은 서적, 음반, 미디어, 신문 등 콘텐츠 산업에서는 성당과 시장 방식이 기업의 성패를 갈랐다. 소수의 전문가 그룹이 편집하는 성당 방식을 사용한 브리태니커 백과사전은 몰락했지만 누구나 지식 콘텐츠 편집에 참여할 수 있는 시장 메커니즘을 도입한 위키피디아 백과사전은 시장의 리더가 되었다. 콘텐츠 산업에서 시장 재편에 성공하며 기존의 시장 리더들을 밀어내고 그 자리를 차지한 기업들은 콘텐츠 플랫폼에 시장 메커니즘을 사용했다는 공통분모를 가지고 있다.

4차산업혁명은 이전에는 가능하지 않았던 새로운 기술을 시장에 쏟아내고 있다. 기업이 제품 혁신을 위해 채택할 수 있는 메뉴의 아이템이 그만큼 늘어나고 있는 셈이다. 4차산업혁명이 제공하는 제품 혁신의 기회는 그 범위와 영향의 정도가 이전과는 비교가 되지 않는다. 지금까지 디지털 제품 혁신이 디지털 다위니즘을 초래한 분야는 주로 콘텐츠 산업이었다. 하지만 사물인터넷과 인공지능, 빅데이터와 같은 신기술들이 기존의 제품을 '스마트 제품'으로 탈바꿈시키는 제품 혁신은 모든 산업에서 일어날 개연성이 크다. 4차산업혁명 기술에 의한 제품 혁신은 시장에서 경쟁의 룰을 바꾸고 업종간의 영역을 허물며 산업구조를 변화시킨다. 마치 음반과 DVD가 디지털 파일로 변환되고 온라인으로 공유되면서 비즈니스 모델과 경쟁의 룰이 바뀐 것과 흡사한 변화다. 디지털 기술을 활용한 제품 혁신의 성공여부가 미래에 디지털 다위니즘의 희생 기업과 시장 재편에 성공하는 기업의 운명을 결정할 것으로 전망되는 이유가 여기에 있다.

올림픽 쇼트트랙 게임에서 순위 변경은 직선 구간이 아닌 회전하는 곡선구간에서 주로 일어난다. 새로운 기술이 시장에 영향을 주는 변곡점에서 시장 리더가 바뀌는 것도 같은 이치다. 4차산업혁명이 제공하는 제품 혁신의 기회를 경쟁자에게 뺏기는 기업은 디지털 다위니즘의 희생자가 될 수 밖에 없다. 기존의 상품을 스마트 제품으로 전환하는 제품 혁신의 성공 방정식도 성당이 아니라 시장 메커니즘에 있다. 앞으로 디지털 제품 혁신을 통해 시장 재편을 추구하는 기업은 제품 플랫폼에 파트너들을 동참시키는 시장 메커니즘을 도입해야 한다는 것이 이 책의 결론이다.

본서는 크게 세개의 파트로 나뉘어져 있다. 제1부는 인터넷과 PC 보급의 확대, 그리고 디지털 변환 기술의 발전으로 격심한 산업구조의 변화를 경험한 콘텐츠 산업의 경험을 분석하고 있다. 제2부는 4차산업혁명을 대표하는 현재의 기술들을 소개하고 이들이 어떻게 활용될 수 있는지를 설명한다. 제3부는 4차산업혁명이 제공하는 새로운 디지털 트랜스포메이션의 기회에 대해 살펴보고, 디지털 제품 혁신을 위한 플랫폼에 대해 논의하고 있다. 따라서 제1부는 과거, 제2부는 현재, 그리고 제3부는 앞으로 다가올 미래에 대한 내용이라고 봐도 큰 무리가 없을 듯 하다.

이 책은 4차산업혁명이 제공하는 디지털 혁신의 기회를 기업이 제대로 활용할 수 있도록 도움을 주기 위해 서술한 경영관련 서적이다. 본서를 저술하면서 경영학이나 디지털 기술에 대한 깊은 백그라운드가 없는 독자들도 이해할 수 있도록 쉽게 쓰기 위해 노력했다. 어려운 기술 용어나 경영학 관련 단어들은 주석을 달아 별도로 설명한 것도 이러한 노력의 일환으로 이해해 주면 좋겠다. 이론적인 학술 서적을 읽을 때보다는 어깨에 힘을 더 빼고, 소설을 대할 때보다는 눈에 힘을 더 준다고 여기면서 읽어주기 바란다.

인왕산 아래 집필실에서

차례

차례

차례

차례

" 보고있는 눈이 충분히 많으면
찾지못할 소프트웨어 버그는 없다(Given enough
eyeballs, all bugs are shallow.)
이것이 리누스의 법칙(Linus's Law)이다 "

\- 에릭 레이몬드(Eric Raymond),
『성당과 시장(The Cathedral and the Bazaar)』, 1999 -

제1부

성당과 시장

01

디지털 다위니즘과 시장재편

광속으로 변하는 컴퓨터와 네트워크 기술

앨빈 토플러에 의하면 인류는 세 번에 걸친 커다란 혁명을 통해 엄청난 생산성의 향상을 경험하면서 오늘날에 이르렀다. 원시수렵을 위해 유목생활을 하던 인류가 농경사회로 정착하면서 농업생산량이 크게 늘어난 농업혁명이 첫 번째 변혁이었다면 18세기 증기기관의 개발로 산업생산성의 급격한 증가를 가져온 산업혁명이 두 번째 변화다. 그리고 20세기에 들어와 컴퓨터와 네트워크의 출현으로 정보화사회가 도래하면서 초래된 정보혁명이 세 번째 변화에 해당한다.

최근에 일어나고 있는 정보혁명이 과거 농업혁명이나 산업혁명과 크게 다른 점은 변화의 속도에 있다. 농업혁명이 신석기 시대에 들어서면서 수천년에 걸쳐 서서히 일어난 변화라면, 산업혁명은 200여 년 정도의 기간에 걸쳐 진행됐다. 하지만 정보혁명은 불과 수십 년에 불과한 짧은 시간안에 이루어졌으며, 시간이 지날수록 변화의 속도도 점점 더 빨라지고 있다.

구분	농업혁명	산업혁명	정보혁명
변화 동인	탈유목/정착농경	증기 엔진	정보 기술 (컴퓨터/NW 등)
변화 속도	수천 년 (아주 천천히 이루어짐)	200여 년(점진적으로 이루어짐)	수십 년 (광속으로 이루어짐)

정보혁명의 가장 큰 특성은 기술의 발전속도가 무척 빠르다는 것이다. 정보혁명은 불과 수십 년 사이에 일어났으며, 그 기술발전 속도는 점점 더 빨라지고 있다.

최초의 컴퓨터인 에니악은 18,000개의 진공관을 사용해 무게가 30톤이나 되었으며, 전체 길이도 25m에 달해 큰 방을 가득 채울 정도의 크기였다.

정보혁명을 주도하는 컴퓨터와 네트워크 기술의 역사는 그리 오래된 것이 아니다. 최초의 컴퓨터는 펜실베니아 대학의 모클리와 에커트가 1946년에 완성한 에니악(ENIAC)이다. 에니악은 미 국방부의 대포탄도계산을 위해 만든 군사용 컴퓨터다. 십진수 10자리의 덧셈을 초당 5천 번 수행할 수 있어 당시로서는 획기적인 컴퓨터였지만, 지금과 비교하면 디지털 손목시계가 사용하는 프로세서보다도 느린 속도다. 2021년 현재 가장 빠른 슈퍼컴퓨터인 후가쿠(Fugaku)가 초당 415경 번의 연산을 할 수 있으니 에니악의 연산속도보다 83조 배나 빨라진 셈이다. 에니악 개발 이후 18년이 지난 1964년에 IBM360이라는 컴퓨터가 기업체에서 처음으로 사용되기 시작했다. 따라서 컴퓨터의 상용화 역사는 겨우 50여년 밖에 되지 않는다.

네트워크 시대를 연 인터넷의 전신인 아파넷(ARPANet)은 1969년 미국방부 프로젝트의 결실로 만들어졌다. 1960년대 후반은 미국이 소련과 대치하던 냉전시대였다. 당시 미 국방부의 군사 네트워크는 주로 모뎀을 사용하는 전화네트워크로 구성되어 있어서 소련의 핵 공격을 받아 회선이 손상되면 통신이 두절되는 문제가 있었다. 아파넷은 소련의 공격을 받아 대부분의 회선이 붕괴되더라도 살아있는 선로가 하나만 있으면 통신이 가능한 패킷교환방식[1]을 사용했고, 이것이 이후에 그대로 인터넷으로 발전하게 된다. 1990년대 중반까지는 인터넷을 홍보나 광고같은 상용을 목적으로 사용하는 것을 금지하는 정책이 시행되었으나, 1995년에 이 제도를 폐지함으로써 기업들이 인터넷을 사용할 수 있는 길이 열렸다. 인터넷 상용화의 역사도 25년 정도밖에 되지 않는 셈이다.

컴퓨터와 네트워크 기술은 단기간에 엄청난 속도로 발전했다. 반도체 칩안에 들어가는 회로수는 1981년에 10만 개 정도였다. 지금은 손톱만한 반도체 칩 안에 400억 개의 회로가 들어간다. 반도체 집적도가 30년 사이에 40만 배나 늘어난 것이다. 인터넷 접속을 위해 9,600 bps의 전송속도

1 기존의 전화네트워크를 활용하는 회선교환방식은 정보를 교환하는 두 개의 컴퓨터 간에 데이터 경로를 미리 설정한 후, 정해진 경로를 따라 정보를 전송하므로 통신 중 회선에 문제가 생기면 통신이 두절된다. 패킷교환방식은 전송할 정보를 여러 개의 데이터 블록(패킷)으로 나눈 후 이들 블록들을 서로 다른 경로를 통해 전송한다. 개별 데이터 블록이 미리 정해진 경로로 전달되는 것이 아니라 네트워크의 중간 노드에서 다음 경로를 결정하므로,회선이 끊어지더라도 살아있는 경로를 찾아 데이터 블록을 전송하는 것이 가능하다.

구 분	개발초기	현재 (2021년)	성능향상 배수
반도체 집적도	칩당 10만 회로 (1981년)	칩당 400억 회로	400,000배
컴퓨터 통신속도	9,600bps 모뎀 (1990년대)	200Mbps 초고속인터넷	20,832배
노트북 성능	주기억장치 0.5MB HDD 20MB (1990년대)	주기억장치 16GB HDD 1,000GB	32,000배 50,000배

지난 수십년 간 반도체, 네트워크, 컴퓨터의 성능은 수만 배에서 수십만 배 이상 늘어났다. 다른 산업에서는 찾아보기 힘든 엄청난 기술발전 속도다.

를 제공하는 다이얼업 모뎀을 사용했던 것이 그리 오래전 일이 아니다. 이제는 전화선과 케이블TV 네트워크를 사용하는 초고속인터넷 덕분에 대부분의 네티즌들이 200mbps 이상의 전송속도를 즐기고 있다. 1990년대에 노트북이 처음 출시될 당시 주기억장치의 메모리 용량은 0.5메가바이트(MB), 하드디스크의 저장 용량은 20MB 수준이었다. 최근에 출시되는 노트북은 주기억장치 용량이 16기가바이트(GB), 하드디스크는 1,000GB의 용량을 가지고 있어, 노트북의 성능도 불과 20여 년 만에 수만 배 증가했다.

성공 기업의 딜레마와 디지털 다위니즘

기술발전의 속도가 무척 빠른 특성 때문에 성공한 기업도 디지털 기술변화에 제대로 대응하지 못하면 언제든지 몰락할 수 있다. 문제는 이미 시장을 선점한 기업들이 시장에 새로이 출시된 기술에 제대로 대응하는 것이 쉽지 않다는 데에 있다. 신기술이 시장에 모습을 드러낸 초기에는 기존 기술에 비해 성능이 떨어지는 경우가 많다. 자사의 주요 고객들이 성능이 낮은 신기술을 원하지 않는 상황에서 시장을 장악하고 있는 이들 중견기업들이 신기술에 과감한 투자를 하기는 쉽지 않다. 결국 중견기업들이 무시한 신기술은 소규모 신생기업들의 몫으로 남게 된다. 하지만 기술발전 속도가 빨라 신기술이 짧은 시간 안에 기존 기술의 성능을 낼 수 있는 수준에 도달하면, 이들 신생기업들이 중견기업으로 부상하고 기존의 시장 리더였던 중견기업들은 몰락하거나 어려움을 겪게 된다. 하버드 경영대학원 교수인 클레이튼 크리스텐슨은 이러한 현상을 '성공 기업의 딜레마'로 표현했다.

하드디스크 드라이버(Hard Disk Driver, 줄여서 HDD) 시장은 성공 기업의 딜레마를 가장 잘 보여주는 분야 가운데 하나다. HDD 기술이 처음 개발된 1952년부터 1995년에 이르는 40여 년의 기간 동안 모두 129개의 업체가 이 시장에 뛰어들었으나 궁극적으로 109개의 기업이 사라지고 20개만 살아남았다.[2] 초창기 제품은 14인치 HDD로 IBM과 같은 대형컴퓨터 제조업체를 주요고객으로 1970년대 말까지 매년 40%씩 고속성장한다. 1970년대 후반에 8인치 HDD 기술이 출현했을 때 14인치 HDD를 주로 생산하는 중견업체들은 8인치 제품을 무시했다. 당시 14인치 제품의 저장용량이 400MB인 반면, 8인치 HDD의 용량은 20MB에 불과해 대부분

2 클레이튼 크리스텐슨(Clayton Christensen)의 저서 『성공 기업의 딜레마(Innovator's Dilemma)』에서 소개된 사례다. 이 책이 1997년에 출간되어 1995년까지의 자료를 사용하고 있다.

의 주요고객들이 8인치 제품을 원하지 않았기 때문이다. HDD 시장을 지배했던 중견기업들이 외면한 8인치 HDD는 일부 벤처기업이 생산해 소규모 마켓을 타겟으로 저렴하게 제공할 수 밖에 없었다.

하지만 기술발전으로 몇 년 안에 8인치 HDD가 400MB의 데이터를 저장할 수 있게 되면서 8인치 HDD 시장이 빠르게 성장한다. 특히 1970년대 후반에 미니 컴퓨터가 등장하면서 8인치 제품이 14인치 드라이버 시장을 대체하는 속도가 더욱 빨라졌다. 이 과정에서 8인치 HDD를 무시했던 중견기업들이 시장에서 퇴출되고 8인치 제품에 역량을 집중한 벤처기업들이 새로운 시장 리더로 부상했다. 8인치 디스크 드라이버의 성능이 그렇게 짧은 기간 내에 14인치 HDD의 저장용량을 달성할 수 있을 것으로 아무도 예측하지 못했기 때문에 일어난 현상이다. 8인치 HDD 이후에 5.25인치 HDD가 출시되고, 몇 년 후에 다시 3.5인치 HDD가 개발되면서 중견기업이 몰락하고 새로운 벤처기업이 시장을 장악하는 유사한 패턴이 반복된다. 빠르게 진행되는 기술발전에 제대로 대응하지 못하면 성공한 업체도 언제든지 몰락할 수 있음을 보여주는 사례다.

디지털 다위니즘(Digital Darwinism)은 기업이 디지털 기술변화에 제대로 대응하지 못하면 시장에서 퇴출될 수 있다는 의미로 사용된다. 자연생태계에서 환경변화에 제대로 적응하지 못하는 동식물이 멸종할 수 있듯이, 디지털 환경에 제대로 대처하지 못하는 기업은 망할 수 있다는 뜻이다. 정보통신기술(Information & Communication Technology, 줄여서 ICT) 분야에서 성공 기업의 딜레마를 제대로 극복하지 못한 기업들은 디지털 다위니즘의 희생자가 된다. 컴퓨터와 통신, 그리고 가전시장에서도 디지털 다위니즘의 사례를 쉽게 찾아볼 수 있다. 1980년대 글로벌 컴퓨터 시장

구 분	1980년대	1990년대	영 향
컴퓨터 시장 (중대형 : PC)	7 : 3	3 : 7	• 중대형 업체 IBM 추락, DEC 몰락 • MS, 인텔 부상
통신 시장 (유선 : 무선)	7 : 3	3 : 7	• 루슨트, 알카텔 등 순위 하락 • 노키아, 에릭슨, 퀄컴 부상
가전 시장 (TV)	시장 성장 아날로그TV	시장 성숙 디지털TV	• 소니의 시장 순위 하락 • 삼성전자, LG전자 부상

디지털 기술의 발전 속도 때문에 불과 10여 년 사이에 컴퓨터, 통신, 가전 등과 같은 ICT 산업에서 중견기업이 몰락하고 신생기업이 그 자리를 대체하는 사례가 빈번하게 발생했다.

에서 중대형 컴퓨터와 PC의 비중은 7:3으로 중대형 컴퓨터가 PC 수보다 훨씬 많았다. 하지만 기술발전으로 PC의 성능이 향상되고 가격은 하락하면서 1990년대에 들어와 중대형 컴퓨터와 PC의 비중이 3:7로 역전된다. 그 결과 한 때 글로벌 컴퓨터 시장을 장악했던 IBM과 DEC과 같은 기업이 불과 십여 년 만에 몰락하거나 시장에서 어려움을 겪게 되고, 마이크로소프트와 인텔과 같은 신생 기업들이 컴퓨터 시장의 새로운 강자로 부상한다.

유무선 통신시장도 예외가 아니다. 1980년대에는 유선전화와 무선전화의 비중이 7:3으로 유선전화의 비중이 높았지만 1990년대 중반에 들어서면서 유선전화와 무선전화의 비중이 3:7로 역전된다. GSM과 CDMA와 같은 무선통신기술의 발전으로 이동통신의 상용화가 예상보다 빠르게 진행된 결과다.[3] 이동전화시장이 기존의 유선전화시장을 압도하면서

3 GSM(Global Systems for Mobile Communication)과 CDMA(Code Division Multiple Access)는 2세대(2G) 이동통신기술이다. GSM은 유럽에서 개발되어 1980년대에 상용화된 기술이며, 미국의 퀄컴이 개발한 CDMA는 1990년대에 한국이 국가단위의 상용화에 성공한 이동통신 기술이다.

통신시장의 플레이어들간 명암도 엇갈리게 된다. 한때 우량기업으로 통신시장의 주목을 한몫에 받았던 루슨트와 알카텔 같은 기업들은 급격하게 몰락하거나 시장에서 순위가 하락하고, 대신 노키아, 에릭슨, 퀄컴과 같은 무선통신관련 기업들이 통신시장의 승자가 된다.[4]

가전제품의 대표적인 상품인 TV 시장도 마찬가지다. 1980년대까지 글로벌 TV 시장은 성장하는 추세였고, 당시 누구나가 인정하는 글로벌 TV 시장의 챔피언은 일본의 소니였다. 하지만 1990년대에 들어오면서 기존 아날로그 TV 시장의 성장이 점차 정체되기 시작했고, 디지털 TV 기술이 개발되면서 시장의 리더가 바뀐다. 한국의 삼성전자와 LG전자 등이 LCD와 같은 디지털 TV 기술에 과감히 투자한 반면 소니는 새로운 기술에 대한 투자시기를 놓쳤다. 그 결과 한국의 삼성전자와 LG전자가 글로벌 TV 시장의 선두가 되었고, 소니는 3위로 순위가 하락하게 된다.

글로벌 TV 시장에서 삼성전자의 우위가 미래에도 지속될 수 있을지는 아무도 알 수 없다. 디지털 TV가 인터넷과 연결되고 구글의 안드로이드나 애플의 iOS와 같은 운영체제를 사용하는 스마트 TV로 진화하는 과정에 있기 때문이다. 새로운 기술변화에 제대로 대응하지 못하면 글로벌 TV 시장에서 삼성전자의 위치도 언제든지 흔들릴 수 있다. ICT 기업은 계속 달리지 않으면 넘어지는 자전거와 같다. 빠른 디지털 기술의 변화 때문에 끊임없이 새로운 기술을 개발하거나 시장에 출시된 신기술에 제

4 노키아는 1998년 세계 1위의 휴대전화 제조업체로 등극하지만 2007년 애플이 출시한 아이폰에 밀려 스마트폰 시장에서 몰락하기 시작한다. 노키아는 결국 2013년 휴대전화 사업부문을 마이크로소프트에 매각하며 디지털 다위니즘의 희생자가 된다.

대로 대응하지 못하면 성공한 기업도 디지털 다위니즘의 희생자가 될 수밖에 없다.

비(非)ICT 산업으로 확산되는 디지털 기술

디지털 다위니즘은 ICT 산업에 국한된 현상이 아니며 정보통신기술과 무관해 보이는 산업에서도 일어나고 있다. 디지털 기술이 제품 혁신을 통해 시장에서 경쟁구도를 빠르게 변화시키는 산업에서는 ICT 업종이 아닌 기업도 디지털 다위니즘의 희생자가 되고 있다.

과거 200년 이상 백과사전 시장의 왕좌로 군림했던 브리태니커(Britannica)는 온라인 백과사전이 등장하면서 거의 몰락했다. 한때 비디오 대여 시장의 일인자였던 블록버스터(Blockbuster)는 온라인 스트리밍 시장에 대응하지 못해 파산했다. 음반시장이 다운로드와 스트리밍을 위주로 서비스하는 디지털 뮤직으로 전환되면서 CD음반 시장에서 가장 큰 유통업체였던 타워레코드(Tower Records)도 시장에서 퇴출당했다. 오프라인에서 두 번째로 큰 서적유통기업인 보더스(Borders)는 전자책으로 전환되는 출판시장의 디지털 흐름에 제대로 대응하지 못해 파산했다. 반세기 넘게 전 세계 어린이들의 마음을 사로잡았던 완구 전문점 토이저러스(Toys "R" Us)도 전자상거래의 영향으로 파산보호신청을 한 상태다. 이외에도 아직 파산하지는 않았지만 디지털 환경에 제대로 대응하지 못해 시장에서 순위가 크게 하락하거나 어려움을 겪고 있는 업체들은 수없이 많다. 이들 기업들은 ICT 업종에 속하지 않지만 디지털 기술의 변화가 가져온 시장변화에 제대로 대응하지 못했다는 공통점이 있다.

디지털 다위니즘의 희생이 된 기업들이 있는 반면, 디지털 혁신이 일어나는 과정에서 새로운 마켓 리더로 떠오른 업체들도 많다. 브리태니커가 몰락한 백과사전 시장에서는 위키피디아(Wikipedia)가 새로운 강자로 부상했다. 블록버스터를 파산으로 이끈 넷플릭스(Netflix)는 온라인 스트리밍 시장을 장악하며 미디어 시장을 재편하고 있다. 디지털 음악시장에서 다운로드 서비스는 애플(Apple)이, 스트리밍 서비스는 스포티파이(Spotify)가 시장을 선점했다. 전자책 시장은 온라인 서점인 아마존(Amazon)이 시장 리더로 군림하고 있다. 디지털 환경에서 새로운 마켓 리더로 떠오른 이들 기업은 시장재편기업(Market Shaper)이라 불린다.[5] 디지털 기술 혁신으로 경쟁의 룰을 바꾸며 시장을 재편한 기업들이란 의미다.

디지털 트랜스포메이션의 세 가지 영역

디지털 다위니즘의 희생이 된 기업들과 시장 재편을 통해 새로운 리더로 부상한 기업들의 운명을 가른 것은 무엇일까? 디지털 트랜스포메이션은 디지털 기술 발전이 야기하는 경영환경의 변화에 선제적으로 대응함으로써 현행 비즈니스의 경쟁력을 획기적으로 높이는

5 하겔, 브라운, 데이비슨 세 사람이 2008년 가을, 하버드 비즈니스리뷰에 게재한 논문 "Shaping Strategy in a World of Constant Disruption"에서 시장재편전략(Shaping Strategy)과 시장재편기업(Market Shaper)이라는 용어를 처음 사용했다.

디지털 기술을 이용해 혁신을 수행하는 디지털 트랜스포메이션은 업무 최적화, 고객 소통, 그리고 제품 혁신의 세 영역에서 진행돼 왔다.

일련의 기업활동을 의미한다. 디지털 역량을 활용해 기업 내부프로세스의 효율을 제고하는 활동뿐 아니라 새로운 제품과 서비스를 만들어내고 고객과의 소통 방식에 혁신을 도입하는 등 끊임없이 변화하는 디지털 환경에 적응하고자 하는 기업의 모든 노력을 지칭하는 개념이다.

지난 몇 년간 기업의 디지털 트랜스포메이션은 크게 세 가지 영역에서 진행돼 왔다. 첫째는 업무 최적화로, 기업의 내부 운영과 관리를 위한 프로세스를 재설계하고 디지털화함으로써 업무효율을 최대한 끌어올림과 동시에 의사결정 속도를 높이는 혁신이다. 업무 최적화를 위해서는 전통적인 방식의 표준화와 관리방식에서 벗어날 필요가 있다. 즉, 새로운 프로세스 혁신을 도입하기 위해 관련 업계의 모범사례(Best Practices)를 벤치마킹하는 등 조직의 새로운 요구사항에 부합하는 ERP[6]와 같은 솔루션을 도입하는 것이 일반적이다.

두 번째, 고객 소통을 위한 혁신은 기업중심의 마케팅이나 커뮤니케이션이 아닌 고객중심의 경험을 강화하기 위해 디지털 커뮤니케이션을 구현하는 것이다. 디지털 기술을 활용해 다양한 채널에서 고객 경험에 대한 데이터를 수집해 분석하고, 이를 기반으로 실시간으로 고객이 요구하는 경험을 제공하는 혁신을 의미한다. 기업이 보유하고 있는 다양한 고객접점 채널에서 고객이 기대하는 경험이 무엇인지를 면밀히 파악하고 고객 커뮤니케이션 강화를 위해 디지털 기술을 활용하는 혁신이다. 인터넷과 모바일 네트워크, 그리고 스마트폰과 같은 새로운 인프라를 고객과의 소통에 활용하는 것이 일반적이다.

마지막으로 제품 혁신은 새로운 디지털 기술을 활용해 제품과 서비스를 재설계하는 것을 의미한다. 기존의 제품에 대한 가치사슬분석과 기업의 핵심 경쟁우위를 파악한 후, 디지털 기술을 최대한 활용할 수 있는 제품이나 서비스로 탈바꿈시키는 것이 제품 혁신이다.

디지털 기술의 활용이 점차 중요해지는 경영환경에서 디지털 트랜스포메이션의 세 가지 영역은 기업의 경쟁력 제고를 위해 하나같이 중요하다. 업무 최적화를 위해 ERP와 같은 SW 솔루션이 중요한 제조 산업의 경우, 내부 업무의 디지털화를 제대로 추진하지 못하면 경쟁에서 뒤질 가능성이 커진다. 고객과의 소통을 위한 온라인 비즈니스를 도입하는 것도 필요하다. 최근 JC 페니, 니먼 마커스 등 100년 이상된 전통적인 대형

6 ERP(Enterprise Resource Planning, 전사적자원관리)는 기업의 내부 정보뿐만 아니라 공급사슬관리, 고객의 주문정보까지 통합적으로 관리하는 경영정보시스템이다. ERP를 도입하면 생산 부서가 마케팅 정보를 실시간으로 조회하여 생산 일정을 조정하는 등 비용 낭비나 생산 지연 요인들을 사전에 제거하므로 업무의 효율성을 제고할 수 있게 된다.

백화점들이 파산한 이유도 온라인 비즈니스로 전환하는 디지털 환경에 제대로 대응하지 못했기 때문이다.

디지털 기술은 제품 혁신을 위해서도 사용되고 있다. 제조업 가운데 가장 활발하게 디지털 기술을 신제품 개발에 활용하는 업종은 자동차 산업이다. 자동차 창문을 수동으로 열고 닫던 것이 불과 15년 전 일이다. 하지만 이제는 자동차가 도로 상황에 따라 헤드램프의 조도를 조절하고, 졸고있는 운전자를 진동으로 깨우는 시대가 되었다. 전체 자동차의 제조 원가에서 전장부품(자동차에 들어가는 전자기기)이 차지하는 비율은 이미 40%를 넘어섰으며, 고급 승용차의 경우는 전장 비율이 60%나 된다. 자동차가 바퀴 달린 전자제품으로 진화하고 있는 셈이다.

하지만 자동차 사업에서 디지털 제품 혁신의 차이가 급격하게 시장구조를 바꾸지는 못했다. 자동차 산업에서 디지털 제품 혁신에 실패해서 몰락한 디지털 다위니즘의 희생 사례는 아직 찾아보기 어렵다. 테슬라가 전기자동차로 모빌리티 시장의 혁신을 이끌고 있지만 기존의 완성차 제조업체들도 전기차 개발에 역량을 집중하고 있으므로 조금 더 두고 볼 일이다. 자동차 산업에서는 디지털 제품 혁신이 점진적으로 이루어졌고, 신기술이 소개되면 대부분의 경쟁기업들이 신속하게 따라하면서 경쟁 제품간의 격차를 줄여왔다. 또한 자동차에 장착된 이들 전장제품들이 네트워크에 연결되기 시작한 것은 최근의 일이다. 자동차의 전장제품들을 모두 네트워크에 연결해 자율 주행의 꿈을 실현하려는 움직임도 아직은 초기 단계다.

자동차 산업뿐만 아니라 다양한 제조업에서 디지털 기술을 활용해 제품 혁신을 이루고 있지만, 이들 제품들이 네트워크에 연결되는 사물인터넷과 빅데이터, 인공지능 기술 등을 활용하는 것은 이제부터 시작이다. 앞으로 다양한 산업에서 벌어질 이러한 디지털 제품 혁신에 대해서는 제3부에서 자세히 다루기로 한다. 여기서는 지금까지 디지털 기술을 이용한 제품 혁신이 성공과 실패를 확연히 나누는데 지대한 역할을 한 콘텐츠 산업분야를 중심으로 살펴보고자 한다.

디지털로 전환되는 창작산업 콘텐츠

서적, 영화, 드라마, 그리고 음악과 같은 분야를 창작산업(Creative Industry)이라 부른다. 이들 산업에서 만들어지는 창작물은 소비자들에게 예술적, 문화적 가치와 흥미를 제공한다. 창작산업이 다른 산업에 비해 디지털 혁신을 먼저 경험하게 된 이유는 이들 창작물이 0과 1로 이루어진 디지털 포맷으로 전환되었기 때문이다. 창작물이 디지털 파일로 변환되면 인터넷과 모바일 네트워크로 창작물(콘텐츠)을 공유하고 서비스하는 것이 가능해진다. 책을 구매하기 위해 서점에 갈 필요가 없으며, 음악을 듣기 위해 CD음반을 구매할 필요도 없다. 책은 단말기로 다운로드 받아서 볼 수 있고, 음악은 스마트폰을 이용해 스트리밍 방식으로 즐길 수 있다. 영화나 드라마도 극장이나 TV 수상기를 통해서만 시청하는 것이 아니라 원하는 장소에서 원하는 시간에 원하는 단말기로 볼 수 있게 된다. 디지털 포맷으로 전환이 가능한 콘텐츠의 특성때문에 창작산업에서는 디지털 혁신으로 비즈니스 모델이 완전히 달라졌고, 시장에서 경쟁의 룰도 크게 바뀌었다.

창작산업에서는 디지털 제품 혁신의 도입여부가 기업들의 성패를 갈랐다. 디지털의 영향으로 산업내 경쟁구도가 완전히 달라지는데 단순히 내부 프로세스나 고객 소통의 혁신만으로 시장에서 생존하기 어렵다. 비디오 대여업체인 블록버스터는 고객관리를 위해 데이터베이스를 구축하고 모든 DVD 제품에 바코드를 설치해 실시간으로 추적하는 등 디지털 기술로 내부 업무를 최적화하는데 가장 앞선 기업이었지만, 온라인 스트리밍으로 전환하는 제품 혁신 분야에서 넷플릭스에게 뒤져 시장에서 퇴출당하는 비운을 맞았다. CD음반 유통의 강자였던 타워레코드가 파산한 것도 업무 최적화나 고객 소통의 문제라기 보다는 CD가 MP3 파일로 전환되는 제품 혁신의 흐름에 제대로 대응하지 못했기 때문이다. 이처럼 창작산업에서는 디지털 제품 혁신이 기업 단위를 넘어 산업차원에서 경쟁구도를 바꾸는 파괴력을 가진다.

디지털 트랜스포메이션이 제품 혁신 영역에서 진행되면 업종간의 경계가 허물어지며 전혀 다른 산업에서 새로운 경쟁자가 진입하는 경우가 많다. 음반시장이 디지털 음악으로 전환되는 과정에서 신규시장을 장악한 기업은 음반 산업과 관련이 없는 하드웨어 제조업자인 애플이다. 브리태니커 백과사전은 마이크로소프트가 만든 CD-ROM[7] 백과사전인 엔카르타가 출시된 후 3년만에 매출이 반 토막이 나면서 궁지에 몰리게 된다. 브리태니커의 입장에서는 소프트웨어 업종에 있는 마이크로소프트

7 CD-ROM(Compact Disk Read Only Memory)은 CD 안에 저장된 정보를 수정하거나 제거할 수 없는 읽기전용 CD를 의미한다. 브리태니커 백과사전은 32권의 책자로 되어 있지만, 마이크로소프트의 CD-ROM 백과사전인 엔카르타(Encarta)는 CD 한 장에 백과사전의 모든 콘텐츠를 담았다.

가 백과사전 시장에서 경쟁자가 되리라고 예상하기 어려웠을 것이다. 산업간 경계가 뚜렷해 경쟁기업이 상대적으로 명확했던 이전과는 달리 디지털 기술 변화로 인한 제품 혁신은 타 산업에서 새로운 경쟁 기업을 끌어들여 업종간의 영역이 붕괴되는 경우가 많다.

디지털 세계와 콘텐츠 플랫폼

디지털 기술의 진화는 콘텐츠의 제작, 유통, 그리고 소비를 획기적으로 변화시켰다. 인터넷에 익숙해진 네티즌들은 페이스북과 같은 소셜 미디어에 자신의 콘텐츠를 올리고 수많은 사람들과 소통

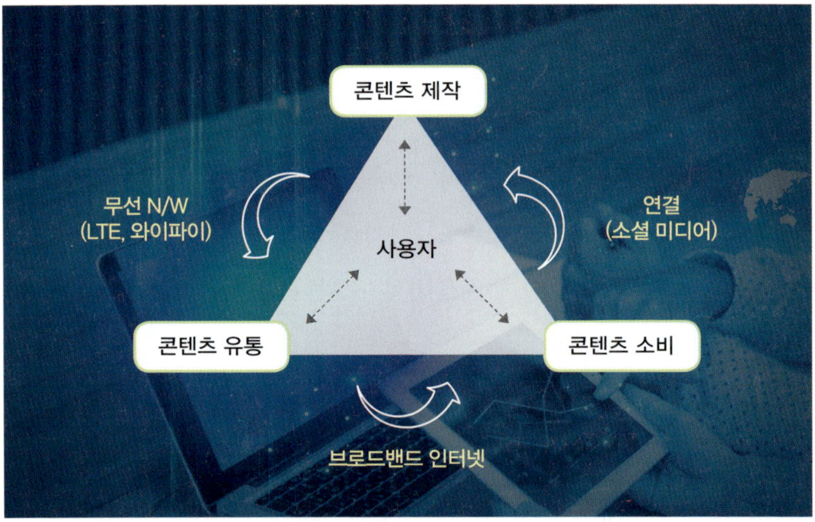

초고속 유무선 인터넷과 소셜 미디어의 등장은 콘텐츠의 제작, 유통, 그리고 소비에 혁명적인 변화를 일으키며 디지털 세계를 만들고 있다.[8]

한다. 이들은 새로운 정보검색이 필요하면 바로 유튜브로 들어가 검색할 만큼 동영상 사용에 익숙하다. 특히 스마트폰의 대량 보급은 콘텐츠 제작의 진입장벽을 획기적으로 낮추었다. 누구나 스마트폰으로 사진이나 동영상을 제작할 수 있게 되었고, 이들 콘텐츠를 편집하는 범용 SW 앱의 출현으로 사진이나 동영상 편집도 이전보다 훨씬 쉬워졌다. 네티즌들은 자신이 만든 콘텐츠를 소셜 미디어 등을 통해 수많은 사람들과 공유한다. 키워드 검색엔진은 소비자가 원하는 콘텐츠를 찾아서 즐기는 것을 도와주고 있다.

초고속인터넷, 5G[9] 그리고 와이파이와 같은 네트워크 인프라가 확대되면서 장소에 관계없이 어디서나 고속으로 콘텐츠를 주고 받을 수 있는 시대가 되었다. 브로드밴드 인터넷의 등장으로 직장의 사무실 뿐만 아니라 가정과 도서관 등 거의 모든 장소에서 정보와 콘텐츠를 빠른 속도로 공유할 수 있다. 5G 무선 네트워크가 범용화되고 카페와 공항 같은 공공장소에 와이파이가 설치되면서 이동중에도 콘텐츠를 네트워크에 업로드하거나 소비하는 것이 일상화되었다. 페이스북과 유튜브와 같은 소셜 미디어는 수많은 사람들과 콘텐츠를 공유할 수 있는 인프라를 제공한다. PC뿐만 아니라 스마트폰, 스마트 TV, 테블릿 PC 등 콘텐츠를 소비할 수 있는 단말기도 다양화되고 있다. 이제 우리는 디지털 콘텐츠를 자유롭게

8 브레드리와 바트렛이 제작한 하버드 비즈니스 경영 사례인 “Everyone and Everything is Online” (Case #9-711-494, 2011년)에 나와 있는 그림을 수정한 것이다.

9 5세대 (5th Generation) 이동통신 기술로 4G보다 20배 이상 빠른 무선 네트워크다. 2시간 분량의 영화를 다운로드 받는데 4G에서는 6분이 걸리지만 5G 네트워크에서는 3.5초 밖에 소요되지 않는다.

만들고 소비할 수 있는 디지털 세계에 살고 있는 것이다.

디지털 세계가 도래하면서 산업차원에서 디지털 트랜스포메이션이 가장 활발하게 이루어지고 있는 영역은 음악, 영화, 드라마, 서적, 신문과 같은 창작산업이다. 아날로그로 되어있는 콘텐츠를 디지털 포맷으로 변환하고, 이들 디지털화된 콘텐츠 파일을 네트워크를 통해 공유하는 디지털 혁신은 콘텐츠 산업에서 경쟁을 위한 게임의 룰을 획기적으로 바꾸었다. 새로운 시장 진입자가 디지털 다위니즘의 희생이 된 기업들을 몰아내고 시장을 재편하는 사례는 이들 콘텐츠 산업에서 가장 빈번하게 발생하고 있다.

디지털 콘텐츠의 제작과 유통, 그리고 소비를 위해서는 콘텐츠를 업로드하고 다운로드 받을 수 있는 플랫폼이 필요하다. 원래 플랫폼은 사람들이 기차를 쉽게 타고 내릴 수 있도록 평평하게 만든 기차역 내의 장소를 의미한다. 평평하다는 뜻을 가진 플랫(Plat, 라틴어 어원 Plate)과 모습을 나타내는 폼(Form, 라인터 어원 Forme)이 합쳐진 용어다. 즉, 플랫폼은 많은 사람들이 쉽고 편하게 이용할 수 있는 장소라는 뜻을 가지고 있다. 콘텐츠 플랫폼은 콘텐츠를 손쉽게 업로드하고, 편리하게 원하는 콘텐츠를 탐색하고 소비할 수 있는 장(場)을 뜻한다. 디지털 기술로 시장이 재편되는 콘텐츠 산업에서는 플랫폼을 통해 시장을 선점하는 게 무엇보다도 중요하다. 창작산업에서 디지털 트랜스포메이션을 통해 시장을 재편한 기업들이 콘텐츠 유통을 위한 플랫폼을 구축한 이유가 여기에 있다.[10]

10 플랫폼이라는 용어는 사람에 따라 여러가지 의미로 사용된다. 컴퓨터의 경우 HW 플랫폼, SW 플랫폼 등의 용어를 사용하고 있고, 카카오톡과 같이 서비스 플랫폼이라는 의미로 사용

성공과 실패를 가른 '성당과 시장' 메커니즘

콘텐츠 산업에서 실패한 기업들은 디지털 콘텐츠로 전환하는 혁신을 추진하지 않았거나, 경쟁사보다 늦게 디지털 제품 혁신에 뛰어들어 초기에 시장을 선점할 수 있는 기회를 경쟁 기업들에게 빼앗긴 경우가 많다. 하지만 디지털 다위니즘의 희생이 된 기업 가운데, 경쟁 기업보다 플랫폼을 먼저 구축하고도 실패한 기업들도 있다. 결국 플랫폼만으로 시장 재편 기업들의 성공을 모두 설명할 수 없으며, 성공과 실패를 나누는 다른 요인이 있다는 의미다.

'성당과 시장'은 리눅스와 같은 오픈소스 SW 프로젝트의 지지자인 에릭 레이몬드가 1999년에 출간한 책에서 사용한 용어다. 레이몬드는 소수 전문가에 의해 소프트웨어를 제작하는 기존의 개발방식을 성당이라고 표현한 반면, 누구나 개방적인 환경에서 소프트웨어 개발에 자유롭게 참여하는 오픈소스 프로젝트를 시장에 비유했다. 중세시대 소수의 성직자가 운영하던 '성당(Cathedral)'은 수직적인 권위를 상징한다. 반면 '시장(Bazaar)'은 누구나 동등한 자격으로 참가할 수 있는 수평적이고 개방적인 특성을 가지고 있다. 소수의 전문가 그룹이 소프트웨어를 비공개적으로 개발하는 방식이 성당이라면, 누구나 소프트웨어 개발에 참여할 수 있고, 이를 위해 개발과정에서 소스코드를 일반인에게 공개하는 오픈소스 프로젝트는 시장이라고 표현한 것이다. 성당과 시장의 개념은 SW 영역

되기도 한다. 제1부에서 플랫폼은 디지털 콘텐츠를 업로드하고 다운받을 수 있는 '서비스 플랫폼'이라는 의미로 사용한다. 다른 형태의 플랫폼인 제품 플랫폼은 제3부에서 논의한다.

성당(Cathedral)

시장(Bazaar)

성당은 수직적인 권위를 나타내는 반면, 시장은 수평적이고 개방적인 특성을 가진다. 제품 개발을 기업의 내부 자원만 사용해 독자적으로 추진하는 것은 성당 방식이고, 플랫폼을 통해 파트너를 동참시키는 방식은 시장 메커니즘에 해당한다.

을 넘어 다른 분야에도 시사하는 바가 크다. SW 개발에 도입된 '성당과 시장' 철학을 제품혁신이나 플랫폼 운영에도 도입할 수 있기 때문이다.

애플은 2007년 아이폰을 출시하면서 스마트폰 시장을 장악했다. 아이폰의 성공을 하드웨어의 우수성 하나만으로 설명하기는 어렵다. 그 보다는 애플이 하드웨어와 함께 구축한 앱스토어가 아이폰이 시장을 석권하는데 일등공신의 역할을 했다. 애플은 앱스토어라는 플랫폼을 구축한 후 누구나 자유롭게 콘텐츠를 올릴 수 있도록 플랫폼을 개방했다. 이는 전통적으로 휴대폰 제조업자들이 자사의 하드웨어를 위한 소프트웨어를 직접 개발하던 방식과는 크게 다른 접근방법이었다. 이전의 핸드폰 제조업자들이 자사의 휴대폰에서 사용되는 SW를 직접 개발하는 방식이 성당이었다면, 애플은 시장 메커니즘을 채택한 것이다.

애플은 앱스토어에 가급적 많은 기업이나 개인이 앱을 올릴 수 있도록 인센티브 시스템을 구축했다. 유료 앱인 경우 수익의 70%를 개발자에게 돌려주는 획기적인 정책이었다. 뿐만 아니라 관심있는 개발자들을 초대해 앱 개발에 필요한 기술을 교육하고, 개발자 컨퍼런스를 통해 상호간에 정보를 교류하면서 유용한 앱을 개발하도록 최대한 지원했다. 누구나 애플이 제시한 기본적인 조건만 충족하면 큰 제약 없이 앱스토어에 콘텐츠를 올릴 수 있는 전형적인 시장 방식이다.

현재 애플의 앱스토어에는 200만 개의 콘텐츠가 올라와 있다. 앱을 제공하는 개인이나 기업의 수도 50만 개가 넘는다. 2008년 앱스토어를 오픈한 이후 최근까지 이들 앱 개발자들이 앱스토어에서 벌어들인 수익만 1,550억 달러(170조 원)를 넘어섰다. 앱스토어의 주당 방문자수는 5억 명에 달한다. 애플이 아이폰 용 앱 개발을 위해 애플 내의 SW 전문가 그룹에만 의지했다면 과연 200만 개에 해당하는 앱의 제공이 가능했을까? 이는 애플이 누구나 콘텐츠를 제공할 수 있도록 플랫폼을 개방했기 때문이다. 애플의 입장에서는 시장 메커니즘을 통해 50만 개가 넘는 파트너(앱 개발자)를 확보한 셈이다. 앱스토어가 아이폰 차별화에 가장 큰 역할을 했으니 시장 메커니즘의 덕을 톡톡히 본 셈이다.

위키피디아도 성당이 아닌 시장 메커니즘으로 백과사전 시장을 장악했다. 영국의 스코틀랜드에서 시작한 브리태니커는 200여 년 동안 백과사전의 대명사로 군림해 왔다. 지금은 백과사전 시장의 선두자리를 위키피디아에 빼앗겼다. 브리태니커 백과사전이 소수의 권위있는 전문가 그룹에 의해 제작된 것이라면 위키피디아에서는 누구나 자유롭게 백과사전 콘텐츠 제작에 참여할 수 있다. 브리태니커는 성당 방식을 사용해 제작한 백과사전인 반면, 위키피디아는 시장 메커니즘을 활용한 사전인 셈이다. 위키피디아는 리눅스에서 사용하고 있는 지적재산권에 대한 원칙을 그대로 준용하고 있어 백과사전 콘텐츠를 제작한 사람의 동의없이 누구나 콘텐츠를 사용하거나 수정할 수 있도록 하고 있다. 브리태니커 백과사전이 12만 개의 지식 콘텐츠를 포함하고 있는 반면, 위키피디아는 620만 개의 지식을 제공하고 있으며 시간이 지날수록 지식 콘텐츠의 수는 계속 늘어나고 있다. 최근 저명한 과학잡지인 네이처의 과학자들이 브리태니커와 위키피디아를 대상으로 과학분야 콘텐츠의 오류를 비교한 적이 있는데, 두 사전 사이에 통계적으로 유의한 차이가 없는 것으로 밝혀졌다. 시장 메커니즘의 힘을 표현하는 리누스의 법칙[11]이 백과사전 영역에서도 적용될 수 있음을 위키피디아가 증명한 셈이다.

콘텐츠 분야에서 디지털 트랜스포메이션에 성공해 시장을 재편한 기업들은 플랫폼 운영에 성당이 아닌 시장 메커니즘을 채택하고 있다는 공통분모를 가지고 있다. 음반 산업에서는 애플이 아이튠즈라는 플랫폼에 시장 방식을 적용했고, 미디어 분야에서는 넷플릭스가 동일한 전략으로 시장을 장악했다. 이제부터 콘텐츠 산업에서 성공한 기업들과 실패한 기업간의 중요한 차이 가운데 하나가 '성당과 시장'에 있음을 구체적인 사례를 통해 살펴보고자 한다. '성당과 시장' 메커니즘은 4차산업혁명이 가져올 새로운 디지털 제품 혁신 분야에서도 중요한 변수가 되는데 이는 제3부에서 논의하기로 한다.

11 리누스의 법칙(Linus's Law)은 리눅스의 창시자인 리누스 토발즈(Linus Torvalds)의 이름을 붙여 만든 법칙이다. "Given enough eyeballs, all bugs are shallow(보고있는 눈이 충분히 많으면 찾지 못할 SW 버그는 없다)"로 표현되는 이 법칙은 '개방'과 '수용'의 힘으로 '협업'과 '혁신'을 이루는 '시장' 메커니즘의 장점을 표현하고 있다.

02

백과사전 시장을 장악한 위키피디아

백과사전의 대표 브랜드 브리태니커

백과사전을 의미하는 인사이클로피디아(Encyclopedia)라는 용어는 고대 그리스어에서 파생된 것으로 대중 교육이라는 뜻을 담고 있다. 최초의 백과사전으로 알려진 사이클로피디아가 1728년에 출시된 이후 영국에서 다수의 백과사전이 출판되었으나 결국 시장을 장악한 것은 브리태니커(Britannica)였다. 브리태니커 백과사전은 1768년 스코틀랜드에서 세 권의 책으로 시작했다. 1790년에는 미국에서도 판매되기 시작했으며 조지 워싱턴, 토마스 제퍼슨, 알렉산더 해밀턴과 같은 초기 미국 대통령을 지낸 지도층 인사들이 브리태니커 백과사전을 보유했을 정도로 명성이 높았다. 오늘날의 브리태니커 백과사전과 유사한 모습을 갖추게 된 것은 1911년 총 29권으로 이루어진 11번째 판을 출판하면서부터다. 11번째 판은 귀족이나 상류층이 아닌 일반 대중을 대상으로 편집한 백과사전으로, 그 때까지 출간된 어떠한 백과사전보다도 읽기 쉽게 만들어졌을 뿐 아니라 내용도 충실하고 포괄적이었다. 이후 1980년대까지 브리태니커는 백과사전 시장에서 타의 추종을 불허하는 최고의 브랜드로 성장하게 된다.

백과사전은 기존의 서점에서 판매되는 것이 아니라 영업사원들의 방문판매방식으로 유통된다. 자녀교육에 관심이 많은 중산층 가구들을 영업사원들이 직접 방문해 백과사전을 구입하도록 유도한다. 브리태니커

11번째 판

16번째 판(최근 판)

1911년에 발간된 브리태니커 11번째 판은 모두 29권으로 구성되어 있었으며, 가장 최근의 16번째 판은 총 32권으로 되어 있는데, 이 가운데 콘텐츠를 찾기 위한 색인용이 2권이다.

의 브랜드 명성 때문에 상대적으로 저렴한 비용으로 저명한 학자들을 편집인으로 활용할 수 있었으므로, 브리태니커 백과사전의 생산비용은 판매가의 25% 정도밖에 되지 않았다. 대신 방문판매라는 유통때문에 비용의 가장 큰 부분은 판매가의 50% 수준에 달하는 영업사원의 판매 커미션이었다.

CD-ROM이 가져온 백과사전 제품 혁신

1985년 마이크로소프트(MS)가 PC에서 사용할 수 있는 CD-ROM 백과사전을 제작하기 위해 브리태니커의 문을 두드린다. 당시 MS는 CD-ROM 백과사전이 PC의 킬러 어플리케이션[1]이 될 수 있

1 킬러 어플리케이션(Killer Application)은 등장하자마자 다른 경쟁 제품을 몰아내고 시장을 완전히 재편할 정도로 인기를 누리거나 새로운 영역을 구축하는 상품이나 서비스를 의미하며, 줄여서 '킬러 앱(Killer App)'이라고도 한다.

을 것으로 기대하고 있었다. CD-ROM 백과사전이 출시되면 자녀교육에 관심이 많은 중산층 부모들이 자녀들을 위해 PC를 구입할 것으로 본 것이다. MS는 CD-ROM 백과사전을 제작할 수 있는 소프트웨어 기술을 가지고 있었으나, 콘텐츠가 필요해 그 당시 백과사전 시장에서 가장 브랜드 인지도가 높았던 브리태니커에게 접근했던 것이다. MS가 제안한 내용은 브리태니커가 CD-ROM 백과사전을 위한 콘텐츠를 제공하면, 그 대가로 MS는 CD-ROM 백과사전을 제작하고 로열티를 지불한다는 내용이었다.

하지만 브리태니커는 MS의 제안을 거절한다. 1985년 당시만 해도 PC가 시장에 소개된 지 4년밖에 되지 않아 미국 가정내 PC보급율이 5% 미만에 불과하다는 것이 거절 이유였다. 하지만 브리태니커가 MS의 제안을 거절한 보다 근본적인 이유는 CD-ROM 백과사전이 기존의 브리태니커 백과사전 매출의 감소로 이어질지 모른다는 불안감이었다. 최고 경영진 대부분이 백과사전 영업판매원으로 커리어를 시작한 백그라운드를 가지고 있는 브리태니커는 상당히 세일즈 중심의 조직문화를 가지고 있었다. CD-ROM 백과사전이 시장에 출시되면 기존의 백과사전 가격이 크게 떨어질 수밖에 없었으므로 판매가의 50%를 커미션으로 가져가는 영업사원들이 CD-ROM 백과사전 개발 움직임에 크게 반발했기 때문에 MS의 제안을 받아들이기 어려웠던 것이다.

비록 MS의 제안은 거절했지만, 브리태니커 최고 경영진은 향후 가정내 PC 보급이 확대되면 CD-ROM 백과사전 시장이 형성될 수 있음을 우려했다. 특히 다수의 잠재고객들이 백과사전을 구입하기 보다는 CD-ROM 백과사전이 출시되기를 기다리고 있다는 조사내용이 알려지면서

콤프톤

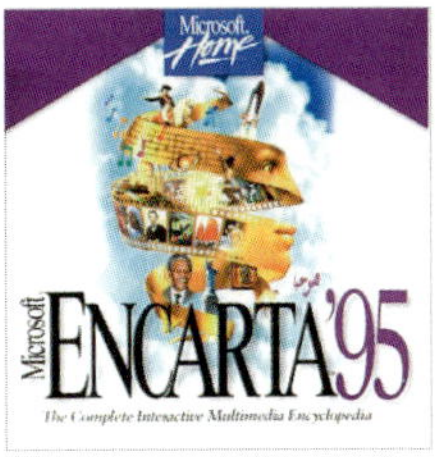

엔카르타

브리태니커가 만든 CD-ROM 백과사전 콤프톤에는 브리태니커란 브랜드 이름이 사용되지 않았다. 마이크로소프트가 만든 CD-ROM 백과사전인 엔카르타는 정반대의 이유로 콘텐츠를 제공한 백과사전 회사의 이름을 사용하지 않았다.

브리태니커 경영진은 CD-ROM 백과사전의 직접 제작을 서두른다. 조직 내에 멀티미디어 사업 부서를 신설하고 기술인력을 확보한 브리태니커는 1989년에 MS의 도움없이 독자적으로 최초의 멀티미디어 CD-ROM 백과사전인 콤프톤(Compton)을 출시한다.[2]

브리태니커가 CD-ROM 백과사전의 이름에 자사의 브랜드인 브리태니커라는 이름을 사용하지 않고 콤프톤으로 명명한 것은 기존 백과사전과의 차별화를 위한 자구책이었다. 종이 매체로 된 백과사전보다 저렴한 CD-ROM 백과사전이 기존 시장을 잠식할 것을 두려워한 브리태니커는 콤프톤이 종이로 된 백과사전과는 완전히 다른 제품임을 소비자들에게 강조했다. 브리태니커는 인쇄된 백과사전을 구입하는 고객에게 콤프톤을 경품으로 제공하는 전략을 함께 사용했으며, 영업사원들의 반발 때문에 콤프톤의 가격도 종이 매체 백과사전 가격과 유사하게 책정했다. 당시는 PC 보급이 일반화되지 않은 시기였기에 영업사원들의 컴퓨터에 대

2 콤프톤(Compton)은 시장에 출시된 첫해, 비즈니스위크 잡지에 의해 '올해의 10대 신제품'에 선정되며 언론의 주목을 받았다.

한 지식이 낮아 콤프톤의 판매에 소극적일 수밖에 없었다. 고가의 가격에 소극적인 영업활동으로 콤프톤의 판매실적은 극히 저조했다. 결국 브리태니커는 콤프톤을 출시한 지 4년 만인 1993년에 CD-ROM 백과사전의 제작을 중단한다.

브리태니커로부터 백과사전 콘텐츠 제공을 거부당한 MS는 당시 백과사전 시장에서 상대적으로 인지도가 낮았던 펑크앤왜그널스(Funk & Wagnalls)와 백과사전 제작에 필요한 콘텐츠 제공 협약을 체결하고 CD-ROM 백과사전 개발에 착수했다. 백과사전 시장에서 펑크앤왜그널스의 인지도가 상대적으로 약했기 때문에 MS는 새로운 CD-ROM 백과사전의 이름을 엔카르타(Encarta)로 명명했다. MS는 소프트웨어 분야에서 자사가 가지고 있는 강점을 최대한 활용해 백과사전 텍스트를 사용하기 쉬운 멀티미디어 포맷으로 전환하고, 정보검색기능과 정보간의 하이퍼링크, 그래픽, 사운드, 그리고 비디오 등을 포함시킨 CD-ROM 백과사전 엔카르타를 1993년 시장에 출시했다.

엔카르타가 시장에 나온 1993년에는 이미 미국내 가정의 PC 보급률이 20%를 상회하고 있었으며, PC용 윈도우 3.0이 성공적으로 론칭된 시기였다. 워드프로세싱, 스프레드시트, 데이터베이스, 프리젠테이션 소프트웨어를 결합한 오피스 수트 SW를 성공적으로 시장에 출시한 MS는 엔카르타를 윈도우 소프트웨어와 함께 묶어 고객에게 제공했다. MS는 새로운 PC를 구입하는 고객에게 엔카르타를 무료로 제공했으며, 차후에 엔카르타의 버전 업그레이드시 비용을 내도록 하는 비즈니스 모델을 채택한다. 새로운 PC의 구입없이 기존의 PC에서 엔카르타 사용을 원하는 고객에게는 80달러의 가격에 CD-ROM 백과사전을 판매했다. 엔카르타가 시장에 출시되자말자 브리태니커의 종이 매체 백과사전은 큰 타격을 입게 된다. 브리태니커는 1993년에 12만 부의 백과사전을 판매했지만, 3년 뒤인 1996년에는 판매실적이 절반도 되지 않는 5만 5천 부로 격감한다. 멀티미디어 CD-ROM 백과사전을 최초로 제작하고서도 시장을 선점하지 못한 브리태니커에게는 뼈아픈 경험이었다.

누구나 제작에 참여할 수 있는 위키피디아의 출현

콤프톤의 제작을 포기한 브리태니커는 1993년부터 인터넷을 활용한 온라인 백과사전 시장으로 눈을 돌린다. 브리태니커는 온라인 백과사전 서비스를 위해 본사가 있는 시카고에서 멀리 떨어진 캘리포니아의 샌디에고에 온라인 서비스를 위한 조직을 신설하고, 1994년 1월 시범서비스를 거쳐 그 해 9월 브리태니커 온라인서비스를 정식으로 론칭시켰다. 브리태니커 온라인은 유료 서비스로 월회비 또는 연회비를 내는 가입자만 이용할 수 있는 서비스였다. 엔카르타를 출시한 MS도 엔카르타 온라인이라는 CD-ROM 백과사전의 온라인 버전 서비스를 뒤이어 시작한다.

하지만 이들 온라인 백과사전 시장은 2001년 출범한 위키피디아(Wikipedia)에 의해 심각한 타격을 입는다. 엔카르타의 출시로 3년 만에 매출이 반토막이 된 브리태니커는 위키피디아의 등장으로 시장에서 완전히 설 자리를 잃고 만다. 무료로 백과사전 콘텐츠를 제공하는 위키피디아의 등장은 백과사전 시장에 큰 혁신을 몰고와 결국 MS도 2003년에 엔카르타 온라인 서비스를 중단한다.

위키피디아는 오픈소스 모델[3]을 응용한 백과사전이다. 기존의 백과사전들은 소수의 권위있는 학자들이 편집하고, 만들어진 콘텐츠에 대해서도 이들 전문 편집인 그룹이 책임을 진다. 반면 위키피디아는 누구나 백과사전의 콘텐츠를 만들어 올릴 수 있으며 다른 사람이 만든 콘텐츠를 무료로 사용하거나 저자의 동의없이 자유롭게 수정할 수 있다.

위키피디아가 서비스를 시작한 초기에는 오픈소스 모델에 대한 우려가 많았다. 오픈소스 모델의 벤치마킹 대상이었던 SW 분야는 제3자가 수정한 SW가 제대로 작동하는지 테스트하는 것이 상대적으로 쉽다. 수정된 SW를 컴퓨터로 구동시키면 이전의 SW보다 우수하다는 점을 용이하게 입증할 수 있다. 반면 위키피디아에 올라와 있는 수많은 지식 콘텐츠의 진위여부를 일일이 검증하는 것은 결코 쉬운 일이 아니다.

콘텐츠 제작을 모두에게 개방한 위키피디아의 지식 내용은 많은 사람들의 우려와는 달리 상당히 정확한 편이다. 2005년에 전문 과학잡지인 네이처가 브리태니커와 위키피디아에 소개된 과학지식을 비교 분석한 적이 있는데, 두 사전의 과학분야 콘텐츠의 오류에서 큰 차이가 없었다. 일반대중이 만든 위키피디아의 정확도가 전문가 그룹에 의해 편집된 브리태니커와 큰 차이가 없음이 밝혀진 셈이다. 위키피디아측은 바로 이것

3 오픈소스 모델의 대표적인 예가 리눅스(Linux) SW다. 리눅스는 저자의 동의없이 SW를 사용하거나 수정할 수 있다. 즉 누구나 리눅스 소프트웨어를 무료로 사용할 수 있을 뿐 아니라 저자의 허락없이 프로그램 코드를 수정할 수 있도록 개방하고 있다. 이 때문에 기존의 SW 지적재산권을 카피라이트(Copyright)라고 하는 반면, 리눅스 지적재산권은 카피레프트(Copyleft)라 부른다. 위키피디아의 콘텐츠에 대한 지적재산권도 카피레프트에 해당한다.

이 시장 메커니즘의 혜택이라고 주장한다. 수많은 대중이 위키피디아의 콘텐츠를 보고 있어 잘못된 내용은 실시간으로 발견되고 즉시 수정되기 때문에 콘텐츠가 비교적 정확하다는 것이다.

콘텐츠 신뢰를 높이기 위한 위키 정책

기존의 백과사전과 비교하면 위키피디아는 콘텐츠의 수정 속도가 매우 빠르며 편집도 끊임없이 이루어진다는 특성이 있다.[4] 누군가 새로운 아이템에 대한 지식콘텐츠를 위키피디어에 올리면 아무나 자유롭게 그 내용을 수정할 수 있기 때문에 콘텐츠의 수정 속도가 실시간에 가까울 정도로 빠르고, 수정도 끊임없이 이루어진다. 위키피디아는 모든 지식 아이템의 수정 내역에 대한 히스토리 정보를 제공한다. 수정이 이루어진 히스토리 내역을 보면 개별 콘텐츠가 처음부터 현재까지 어떻게 수정되어 왔는지를 한눈에 알 수 있어 잘못된 콘텐츠는 쉽게 복원이 가능하다. 위키피디아 사용자 가운데 위키피디안(Wikipedian)이라고 불리는 수천 명의 자원봉사자들이 위키피디아에 올라오는 콘텐츠를 모니터링하고, 필요하면 수정도 한다.

위키피디아는 콘텐츠의 신뢰성을 담보하기 위해 세 가지 원칙을 세워

4 위키피디아(Wikipedia)는 위키(Wiki)와 백과사전(Encyclopedia)의 합성어다. '위키(Wiki) 위키(Wiki)'는 하와이 원주민의 언어로 '빨리 빨리'라는 뜻이다. 즉 위키피디아는 콘텐츠가 빠르게 편집되는 백과사전이라는 의미를 가지고 있다.

두고 있다. 첫째, 모든 콘텐츠는 중립적인 시각에서 작성되어야 한다. 과학 이론과 같이 객관적인 서술이 가능한 분야가 있는 반면, 종교나 정치 같은 사회과학 분야에서는 중립적인 견해를 유지하기가 어려운 영역도 많다. 객관적인 서술이 어려운 분야는 주장이 다른 상반된 내용을 모두 소개함으로써 가급적 중립적인 입장을 지켜야 한다는 것이 첫 번째 원칙이다. 둘째, 위키피디아에 올라오는 모든 지식은 반드시 출처를 밝혀야 한다. 위키피디아는 지식 내용의 진위여부를 콘텐츠의 출처나 소스를 가지고 검증하기 때문이다. 셋째, 아직 전문학술지에 게재되지 않은 독창적인 연구결과는 원천적으로 금지하고 있다. 아무리 독창적인 연구 결과라 하더라도 신뢰할 만한 전문 학술지에 의해 검증되고 게재되어야만 위키피디어에 출처와 함께 소개할 수 있다.

콘텐츠 내용에 대한 이견으로 갈등이 발생할 경우 이를 해결하기 위한 위키 에티켓도 마련되어 있다. 위키 에티켓은 타인에 대한 신뢰(Good Faith)와 예의(Civility), 그리고 토론(Discussion)의 세 가지로 구성되어 있다. 콘텐츠에 대한 이견이 발생할 경우 토론을 통해 합의를 이루는 과정에서 당사자들이 반드시 지켜야 할 일종의 규범이다. 타인에 대한 신뢰는 토론하는 쌍방 모두 위키피디아를 최고의 사전으로 만들기 위해 자발적으로 참여하는 공동체의 일원이라는 믿음을 가지고 소통해야 함을 의미한다. 타인에 대한 예의는 상대방에 대한 존중을 바탕에 두고 소통해야 함을 뜻한다. 마지막으로 토론은 특정 아이템의 콘텐츠에 대한 이견이 해소되지 않을 경우, 갈등해결을 위한 가이드라인 역할을 한다. 쌍방간의 토론으로도 이견이 해소되지 않으면 1차적으로 조정위원회를 통해 합의를 도출하고, 그래도 쌍방이 동의하지 않으면 최종적으로 중재위원회의

위키피디아는 비영리 법인인 위키미디어 재단이 운영한다. 위키미디어 재단은 위키피디어를 만든 지미 웨일스(사진)가 2003년 플로리다주에서 설립했으며 2007년에 본거지를 캘리포니아 샌프란시스코로 이전했다.

결정에 따르도록 하고 있다.[5]

2020년 말 현재 위키피디아에는 영어로 된 지식 아이템이 620만 개나 올라와 있다. 브리태니커 백과사전이 제공하는 12만 개의 콘텐츠에 비하면 50배가 넘는 규모다. 영어 다음으로 가장 많은 지식 아이템을 제공하는 언어는 독일어(250만 개)와 프랑스어(227만 개)다. 한국어로 된 콘텐츠도 계속 늘어나 52만 개가 넘는다. 더구나 위키피디아 지식의 양은 시간이 지나면서 지속적으로 늘어나고 있다. 콘텐츠 확보를 위해 소수의 특정 전문가 집단을 활용하는 기존의 백과사전들은 결코 따라 올 수 없는 지식의 규모다. 위키피디아가 채택한 시장 메커니즘과 브리태니커의 성당 방식이 가져온 결과의 차이인 셈이다.

위키피디아는 2020년 7월 한 달간 52억 명이 넘는 방문자를 기록하며

5 조정위원회(Mediation Committee)는 위키피디아 콘텐츠를 관리하는 위키피디안들로 구성하지만, 중재위원회(Arbitrary Committee)는 해당 분야의 외부 전문가 그룹으로 구성한다. 중재위원회의 결정은 최종적이며, 따라서 토론 쌍방은 그 결정을 반드시 받아들여야 한다.

인터넷 상에서 8번째로 트래픽이 많은 사이트로 성장했다. 한 가지 특이한 것은 위키피디아는 콘텐츠를 무료로 제공하므로 별도의 수익원이 없다는 점이다. 위키피디아를 운영하는 위키미디어 재단은 사이트 운영에 필요한 경비를 전적으로 기부금에 의존하고 있다.[6] 위키피디아에 지식 콘텐츠를 제공하는 사람들은 위키피디아가 유용한 지식을 무료로 제공한다는 철학에 동의하기 때문에 자발적으로 참여하는 사람들이다. 위키피디아가 온라인 광고 모델을 채택하거나 콘텐츠 유료화로 전환하게 되면 이들은 자발적인 활동을 중단하고 위키피디아를 떠날 가능성이 크다. 오픈소스 모델의 위키피디아가 독자적인 수익원을 확보하기 어려운 이유가 여기에 있다. 수익이 없는 위키피디아가 200여 년 이상 백과사전 시장의 리더로 군림했던 브리태니커의 몰락을 야기했고, 1990년대에 뉴미디어로 각광을 받았던 MS의 CD-ROM 백과사전인 엔카르타를 비롯한 대부분의 백과사전 서비스를 시장에서 퇴출시킨 셈이다.

위키피디아 '시장' 메커니즘의 승리

백과사전 시장에서 디지털 제품 혁신은 두 단계에 걸쳐 진행되었다. CD-ROM 백과사전의 출현이 첫 번째 혁신이고, 이후에 이루어진 온라인 백과사전의 출시가 두 번째 혁신에 해당한다. 브리

6 위키미디어 재단(Wikimedia Foundation)은 위키피디아 운영을 위해 2019년 한 해에만 2천 800만 달러(308억 원)가 넘는 기부금을 모았다.

태니커는 1989년 콤프톤이라는 CD-ROM 백과사전을 MS보다 4년 앞서 시장에 내놓았고, 1993년 브리태니커 온라인 서비스로 업계에서 가장 먼저 온라인 플랫폼을 구축했다. 그럼에도 불구하고 브리태니커가 디지털 다위니즘의 희생이 된 이유는 무엇일까?

CD-ROM 백과사전은 기존의 종이로 된 백과사전보다 다양한 혜택을 고객에게 제공했다. 종이 매체로 된 백과사전은 32권의 책으로 구성되어 있고 가격도 1,000달러를 넘는 반면, CD-ROM 백과사전은 가격이 100달러 이하로 저렴할 뿐만 아니라 휴대를 할 수 있어 PC가 있으면 어디에서나 사용할 수 있었다. 키워드 검색으로 원하는 콘텐츠를 쉽게 찾을 수 있고, 하이퍼링크를 사용해 관련된 콘텐츠에 대한 지식을 탐색하기도 쉽다. 멀티미디어를 지원하므로 동영상을 시청할 수도 있다. 예를 들어 음악을 연주하는 악기에 대한 콘텐츠는 아이템에 대한 설명뿐만 아니라 연주하는 모습을 동영상으로 시청할 수 있고 어떠한 소리를 내는지 사운드를 들어볼 수도 있다.

브리태니커가 콤프톤을 가장 먼저 제작하고도 CD-ROM 백과사전 시장을 선점하지 못했던 과정은 디지털 혁신 분야에 시사하는 바가 크다. 콤프톤의 성공을 위해서는 CD-ROM 백과사전 판매를 위한 별도의 영업조직을 신설하고, 가격도 경쟁력 있게 책정할 필요가 있었다. 브리태니커는 영업사원들의 반발때문에 기존의 종이 매체 백과사전과 유사한 고가의 가격으로 콤프톤을 판매했을 뿐만 아니라, 기존 영업사원들을 콤프톤의 영업망으로 활용하는 우(愚)를 범했다. CD-ROM 백과사전에 대해 부정적인 견해를 가진 영업사원들은 콤프톤 판매에 소극적일 수밖에 없었다. 콤프톤이라는 생소한 이름이 아니라 자사의 강점인 브랜드 이름을 사용한 '브리태니커 CD 백과사전'으로 명명하고, 기존의 영업망이 아닌 별도의 CD-ROM 백과사전 판매조직을 신설해 백과사전 시장을 적극적으로 재편하는 전략을 사용했어야 했다.

하지만 브리태니커가 CD-ROM 백과사전 시장을 선점했다 하더라도 콤프톤의 시장 우위는 오래가지 못했을 것이다. 위키피디아의 등장은 종이 매체나 CD-ROM 백과사전 뿐 아니라 거의 모든 백과사전의 몰락을 초래했다. MS는 엔카르타 사업을 2009년 정식으로 폐쇄했고, 브리태니커는 종이로 만든 백과사전 제작을 2012년부터 공식적으로 중단했다. 위키피디아는 시장 메커니즘을 사용하는 콘텐츠 플랫폼을 통해 성당 방식을 사용하던 기존의 백과사전 시장을 재편했다. 하지만 이 과정에서 시장 메커니즘이 지니는 단점을 보완하기 위해 위키 정책을 마련하고 플랫폼을 운영했다. 콘텐츠 신뢰성을 제고하기 위한 원칙과 커뮤니티 구성원 간의 토론문화를 위한 위키 에티켓을 마련하는 등 제도적인 인프라가 시장 메커니즘의 성공에 중요한 역할을 했음을 간과해선 안된다.

03

스트리밍으로 진화하는 디지털 뮤직

아날로그 뮤직에서 디지털 뮤직으로

음반 산업의 역사는 1887년 토마스 에디슨이 개발한 축음기에서 시작된다. 에디슨은 은박지 실린더로 된 축음기에 미국 동요를 녹음한 후 이를 재생시키는데 성공했다. 에디슨이 사용한 은박지 실린더는 몇 번 사용할 수 없었으며, 상당히 고가였기 때문에 새로운 시장을 만들어 내지는 못했다. 이후 컬럼비아 레코드사가 1940년대에 제작한 LP(Long Play) 디스크가 음악을 저장하고 재생하는 중요한 매체로 자리잡으면서 음반시장이 형성되기 시작한다. 1962년 필립스가 콤팩트 카세트 테이프라는 소형 마그네틱 레코딩 기술을 개발하면서 음반 산업은 새로운 전기를 맞는다. 45분 정도의 음악을 저장할 수 있는 카세트 테이프는 휴대용 뮤직 플레이어 시장을 열었다. 소니가 1979년 워크맨을 출시하면서 글로벌 휴대용 뮤직 플레이어 시장의 50% 이상을 점유하며 이 분야

축음기

LP 판

워크맨

토마스 에디슨의 축음기는 음악재생 시장의 가능성을 열었고, LP 판은 음반시장을 만들었다. 1960년대 초에 카세트 테이프가 등장하면서 소니의 워크맨이 휴대용 뮤직 플레이어 시장을 장악한다.

의 왕좌로 군림하게 된다.

1982년에 필립스에 의해 CD(Compact Disk)가 출시되면서 음반시장은 아날로그에서 디지털로 전환된다. 최초로 녹음된 CD음반은 스웨덴 록 그룹 아바의 'The Visitors'라는 앨범이었다. CD음반은 기존의 LP 디스크나 카세트 테이프의 손상과 잡음에 피곤해 있던 음악 애호가들에게 큰 환영을 받았다. 특히 음반회사들은 CD를 만드는 재료가 플라스틱으로 가격이 저렴할 뿐만 아니라, 한 장에 70분 이상의 음악을 저장할 수 있어서 CD의 출현을 크게 반겼다. 기존의 아날로그 매체보다 재생 음질이 월등히 좋았던 장점에 힘입어 출시된 지 6년 만인 1988년에는 CD음반 판매량이 카세트 테이프의 판매량을 넘어섰다. CD가 기존의 아날로그 음악저장장치를 추월하면서 소니의 디스크맨과 같은 휴대용 CD 플레이어가 시장에 출시되고, 자동차 내의 오디오 시스템과 가정내 홈오디오 시스템, 나아가서는 PC에서도 CD 플레이어가 내장될 정도로 CD 음반시장은 빠르게 성장한다. 수요증가로 대량생산이 가능해져 CD 한 장의 원가가 1달러 이하로 떨어졌으며, 저렴해진 CD는 음악을 저장하는 매체뿐만 아니라 PC에서 데이터나 정보를 저장하는 메모리 장치로도 각광을 받기에 이른다.

CD가 주도하던 음반시장은 MP3[1]의 등장으로 새로운 도전에 직면한

1 MP3는 MPEG(Moving Pictures Expert Group) Layer-3를 줄인 말이다. MPEG은 아날로그 사운드나 영상정보를 0과 1로 이루어진 디지털 형태로 전환하는 표준을 만들기 위해 1988년에 창설한 표준화 기구다. MP3는 아날로그 정보를 디지털로 전환하는 과정에서 압축(Compression)기술을 사용해 디지털 파일의 사이즈를 획기적으로 줄이면서도 오리지날 사운드의 음질을 유지하는 기술이다.

다. 독일의 프라운호퍼(Fraunhofer) 연구소가 사운드를 디지털로 압축하는 과정에서 디지털 파일의 크기를 축소시키는 MP3 기술을 1993년에 개발한다. 기존의 CD에 저장되는 음악에 비해 MP3는 음악파일 사이즈를 1/10 이상 줄이면서도 사운드 품질은 기존의 CD 품질을 거의 그대로 유지했다. 파일사이즈가 적으면 저장이 용이하고, 네트워크를 통해 전송하는 시간도 줄어든다.

MP3 기술이 시장에 소개된 후 냅스터(Napster)와 같은 음악 공유 사이트가 출현하면서 MP3가 CD 음반시장을 빠르게 대체하기 시작했다. 냅스터는 1999년에 노스이스턴대학의 학생이었던 숀 패닝이 만든 P2P (Peer-to-Peer) 음악 공유 서비스다. 냅스터는 패닝이 사용하던 인터넷 닉네임에서 가져온 것이다. 냅스터 SW를 다운로드 받아 PC나 노트북에 설치하면, 이들 컴퓨터에 저장된 MP3 음악파일에 대한 정보가 냅스터 서버에 전달되고, 공유 가능한 음악파일에 대한 모든 정보를 다른 이용자들이 볼 수 있게 된다. 사용자가 원하는 곡을 냅스터 서버에서 검색을 통해 찾으면 해당 MP3 파일이 저장된 다른 사용자의 컴퓨터로부터 MP3 파일을 직접 다운로드 받을 수 있어 이를 P2P 음악 공유 서비스라 불렀다. 냅스터는 서비스를 시작하자마자 폭발적인 인기를 얻으면서 이용자가 8천만 명까지 증가했다. 특히 대학생 사용자가 많았던 냅스터의 트래픽 때문에 대학내 캠퍼스 네트워크 속도가 느려져 많은 대학들이 냅스터 접속을 차단하는 사태가 발생하기도 했다. 냅스터의 출현으로 CD음반 판매가 빠르게 줄어들자 음반사를 대표하는 미국음반산업협회(Recording Industry Association of America, 줄여서 RIAA)가 냅스터를 대상으로 지적재산권 침해소송을 제기했고, 법원으로부터 서비스 정지명령을 받은 냅스터

는 2001년 7월 문을 닫게 된다.[2]

음악 유통구조의 변화와 메이저 음반사들의 대응

미국 내에는 2,000개가 넘는 CD 음반사들이 있지만 3대 메이저 음반사[3]가 글로벌 시장의 70% 이상을 장악하고 있다. 음반사들은 가수나 록 그룹을 섭외해 CD 앨범을 제작하고, 제작된 음반의 광고와 프로모션을 담당한다. 음반사들이 제작한 CD는 오프라인의 소매점 또는 온라인 상점을 통해 유통되었다. 오프라인 소매점은 타워레코드나 버진메가스토어와 같은 CD 전문 매장과, 월마트나 베스트바이가 대표하는 일반 매장으로 이루어져 있다. 전문 매장은 CD 음반만을 주로 취급하므로 다양한 앨범을 구비하고 있는 반면, 일반 매장은 인기있는 베스트셀러 위주로 판매하므로 취급하는 CD 음반의 폭이 넓지 않다.[4] 온라인으로 CD 음반을 판매하는 대표적인 유통점은 아마존이다. 아마존은 1995년 온라인 서점을 오픈한 후 다음 해인 1996년에 CD 음반 판매를 시

2 이후 냅스터는 유료음악서비스로 전환한 후 다시 오픈한다. 냅스터는 2011년에 랩소디에 합병되었다가 2015년부터 캐나다에서 음악 스트리밍 서비스를 제공하고 있다.

3 원래 5대 메이저 음반사가 있었으나 2004년 소니가 BMG를 인수하고, 2012년에는 유니버셜이 EMI를 합병하여 현재는 유니버셜뮤직, 소니뮤직, 워너뮤직이 3대 메이저 음반사로 남아 있다.

4 월마트와 같은 일반 매장은 CD 음반 판매가 주목적이기보다는 베스트셀러 위주의 CD 음반을 저렴하게 판매함으로써 고객을 매장으로 유인하는 store traffic용으로 CD 음반을 판매한다.

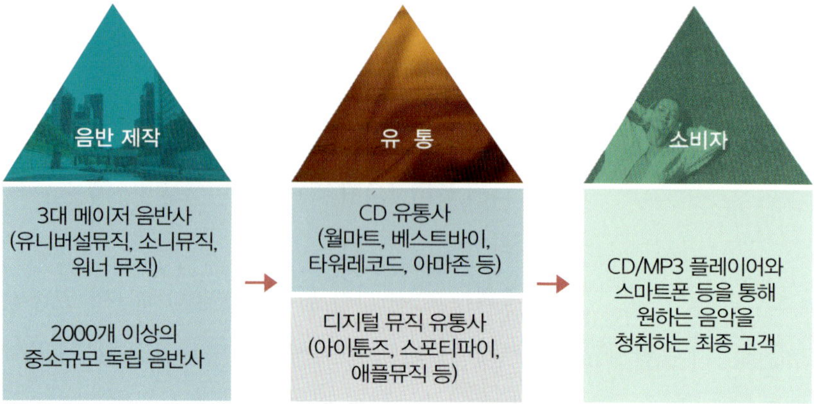

MP3 기술을 사용하는 디지털 뮤직은 기존의 CD 음반 유통에 큰 변화를 가져왔다. 아이튠즈의 다운로드 서비스와 스포티파이 및 애플뮤직의 스트리밍 서비스는 음반 산업의 비즈니스 모델을 완전히 바꾸어 놓았다.

작했고, 이후 온라인 CD 유통시장에서 줄곧 1위를 유지해 왔다.

음악을 판매하는 포맷이 CD에서 MP3로 전환되면서 음악 유통채널에도 큰 변화가 생겼다. MP3 음악 서비스는 크게 다운로드 서비스와 스트리밍 서비스로 나뉜다. 다운로드는 음원을 내려 받아 음악재생기에 저장해서 듣는 서비스인 반면, 스트리밍은 네트워크를 통해 음악을 실시간으로 재생해서 듣는 방식으로, 음원을 재생기에 저장하지 않는다는 점에서 다운로드와 다르다. 좋아하는 1~2개의 곡을 듣기 위해 CD 앨범을 구매해야 했던 소비자의 입장에서는 원하는 곡만 다운로드 받거나 매월 CD 한 장 정도의 비용을 지불하면 좋아하는 음악을 스트리밍 방식으로 무한정 청취할 수 있는 디지털 뮤직을 선호할 수밖에 없다. 이러한 변화에 일차적으로 가장 큰 타격을 받은 업체는 타워레코드나 버진메가스토어 같은 CD음반 전문 매장이었다.

캘리포니아 새크라멘토에서 1960년에 창업해 미국내 20개 주에 89개의 대형 CD 음반 매장을 보유하고 세계 각국에 지점을 내는 등 대형 음반체인점으로 성장했던 타워레코드는 2006년에 파산했다.[5] 1979년 영국 런던에 1호점을 오픈한 후 글로벌 시장에서 수백 개의 CD 음반 매장을 보유한 유통기업으로 성장한 버진메가스토어도 미국과 유럽, 호주, 아시아에 있던 모든 매장을 폐쇄했으며, 현재는 중동과 북아프리카 일부 지역에서만 소수의 매장을 유지하고 있다. MP3의 등장으로 CD음반 유통업체들이 디지털 다위니즘의 희생자가 된 것이다.

CD 앨범 매출이 주요 수익원인 음반사들, 특히 메이저 음반사들은 MP3로 인한 CD음반 시장의 축소에 두 가지 방식으로 대응했다. 먼저 음반사들의 이익을 대변하는 미국음반산업협회(RIAA)를 통해 냅스터를 비롯한 P2P 파일공유사이트들과 음악파일을 불법적으로 공유하는 개인들을 대상으로 법적 소송을 제기했다. RIAA의 법적 소송으로 냅스터는 2001년 문을 닫았지만, 냅스터 이후 패스트트랙, 이돈키, 비트토렌트와 같은 새로운 P2P 기술과 서비스가 등장하면서 CD 음반 매출이 지속적으로 감소했기 때문이다. 지적재산권 침해 소송을 통해 MP3 음악파일의 불법유통을 줄이려는 음반사들의 자구책이었다.

메이저 음반사들의 두 번째 대응책은 자신들이 디지털 음악 유통에

5 타워레코드가 처음 실패를 경험한 곳은 한국이다. 강남역 부근에 위치해 한 때 젊은이들 사이에서 만남의 장소로 인기를 끌었던 타워레코드는 경영실적 악화로 2000년에 한국에서 철수했다.

직접 뛰어드는 것이었다. 먼저 EMI와 워너뮤직, 그리고 BMG가 2000년에 디지털 뮤직서비스인 뮤직넷(MusicNet)을 합작해서 설립했다.[6] 뮤직넷은 월 9.95달러를 지불하면 매달 100개의 음악을 스트리밍으로 들을 수 있고, 최대 10개의 곡을 다운로드 받아 PC에 저장할 수 있는 유료 서비스였다. 뮤직넷은 DRM[7] 기술을 적용해 사용자들이 다운로드 받은 곡은 한 달이 지나면 자신의 컴퓨터에서 사라지도록 했으며, 다운로드 받은 곡을 CD에 복제하는 것도 허용하지 않았다. 매달 100곡보다 많은 음악을 듣거나 다운로드 받기를 원하면 프리미엄 서비스를 선택해야만 했다. 월 19.95달러를 지불하는 뮤직넷 프리미엄 서비스에 가입하면 매월 125개의 음악을 스트리밍하거나 이 가운데 일부를 다운로드 받을 수 있었다.

소니뮤직은 유니버설뮤직과 제휴해 2001년 프레스플레이(PressPlay)라는 유료 음악사이트를 개설했다. 월 9.95달러의 기본 서비스에 가입하면 매달 300개의 음악을 스트리밍으로 들을 수 있었고, 최대 30개의 곡까지 다운로드가 가능했다. 프레스플레이는 뮤직넷과의 차별화를 위해 한 달이 지나도 다운로드 받은 곡이 컴퓨터에서 삭제되지 않도록 했을 뿐 아니라, 다운로드 받은 곡의 일부를 CD에 복제하는 것도 허용했다. 물론 유료 가입을 종료하면 다운로드 받은 곡들은 PC에서 자동적으로 사라진

6 베텔스만 뮤직그룹 (BMG)은 이후 2004년 소니뮤직에 합병되며, EMI는 2012년 유니버설뮤직에 인수된다. 뮤직넷은 두 기업의 합병 이전에 만들어진 회사다.

7 DRM(Digital Right Management)은 음악파일, 동영상 파일, 전자책 파일의 사용 권리를 제어하는 기술로 허가된 사용자 이외에는 콘텐츠에 접근할 수 없도록 하는 기술이다. 음악파일의 경우 복사 방지는 물론이고 사용자의 레벨에 따라 여러 가지 정책들을 DRM에 반영할 수 있다. 예를 들어 다운로드 받은 MP3 음원의 사용기간 제한이나 사용횟수 제한 등을 설정할 수 있다.

다. 뮤직넷처럼 더 많은 곡을 듣거나 다운로드 받기 위해서는 실버 또는 플래티넘 서비스에 가입해야만 했다.[8]

초기 디지털 음악시장을 장악한 애플

유료가입자를 대상으로 디지털 음악 유통서비스를 최초로 시작한 기업은 이뮤직(eMusic)이었다. 이뮤직은 1998년에 사이트를 오픈하면서 매월 9.99달러의 회비를 내면 스트리밍 음악을 무한정 들을 수 있고, 최대 30곡까지 다운로드 받아 CD나 MP3 플레이어에 저장해서 들을 수 있도록 했다. 하지만 메이저 음반사들로부터 음원을 제공받지 못해 소규모 음반사들의 음원을 위주로 서비스했기 때문에 디지털 음악시장을 장악하기에는 한계가 있었다. 메이저 음반사들이 2000년과 2001년에 설립한 뮤직넷과 프레스플레이는 이뮤직의 유료서비스 비즈니스 모델을 모방한 것이다. 다만 뮤직넷은 EMI와 워너뮤직, BMG가 가지고 있는 음원을 중심으로 서비스했고, 프레스플레이는 유니버설뮤직과 소니뮤직의 음원을 중심으로 디지털 음악서비스를 제공했다.

하지만 이들 메이저 음반사들이 합작해서 만든 디지털 음악유통기업들은 모두 실패로 끝난다. 프레스플레이는 서비스 시작 후 2년 만인 2003

8 매달 14.95달러를 내는 실버 회원은 500곡의 스트리밍과 50곡의 다운로드를 받을 수 있었으며, 다운로드 받은 50곡 가운데 10곡까지 CD에 복제할 수 있었다. 매달 24.95달러를 지불하는 플래티넘 회원은 1,000곡의 스트리밍과 100곡의 다운로드가 가능했고, CD에는 20곡까지 복제할 수 있었다.

년에, 뮤직넷은 2005년에 각각 다른 기업에 인수합병된다. 메이저 음반사들이 줄어드는 CD 음반 매출을 보완하기 위해 만든 디지털 뮤직 벤처가 모두 실패한 셈이다. 이들이 떠난 시장을 장악한 기업은 하드웨어 제조업체인 애플이었다. 음반산업과는 관련이 없어 보이는 하드웨어 업체인 애플이 메이저 음반사들도 실패한 디지털 음악 유통시장을 어떻게 장악할 수 있었을까?

애플의 디지털 뮤직 시장 진입은 2001년 아이팟(iPod)이라 불리는 MP3 플레이어로 시작된다. 당시 시장에 나와있는 MP3 플레이어는 대부분 저장장치로 플래시 메모리[9]를 사용했는데, 플래시 메모리의 저장용량이 작아 수십 개의 MP3 곡만 저장할 수 있었다. 애플은 아이팟에 플래시 메모리가 아닌 1.8인치 하드디스크를 장착했다. 하드디스크 메모리 용량이 5GB 또는 10GB 수준이어서 수천 곡의 MP3 파일을 저장할 수 있었다. 아이팟의 하드웨어 디자인도 대중들의 마음을 사로잡았다. 애플은 리튬건전지를 사용해 기기의 두께를 얇게 유지했으며, '클릭휠(Click Wheel)'이라 불리는 새로운 사용자 인터페이스를 도입해 기기의 사용 편의성을 크게 늘렸다. 아이팟은 출시 후 시장의 70%를 점유하며 MP3 플레이어 시장을 장악한다.

아이팟 출시 후 18개월이 지난 2003년 애플은 아이튠즈(iTunes) 서비스를 론칭한다. 아이튠즈 서비스는 MP3 음악을 다운로드 받을 수 있는 콘텐

9 플래시 메모리(Flash Memory)는 전기적으로 데이터를 지우고 다시 기록할 수 있는 비휘발성 컴퓨터 기억장치다. 메모리 칩 안에 정보를 유지하는 데 전력이 필요 없어 비휘발성 메모리로 불린다. USB(Universal Serial Bus)가 대표적인 플래시 메모리 장치다.

애플 아이팟은 저장장치로 하드디스크를 사용해 수천 곡의 음악을 저장할 수 있었으며 '클릭 휠'이라는 새로운 인터페이스로 큰 인기를 얻었다.

츠 플랫폼이다. 애플은 월 정액제의 가입 모델이 아니라 다운로드 한 곡당 99센트를 받는 알라카르트 모델[10]을 채택했다. 다운로드 한 곡당 99센트를 받으면 2/3인 66센트는 음원을 제공한 음반사에게 저작권료로 지불했다. 처음에는 아이튠즈에서 다운로드 받은 곡을 아이팟에서만 재생할 수 있도록 DRM을 제어했으나 이후에는 다운로드 받은 곡을 모든 MP3 플레이어에서 재생할 수 있도록 정책을 변경한다.[11] 아이튠즈 서비스는 오픈한 지 9개월 만에 4억 개의 MP3 음악을 판매하면서 디지털 뮤직 시장을 장악했다. 서비스 시작 5년 후인 2008년에는 디지털 뮤직시장에서 아이튠즈의 시장점유율이 80%에 달했고, 오프라인에서 가장 큰 CD 소매점인 월마트의 CD 앨범 매출을 넘어서며 디지털 뮤직 시장의 리더가 되었다.

10 알라카르트(a la carte)란 '식단에 따라서'라는 의미의 프랑스어로, 뷔페처럼 일정한 요금을 내고 모든 음식을 즐기는 방식이 아니라, 원하는 음식 별로 별도의 돈을 지불하고 음식을 구매하는 방식을 의미한다.

11 아마존이 2007년 디지털 뮤직 시장에 진입하며 DRM-free 다운로드 서비스로 차별화를 도모하자 애플도 아이튠즈 서비스를 DRM-free 서비스로 전환하게 된다.

음원 스트리밍 시장에서 경쟁하는 애플과 스포티파이

애플이 시장을 장악했던 초기에는 다운로드 방식이 디지털 뮤직의 주류였다. 하지만 2011년부터 다운로드 시장은 매년 줄어들고 스트리밍 시장은 계속 늘어나 2015년부터는 스트리밍이 다운로드 시장보다 커졌다. 2020년 현재 글로벌 디지털 뮤직 시장의 80%가 스트리밍이고, 다운로드 시장은 10%에 불과하다.[12] 앞으로 인공지능 스피커의 보급이 확대되면 이 차이는 점점 더 벌어질 것으로 보인다.

디지털 뮤직 시장의 중심축이 다운로드에서 스트리밍 방식으로 전환되면서 스포티파이가 시장 리더로 부상했다. 한때 다운로드 시장을 장악했던 애플은 애플뮤직으로 스트리밍 시장에 진출했다.

디지털 음악시장이 스트리밍 서비스로 재편되면서 스포티파이(Spotify)가 새로운 강자로 부상했다. 스웨덴에서 설립된 스포티파이는 스

12 국제음반산업협회(International Federation of the Phonographic Industry, 줄여서 IFPI)가 발간한 "Global Music 2020" 보고서에 따르면 2019년 글로벌 스트리밍 시장은 1년 전보다 23% 증가한 114억 달러(12조 5,000억 원)이고, 다운로드 시장은 1년 전보다 15% 감소한 14억 달러(1조 5,000억 원)다. 스트리밍 시장이 다운로드 시장보다 8배나 큰 규모다.

포트(Spot)와 아이덴티파이(Identify)라는 두 단어를 합성해 만든 이름이다. 스포티파이는 2008년부터 스웨덴에서 음악 스트리밍 서비스를 시작했으며, 2009년에는 영국, 그리고 2012년에는 미국시장에 진출했다. 스포티파이는 무료 또는 유료로 사용할 수 있는데, 무료 서비스 사용자는 30분에 한번씩 오디오 광고를 들어야 하지만, 매월 9.99달러를 지불하는 유료회원은 광고없이 음악을 들을 수 있다. 2020년 6월 현재 전 세계 스트리밍 시장의 30%를 점유하고 있는 스포티파이는 2억 9,900만 명의 회원을 보유하고 있으며, 이 가운데 유료회원이 1억 3,800만 명에 달한다.

스포티파이가 음원 스트리밍 시장의 선두로 나서는데 가장 큰 공헌을 한 서비스가 2014년에 시작한 디스커버 위클리(Discover Weekly) 서비스다. 스포티파이는 유료회원을 대상으로 매주 월요일마다 개인맞춤형 추천음악 리스트를 제공한다. 디스커버 위클리는 음악 추천을 위해 리듬, 박자, 장르 등 세분화된 음악의 빅데이터와 인공지능 기술을 활용한다. 사용자 취향에 맞추어 추천하기 때문에 매주 월요일마다 유료회원수에 해당하는 1억 3,800만 개의 추천음악 리스트를 새롭게 만들고 있는 셈이다. 스포티파이는 앞으로 음악 빅데이터뿐만 아니라 그날의 날씨, 고객이 사용하는 이모지(Emoji)[13], 그리고 고객의 심장박동수와 같은 데이터도 음악 추천 서비스와 결합할 계획이다.

스포티파이는 2018년 4월 미국의 뉴욕증권시장에 성공적으로 상장되

13 이모지(Emoji)는 이미지를 활용해 감정을 표현하는 그림 문자다. 이모티콘(Emoticon)이 '^^' 처럼 부호를 조합해 사용하는 기호라면, 이모지는 사물, 시설, 형태, 개념 등을 알아보기 쉽게 상징적 그림으로 표현한다. 카카오톡에서 많이 사용하는 '☺'와 같은 그림 문자가 이모지의 대표적인 예다.

면서 기업가치가 2020년 현재 300억 달러(33조 원)에 이르는 기업으로 성장했다. 하지만 유료 가입자 수의 증가에도 불구하고 스포티파이는 아직 이익을 내지 못하고 있다. 스포티파이의 수익원은 유료음원 이용료와 광고비인데, 매출의 70%를 저작권료로 지불하고 있다. 저작권자는 총 스트리밍 시간에서 차지하는 비율에 따라 저작권료를 받는다. 스트리밍 서비스가 가능한 음원을 6,000만 개로 확대하면서 저작권료가 늘어났고 그 결과 적자규모가 커졌다. 앞으로 무료회원들을 유료로 전환해 이익을 내는 기업으로 전환하는 것이 스포티파이의 가장 시급한 과제로 남아있다.

디지털 음악시장의 축이 다운로드에서 스트리밍으로 전환되자, 애플은 스트리밍 서비스 회사인 비츠뮤직을 인수한 후 2015년에 애플뮤직을 오픈하며 스트리밍 서비스 시장에 뛰어들었다. 애플뮤직은 유료 회원만 사용할 수 있으며 월 가입비는 스포티파이와 동일한 9.99달러다. 2019년 6월 기준으로 애플뮤직 가입자는 6,000만 명 수준으로 알려져 있다. 스트리밍 시장에서 애플뮤직의 시장점유율은 2020년 상반기 25%(매출액 기준)로 30%의 점유율을 가지고 있는 스포티파이를 빠르게 추격하고 있다. 애플뮤직도 스포티파이에 버금가는 6,000만 개의 음원을 확보하고 있으며, 이용자 취향을 분석해 음악을 추천하고 있다. 애플뮤직 2016년부터 한국시장에도 진출해 국내에서 서비스를 제공하고 있다.

국내 디지털 음원서비스를 위한 플랫폼 경쟁

우리나라는 무료 음원사이트가 주류였던 시절에 SK

텔레콤의 멜론이 유료 음악서비스로 시장을 개척하기 시작했다. 2004년에 서비스를 시작한 멜론은 모회사인 SK텔레콤의 이동통신 가입자를 대상으로 다양한 할인혜택을 제공하며 초기 시장을 선점해 나갔다. 특히 스마트폰의 보급이 시작된 2010년에 멜론이 국내 처음으로 시작한 스트리밍 서비스가 큰 성공을 거두었다. 음악 매니아들은 한 곡당 돈을 내고 다운로드 받는 방식보다 매월 일정액을 내면 무제한으로 음악을 들을 수 있는 스트리밍 서비스에 열광했다. 디지털 음원 시장규모가 1,000억 원에도 못 미치던 2010년에 멜론은 유료 가입자 120만 명을 확보하며 음악에 돈을 쓰는 열성 음악 팬들을 선점했다.

카카오가 2013년 SK텔레콤으로부터 멜론을 인수했다.[14] 월 5,200만 명의 메신저 서비스 사용자를 보유하고 있는 카카오는 음원 서비스와 메신저를 결합하는 카카오멜론을 론칭했다. 카카오톡 내에서 음악을 듣고, 대화방에서 친구들과 음악을 함께 듣거나 공유할 수 있는 서비스다. 카카오는 자동차에서 음성명령으로 멜론의 음악을 들을 수 있도록 하고 있으며, 자사의 인공지능 스피커인 카카오미니도 멜론의 음악재생 서비스와 연동하고 있다. 2020년 3월 현재 멜론 사용자는 625만 명으로 국내 유료 음원시장의 35.8%를 점유하고 있다.

국내 제2의 이동통신회사인 KT도 2007년부터 디지털 음원 서비스시장에 뛰어들었다. 이후 KT뮤직은 합종연횡을 통해 세를 불리며 멜론을

14 대기업이 손자회사(자회사의 자회사) 지분을 매각하거나 100% 보유하도록 공정거래법이 개정되자, SK텔레콤은 2013년 5월 멜론을 카카오에 매각했다. 하지만 최근 음원 서비스가 인공지능 스피커의 핵심 콘텐츠로 부상하자 SK텔레콤은 SM, JYP, 빅히트와 같은 엔터테인먼트사들과 제휴하며 플로(FLO)라는 음원 플랫폼 서비스를 다시 시작했다.

추격해 왔다. 2017년 LG유플러스를 2대 주주로 참여시키며 이름을 지니뮤직으로 변경했고, 2018년 7월에는 CJ디지털뮤직의 엠넷닷컴을 인수했다. 2020년 3월 현재 420만 명의 이용자를 보유하고 있는 지니뮤직은 국내 음원 서비스 시장의 24%를 점유하고 있다.

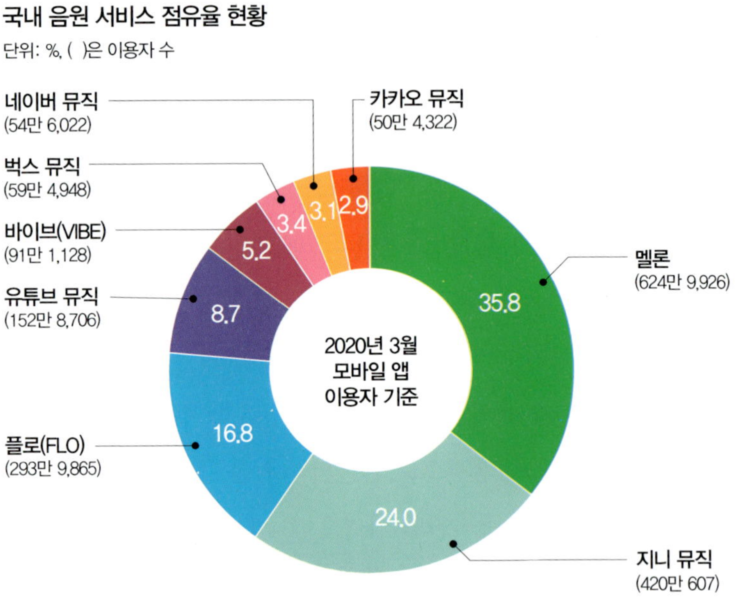

국내 디지털 음원 시장은 멜론을 선두로 지니뮤직이 그 뒤를 쫓고 있다. 최근 디지털 음원 시장에 재진입한 SK텔레콤의 플로(FLO)가 3위를 기록하고 있다 (출처: 코리안클릭).

국내 디지털 뮤직서비스는 이동통신업체들이 주도해 왔다는 특징이 있다. 업계 1위인 멜론은 카카오가 운영하고 있지만 SK텔레콤이 시작한 서비스며, 2위인 지니뮤직도 KT와 LG유플러스가 제공하는 음원서비스다. 2010년부터 음악서비스의 중심축이 스트리밍으로 전환되면서, 이동통신사들이 자사가 보유한 이동통신 가입자 네트워크를 지렛대로 활용했기 때문에 나타난 결과다.

국내의 이동통신사들이 하나같이 인공지능 스피커 시장에 뛰어들었기에 디지털 음원 서비스 플랫폼 경쟁은 더욱 치열해질 것으로 보인다. 인공지능 스피커에서 이용자들이 거부감없이 친근하게 접근할 수 있는 콘텐츠로 디지털 음원 만한 킬러 어플리케이션이 없기 때문이다. 디지털 음원시장에서 이미 다수의 유료가입자를 확보하고 있으면 자사의 인공지능 스피커 이용자 확대에도 도움이 된다. 디지털 음원이 인공지능 스피커의 중요한 콘텐츠이면서 이용 생태계 확대의 첨병 역할을 하는 셈이다. 멜론을 카카오에 매각했던 SK텔레콤이 최근 플로(FLO)라는 서비스로 디지털 음원 플랫폼 시장에 재진입한 배경도 여기에 있다. 2020년 3월 현재 SK텔레콤의 플로는 294만 명의 이용자를 확보해 16.8%의 국내음원시장을 점유하고 있다.

애플과 스포티파이의 '시장' 메커니즘의 승리

메이저 음반사들이 시작한 디지털 음악서비스인 뮤직넷과 프레스플레이는 모두 실패로 끝난 반면 애플의 아이튠즈 서비스는 성공한 이유가 무엇일까? 애플은 하드웨어와 서비스의 결합이라는 독특한 비즈니스 모델로 디지털 음원 시장을 장악했다. 메이저 음반사들이 디지털 뮤직 서비스만 제공한 것과는 달리 애플은 하드웨어(아이팟)와 서비스(아이튠즈)를 묶어 디지털 뮤직을 위한 새로운 생태계를 만들었다. 애플은 음반시장에서의 이러한 경험을 이후 스마트폰 시장에서도 그대로 활용한다. 애플이 2007년 아이폰을 출시한 후 바로 다음 해인 2008년에 스마트폰 응용서비스를 위한 앱스토어를 오픈하는데, 이는 하드웨어(아이폰)와 서비스(앱스토어)를 결합해야만 성공할 수 있음을 음악시장에서 경험했기 때문이다.

하드웨어와 서비스의 결합이라는 비즈니스 모델뿐만 아니라 디지털 음악 플랫폼을 위해 시장 메커니즘을 도입한 것도 애플의 성공요인 가운데 하나다. 뮤직넷은 EMI, 워너뮤직, BMG가 보유한 음원 위주로 서비스를 제공했으며, 프레스플레이는 소니뮤직와 유니버설뮤직의 음악만 서비스했다. 소비자의 입장에서 음악 선택의 폭이 절반으로 줄어들 수밖에 없다. 매달 스트리밍 할 수 있는 MP3 음악의 수를 제한했을 뿐 아니라, 다운로드 받은 곡을 CD에 저장하거나 휴대용 MP3 플레이어로 옮길 수 없도록 막았다. 다운로드 받은 후 한 달이 지나면 재생이 되지 않도록 제어하기도 했다. 결국 대형 음반사들이 만든 뮤직넷과 프레스플레이는 이러한 문제점들 때문에 소비자들로부터 외면 받게 된다.[15] 이들 보다 먼저 디지털 음악 유통을 시작한 이뮤직도 메이저 음반사로부터 음원을 제공받지 못해 소규모의 한정된 시장을 공략할 수밖에 없었다.

반면 애플은 아이팟이 MP3 플레이어 시장의 70%를 장악하고 있었기 때문에 메이저 CD 음반사들이 음원을 제공하도록 설득할 수 있는 협상력을 가질 수 있었다. MP3 음악의 불법복제로 CD 음반 매출이 감소해 큰 피해를 보고 있던 음반사들은 아이튠즈 서비스가 디지털 뮤직의 유료

15 뮤직넷과 프레스플레이는 PC World가 발표한 '역사상 최악의 기술 상품' 리스트에서 공동으로 9위를 차지하는 등 시장에서 부정적인 평가를 받았다.

화라는 새로운 문화를 만들 것으로 기대하고 음원 제공에 동의했다. 하드웨어 제조기업인 애플은 아이튠즈 서비스가 주 수익원이 아니라 음원 서비스를 통해 하드웨어(아이팟) 판매를 늘리는 것이 목표였다. 따라서 다운로드 한 곡당 99센트만 받았고, 이 가운데 66센트는 저작권료로 음반사에게 돌려주는 정책을 채택했다. 하드웨어 판매가 목표였기 때문에 한 곡당 99센트라는 저렴한 가격에 MP3 음악을 제공할 수 있었고, 경쟁력 있는 가격이 시장을 석권하는 데 큰 역할을 했던 것이다. 애플은 디지털 음악 플랫폼(아이튠즈와 애플뮤직)에서 6,000만 개가 넘는 곡을 서비스하고 있다.[16] 메이저 음반사들의 음원은 물론이고 시장에서 수요가 있는 독립 음반사들의 음악도 포함하고 있다. 국내 디지털 음원 서비스 1위인 멜론도 4,000만 곡이 넘는 음원을 확보하고 있다. 뮤직넷과 프레스플레이가 자사가 저작권을 가진 음악만으로 한정된 숫자의 음원만 서비스하는 '성당' 방식을 사용했다면, 애플은 모든 음반사들을 파트너로 끌어들이는 '시장' 메커니즘으로 시장을 장악했다. 성당 방식을 채택한 메이저 음반사들의 자회사는 디지털 다위니즘의 희생자가 된 반면, 자사 플랫폼에 시장 메커니즘을 도입한 애플은 디지털 음악시장의 재편에 성공했다.

16 음원 스트리밍 시장의 리더인 스포티파이(Spotify)도 애플처럼 '시장' 방식을 통해 확보한 6,000만 곡의 음악을 스트리밍으로 서비스하고 있다.

04

넷플릭스가 재편하는 미디어 산업

DVD와 동영상 스트리밍 서비스의 등장

디지털 기술의 발전으로 미디어 산업에서 아날로그 매체였던 비디오테이프가 디지털 저장 매체인 DVD[1]로 대체되었다. 영화나 드라마를 디지털 포맷으로 저장하는 DVD는 1995년 필립스와 소니가 공동으로 개발했다. DVD는 비디오테이프에 비해 영화의 화질이나 음향이 월등히 우수했기 때문에 할리우드 영화사들의 대대적인 환영을 받았다. 1996년에 개봉된 할리우드 영화 '트위스터(Twister)'가 최초로 DVD로 출시된 이후 DVD는 빠른 속도로 비디오테이프를 대체하면서 영화제작사들의 가장 큰 수익원으로 자리잡았다. 할리우드 영화제작사들의 매출 가운데 영화상영관 매출의 비중은 25%인 반면 DVD 판매와 대여 매출은 40%를 차지해 DVD가 영화제작사들의 중요한 수익원 역할을 해왔다.

2000년도에 들어와 브로드밴드 인터넷의 등장으로 네트워크의 속도가 빨라지면서 온라인 스트리밍을 이용하는 고객이 빠르게 늘어나고 있다. 온라인 스트리밍 서비스의 등장은 비디오 유통시장을 완전히 바꾸어

1 DVD(Digital Video Disc)는 CD보다 발전한 디지털 저장 매체다. 겉모습은 CD와 유사하나 CD가 700MB의 데이터를 저장할 수 있는 반면, DVD는 4.7~ 8.5GB의 데이터를 저장할 수 있다. 디지털 포맷으로 만들어진 영화 파일은 CD에 담을 수 없지만 DVD에는 저장이 가능하다.

놓는 계기가 되었다. 원하는 영화나 TV 프로그램을 어디에서나 온라인 스트리밍으로 즐길 수 있다면 DVD는 사라질 수밖에 없다. 온라인 스트리밍은 영화시장의 변화만 초래한 것이 아니다. 소비자가 원하는 동영상 프로그램을 언제 어디서나 원하는 단말기로 시청할 수 있어서 광고 수익 의존도가 높은 기존의 TV 방송시장에도 큰 영향을 미치고 있다. 특히 넷플릭스의 성공은 기존의 대형 미디어 기업들 간의 인수합병을 유도하며 미디어 시장을 재편하고 있다.

넷플릭스와 온라인 스트리밍 서비스

비디오 유통시장의 독보적인 리더였던 블록버스터의 아성은 1997년에 설립된 넷플릭스에 의해 조금씩 무너지기 시작한다. 넷플릭스는 온라인 DVD 대여점으로 시작했다. 넷플릭스(Netflix)라는 이름은 인터넷(Net)과 영화(Flicks)에서 따온 것이다. 소비자가 인터넷으로 주문한 DVD를 우편으로 보내주고, 시청 후 우편으로 반송 받는 서비스다. 블록버스터의 주요 수익원은 비디오테이프 대여료와 납기 내 비디오테이프를 반납하지 않을 경우의 페널티인 연체료였다. 넷플릭스는 매월 일정액을 회비로 지불하면 DVD를 무제한으로 대여받을 수 있는 서비스를 제공했다. 대여한 DVD는 소비자가 소지한 DVD가 3장을 넘지 않으면 반납하지 않아도 연체료를 지불할 필요가 없었다.[2] 넷플릭스는 처음

2 넷플릭스를 창업한 리드 헤이스팅스는 블록버스터에서 대여한 영화 '아폴로13'을 반납하는

부터 비디오테이프를 배제하고 DVD에만 초점을 맞추었다. 1997년 창업 당시는 DVD가 시장에 나온 지 2년밖에 되지 않아 DVD 플레이어를 보유한 소비자는 영화 매니아일 가능성이 높았다. '월정액 가입, 무제한 DVD 대여'라는 새로운 비즈니스 모델은 이들 영화 매니아들에게 아주 매력적일 것으로 판단했기에 처음부터 DVD만 서비스 대상으로 삼았다.

월정액 가입자에게 무제한 DVD를 대여하는 비즈니스 모델 이외에도 넷플릭스는 블록버스터에 비해 여러가지 장점을 가지고 있었다. 첫째, 롱테일(Long Tail)이라고 불리는 온라인 비즈니스의 이점이다. 롱테일은 와이어드 잡지의 편집장이었던 크리스 앤더슨이 2004년에 주창한 것으로, 온라인 상점은 오프라인 매장에 비해 훨씬 다양한 상품 제공이 가능하다는 이론이다. 예를 들어 오프라인의 대형서점에서는 최대 20만 권의 서적을 전시할 수 있지만, 온라인 서점인 아마존은 3백만 권이 넘는 종류의 책을 판매한다. 오프라인 매장과 달리 아마존은 책을 전시할 물리적 공간이 필요 없어 훨씬 다양한 서적을 소비자에게 제공할 수 있다. 실제로 아마존 서점 매출의 30~40%가 오프라인 매장에서 구할 수 없는 책들(롱테일에 속한 책들)의 판매로부터 나온다. 매장에 DVD를 디스플레이 해야 하는 블록버스터는 매장당 최대 3,500개 정도의 DVD 재고를 보유하는 것이 일반적이었다. 이에 반해 넷플릭스는 대여할 수 있는 DVD가 최대 10만 개에 이를 정도로 소비자 선택의 폭이 넓었다. DVD를 물리적으로 전시할 필요가 없는 온라인 대여점이 가지는 장점 때문이다.

것을 깜박 잊었다가 6주나 늦게 반납해 40달러의 연체료를 지불한 경험이 있었다. DVD 대여 연체료가 없는 서비스 수요가 있을 것으로 확신한 그는 결국 연체료 없는 온라인 DVD 렌탈 서비스 모델을 고안해 냈다.

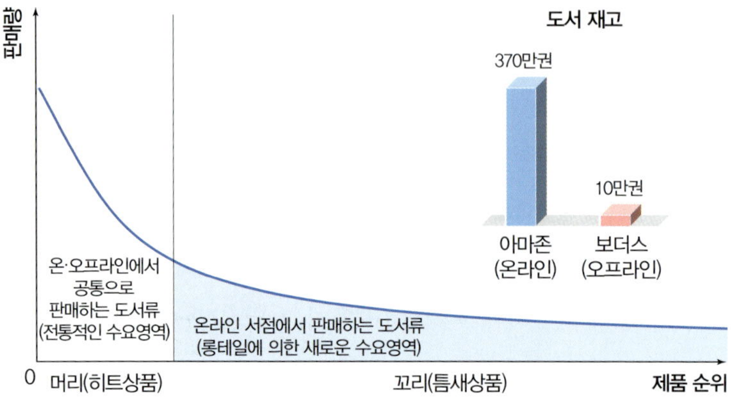

롱테일은 제품 전시가 필요없는 온라인 매장이 오프라인 상점보다 훨씬 많은 수의 다양한 상품을 제공할 수 있다는 이론이다. 오프라인 매장보다 많은 도서를 판매하고 있는 아마존의 도서 매출 가운데 30~40%가 오프라인 서점에서 구입할 수 없는 서적의 판매에서 나온다. 이같은 롱테일의 장점 때문에 넷플릭스는 온라인에서 블록버스터 매장보다 훨씬 다양한 DVD를 대여할 수 있었다.[3]

넷플릭스가 제공하는 또 다른 혜택은 시네매치(Cinematch)라 불리는 영화 추천서비스다. 넷플릭스는 시청한 DVD에 대해 고객이 평점을 주도록 요구하고 있다. 영화 작품을 기준으로 동일한 배우나 감독의 작품, 그리고 영화 장르에 따라 추천해 주는 전통적인 방식과는 달리 시네매치는 특정 영화에 높은 평점을 준 고객들을 하나로 묶은 뒤, 동일 그룹에 속한 구독자가 높은 평점을 준 영화를 그룹내 다른 이용자에게 추천하는 방식을 사용하고 있다. 넷플릭스는 60여 개의 DVD 배송센터를 구축하고, 개별 배송 센터의 DVD 재고관리 시스템과 추천 시스템을 연동시켜 해당 배송 센터에 재고가 있는 DVD를 중심으로 고객에게 추천하는 시스템을

3 그래프 출처: "롱테일 법칙 vs. 파레토 법칙 개념정리," 담덕의 경영학 노트, 2016년 8월.

도입했다. 신작 영화나 인기 영화의 DVD 대여에 고객이 몰리지 않게 함으로써 전체 DVD의 사용 효율을 제고하면서 고객이 원하는 영화를 추천하는 전략이었다.

온라인 스트리밍 서비스를 시작한 이후에도 시네매치는 넷플릭스 성공의 일등공신 역할을 하고 있다. 넷플릭스는 2006년 '넷플릭스 프라이즈'라는 기술 콘테스트를 개최했다. 시네매치의 추천 품질을 10% 개선하는 팀에게 100만 달러의 상금을 제공하는 공모전이었다. 전 세계 186개국에서 4만 개 이상의 팀이 공모전에 뛰어 들었고, 벨코어와 대혼돈이라는 팀이 시네매치의 정확도를 10% 개선하는데 성공하며 우승했다. 넷플릭스의 추천시스템은 빅데이터와 인공지능 기술을 함께 사용한다. 공모전은 넷플릭스가 일일이 만든 영화에 대한 메타데이터와 사용자들의 평점 정보와 같은 빅데이터를 과감하게 오픈함으로써 외부의 역량을 활용한 오픈 이노베이션(Open Innovation)의 대표적인 성공사례다. 2020년 10월 현재 1억 9,500만 명에 달하는 넷플릭스 고객의 80%가 시네매치의 추천 서비스를 사용하고 있다.

넷플릭스는 2007년부터 DVD 대여에서 온라인 스트리밍 서비스로 전환을 시작했다. 인터넷의 속도가 빨라지고 스마트폰의 보급이 확대되면 DVD 대여 시장은 축소되고 온라인 스트리밍이 대세가 될 것으로 전망했기 때문이다. 넷플릭스는 서비스 조직을 DVD우편대여 부서, 국내스트리밍 부서(미국내), 그리고 국제스트리밍 부서의 세 개로 개편하고, DVD 대여는 점차 줄이면서 스트리밍 서비스는 늘리는 전략을 추진했다. 이를 통해 온라인 스트리밍으로 전환하는데 성공하면서 이 분야의 시장 리더가 됐다. 넷플릭스는 월 가입비에 따라 서비스를 차별화하는

가격정책을 도입하고 있다.[4]

넷플릭스의 성공으로 코드 커팅(Code Cutting) 소비자가 늘어나 케이블TV 업체들이 타격을 입고 있다. 동영상 콘텐츠를 소비하는 도구가 TV가 아닌 스마트폰과 테블릿 PC 등 모바일 기기로 바뀌면서 수십 년 동안 미국내 미디어 서비스의 중심축이었던 케이블TV 서비스를 해지하고 넷플릭스에 가입하는 소비자가 늘어나고 있는데 이를 코드 커팅이라 부른다. 한 달 가입비가 40달러에 해당하는 케이블TV 대신 월 7.99달러를 지불하면 광고를 보지 않고도 엄청난 양의 콘텐츠를 즐길 수 있기 때문이다. 넷플릭스는 주요 미디어 기업들로부터 콘텐츠를 제공받고 있을 뿐만 아니라 2013년부터 '하우스 오브 카드'와 같은 자체 콘텐츠도 제작하는 미디어 기업으로 변신하고 있다. 넷플릭스의 영향으로 75% 내외를 유지하던 미국내 케이블TV 가입 가구 비율은 63% 수준까지 하락했다. 넷플릭스가 온라인 스트리밍으로 미디어 시장을 재편하고 있는 것이다.

DVD 무인 단말기 업체 레드박스의 시장진입

DVD 대여 자판기 서비스 업체인 레드박스(Redbox)의 등장은 비디오 유통시장에 또다른 혁신을 몰고 왔다. 레드박스는 맥

4 넷플릭스 온라인 스트리밍 기본 서비스(월 가입비 7.99달러)에 가입하면 영화, 드라마, TV 등 다양한 콘텐츠를 감상할 수 있다. 월 10.99달러를 지불하면 동시에 두 개의 스크린에서 다른 채널을 볼 수 있으며, 월 13.99달러를 내면 고화질 영상을 최대 4개의 스크린에서 동시에 시청이 가능하다.

도날드가 자판기 전문기업인 코인스타와 2002년에 합작[5]해 만든 회사로 키오스크(무인 단말기)를 통해 DVD와 블루레이 디스크[6]를 대여한다. 레드박스는 2004년 콜로라도주 덴버에 첫 번째 키오스크 단말기를 설치하며 서비스를 시작했다. 붉은 색 자동판매기에 최신 DVD 타이틀 약 700여 장을 넣어두고 1일 대여료 1달러라는 파격적인 요금으로 DVD를 빌려준다. 맥도날드 매장을 비롯해 슈퍼마켓, 식료품점, 할인점 등 미국 전역에 42,000개가 넘는 키오스크를 설치해 서비스하고 있다. 일주일 단위

레드박스의 DVD 대여 무인단말기(키오스크)는 700여 장의 최신 DVD를 구비하고 하루 1달러에 DVD를 대여한다.

5 설립 7년 후인 2009년에 코인스타가 맥도날드의 지분 전량을 인수한 이후 레드박스는 100% 코인스타가 지배하는 구조로 바뀌었다.

6 블루레이 디스크(Blu-ray Disc)는 2003년에 상용화된 기술로 DVD를 이은 대용량 저장 매체다. DVD와 유사한 크기와 모양을 가진 블루레이 디스크는 25GB에서 최대 125GB까지 데이터를 저장할 수 있어 고해상도(High Definition) 영화를 저장하는 매체로 사용된다.

로 키오스크에 신작 DVD 타이틀이 보강되므로 저렴한 비용으로 최신 DVD를 대여할 수 있다는 장점 때문에 빠른 속도로 시장을 잠식해왔다.

레드박스의 DVD 대여는 신용카드로만 결제가 가능한데, 이는 기한 내에 DVD 타이틀을 반납하지 않으면 대여료가 늘어나는 정책 때문이다. 대여한 DVD는 시간에 관계없이 다음날 저녁 9시 이전에 키오스크에 마련된 상자에 반납하면 된다. 만약 반납 시간을 넘기면 다시 1달러가 추가되며, 다음날 저녁 9시까지 대여 시간이 늘어난다. 슈퍼마켓과 할인점 등 유통 업체들은 매장내 키오스크 설치에 적극적이다. 무인단말기에서 발생하는 대여료 매출에 대해 15%의 수수료를 챙길 수 있을 뿐 아니라, DVD를 대여하고 반납하는 과정에서 고객들의 매장 방문이 늘어나 상품 매출에 도움이 되기 때문이다.

레드박스가 인기있는 이유는 적절한 DVD 타이틀의 선정에 있다. 레드박스는 신작으로 나온 DVD와 같이 수요가 많은 타이틀을 키오스크에 집중 배치한다. 대여한 DVD 반납도 전국 어디서나 키오스크 단말기만 있으면 가능하다. 인터넷을 통해 집 근처의 키오스크에 원하는 DVD 타이틀을 예약하는 서비스도 인기가 많다. DVD 시청을 자주 즐기는 소비자라면 월정액을 지불하고 무한정 DVD를 대여할 수 있는 넷플릭스를 선호하지만, 일주일에 한두 편의 신작 DVD를 즐기는 고객이라면 원할 때 1달러를 주고 바로 대여할 수 있는 레드박스 서비스가 유리하다. 레드박스는 서비스를 시작한지 3년 만인 2007년에 키오스크 설치 장소가 블록버스터 매장 수를 추월했고, 2010년에는 매출 규모도 블록버스터를 초과하게 된다. 넷플릭스의 출현으로 시장을 잠식당한 블록버스터는 레드박스의 시장진입으로 경영수지가 더욱 악화되어 결국 파산하게 된다.

온라인 스트리밍 시장의 성장에 발맞추어 레드박스도 2017년 12월부터 레드박스 온디맨드라는 디지털 서비스를 론칭했다. 할리우드 영화사들과 콘텐츠 계약을 맺고 확보한 6,000여 편의 영화와 TV프로그램 콘텐츠를 스트리밍으로 즐기거나 다운로드 받을 수 있는 서비스다. 레드박스는 넷플릭스와 직접 경쟁하기보다는 키오스크 중심의 고객들을 스트리밍 시장으로 전환하는데 초점을 맞추고 있다. 따라서 넷플릭스와 같은 월정액 가입 서비스가 아니라 개별 콘텐츠를 온라인으로 대여하거나 판매하는 비즈니스 모델을 채택하고 있다. 특정 영화나 TV프로그램을 48시간 내에 스트리밍으로 볼 수 있는 서비스 요금은 3.99달러이며, 해당 콘텐츠를 구매(다운로드)하고자 하는 고객은 9.99달러를 지불해야 한다.

혁신을 뒤쫓기만 하다 몰락한 블록버스터

블록버스터가 1985년 텍사스주 댈러스에 제1호점을 열기 전까지 미국의 비디오 대여 산업은 동네마다 개인이나 가족이 운영하는 소규모 비즈니스였으며, 전국적인 체인 형태의 대여점은 없었다. 블록버스터는 고객정보를 DB화하고, 모든 비디오테이프에 바코드를 부착해 관리하는 등 당시로서는 첨단 정보시스템을 도입함으로써 전국적인 비디오 대여 체인점으로 성장했다. 신용카드와 신분증을 가지고 있는 사람은 누구나 블록버스터의 회원이 될 수 있었으며(회원가입은 무료), 회원 카드로 전 세계 체인점 어디에서나 대여를 할 수 있었다. 비디오테이프당 대여료는 4.5달러 정도였고, 대여 기간은 이틀에서 길게는 일주일까지 가능했다. 대여기간내에 비디오테이프나 DVD 타이틀을 반납하지 않으면 연체료를 지불해야 했다.

블록버스터는 한때 전 세계 25개 국가에 9,000개의 매장을 가진 글로벌 기업으로 성장했다. 미국내에서만 4,500여 개의 대여점과 4,000만 명의 회원을 보유하고 연간 30억 달러의 매출을 올리는 비디오테이프 렌탈 시장의 리더였다. 블록버스터 매장으로부터 자동차로 10분 내 거리에 사는 소비자가 미국 전체 인구의 70%라는 점을 자랑으로 내세울 정도로 블록버스터는 전국에 많은 수의 오프라인 대여점을 보유하고 있었다.

넷플릭스의 등장으로 시장을 잠식당하기 시작하자 블록버스터도 다양한 방법으로 대응책을 모색한다. 먼저 2005년에 DVD 연체료 정책을 철폐한다. 블록버스터는 DVD 타이틀 반납이 하루 지연될 때마다 대여 금액의 100%를 연체료로 부과했었다. 연체료 정책에 대한 소비자들의 소송이 제기된 2002년부터는 DVD를 한번 더 대여한 것과 동일한 금액의 연체료를 부과하는 방식으로 정책을 변경했다. 하지만 궁극적으로 넷플릭스와의 경쟁때문에 2005년 1월부터 연체료를 아예 없애버린 것이다. 당시 연

블록버스터는 개인이나 가족 비즈니스였던 비디오 유통을 전국적인 체인점 형태로 발전시키며 성장했다. 블록버스터는 한때 전세계에 9,000개의 DVD 대여 매장을 보유할 정도로 성장했으나 온라인 스트리밍으로 전환되는 디지털 혁신의 기회를 놓쳐 파산했다.

체료 수입은 연간 4억 달러(4,400억 원) 규모로 블록버스터의 중요한 수익원의 하나였기 때문에 연체료 포기로 블록버스터의 수익성은 더욱 악화된다.

블록버스터는 2004년 8월에 '블록버스터 온라인'이라는 DVD 우편배송서비스를 도입한다. 넷플릭스와 유사한 월 정액제 가입서비스로 DVD를 온라인으로 주문하면 우편으로 배송하는 서비스였다. 오프라인에 다수의 대여점을 보유한 장점을 최대한 활용해 온라인으로 주문한 DVD가 근처 블록버스터 매장에 있을 경우, 주문한 당일 매장에서 DVD를 바로 대여할 수 있도록 하는 기능을 추가했다. 이때는 넷플릭스가 이미 사업을 시작한 지 여러 해가 지나 2백만 명 이상의 가입자를 확보하며 시장에서 확실한 발판을 마련한 후였다. 블록버스터 온라인 서비스는 2007년에 280만 가입자로 정점을 찍은 뒤 지속적으로 가입자가 줄어들어 2009년에는 절반인 140만 명으로 감소한다. 2009년 당시 넷플릭스의 가입자 수 1,230만 명과 비교하면 너무 저조한 실적이었다.

블록버스터는 넷플릭스의 스트리밍 서비스와 경쟁하기 위해 2007년 무비링크를 인수하며 온라인 스트리밍 시장에도 뛰어들었다. '블록버스터 온디맨드'라고 불리는 이 서비스는 블록버스터의 홈페이지와 통합해 고객이 영화나 TV프로그램을 인터넷을 통해 스트리밍으로 즐길 수 있도록 한 것이다.

레드박스 서비스가 인기를 얻자 블록버스터는 2009년 7월 NCR과 제휴해 '블록버스터 익스프레스'라는 DVD 렌탈 키오스크 서비스도 오픈했다. 2009년은 레드박스가 서비스를 시작한 지 5년이 된 해로 이미 22,400개의 키오스크가 미국 내에 설치되어 서비스중인 시점이었다. 2010년 말까지 블록버스터는 7,000여 개의 단말기를 설치했는데 이는 레드박스가 설치한 30,000여 키오스크의 23% 정도에 불과했다.

블록버스터는 비디오 유통시장에 진입한 새로운 경쟁자들에 대항하기 위해 뒤늦게 우편 배송과 스트리밍, 그리고 키오스크 사업에 뛰어들었으나, 오히려 자사의 프랜차이즈 대여점들로부터 소송을 당하는 등 어려움을 겪는다. 뿐만 아니라 소비자가 매장을 직접 방문해 DVD를 대여하는 이미지가 너무 강하게 굳어 있어 새로운 유통 방식에 대한 소비자의 인식을 바꾸는 데에도 실패했다. 결국 스스로 혁신을 주도하지 못하고 새로운 시장 진입자들을 뒤늦게 모방만 하던 블록버스터는 2010년에 파산한다.[7]

OTT 서비스 사업자의 출현

넷플릭스의 성공은 한편에서는 블록버스터를 파산에 이르게 하면서 다른 한편으로는 OTT(Over the Top) 사업자라는 새로운 시장 진입자들을 비디오 유통시장에 끌어들였다. OTT는 인터넷을 통해 영화, 방송 프로그램, 교육 등 각종 미디어 콘텐츠를 제공하는 서비스를 의미한다.[8] Over the Top 에서 'Top'은 TV 셋톱박스 같은 단말기를 의미

7 넷플릭스의 창업자 리드 헤이스팅스는 사업 초기였던 2000년 블록버스터를 찾아가 넷플릭스의 지분 49%를 5,000만 달러(550억 원)에 인수하도록 제안했으나 거절당했다. 이후 그는 2002년 넷플릭스의 나스닥 상장에 성공했고, 2003년부터 흑자를 내기 시작한다. 블록버스터가 넷플릭스를 인수했다면 블록버스터의 운명이 바뀌었을지도 모른다.

8 OTT 사업자들이 제공하는 동영상 콘텐츠 서비스를 Video On Demand(VOD)라고 부른다.

하므로, 별도의 단말기없이 인터넷에 연결해 바로 동영상을 즐길 수 있다는 의미다. 최근에는 스마트폰의 보급으로 모바일 단말기로 동영상을 즐길 수 있는 환경이 되면서 OTT 사용자는 더욱 빠르게 늘어나고 있다. 광고를 기반으로 하는 무료 비즈니스 모델이 주류를 이루고 있는 타 인터넷 산업과 달리 OTT 동영상 시장에서는 유료 비즈니스 모델이 주류를

OTT(Over the Top) 서비스란 개방된 범용 인터넷을 통해 방송프로그램과 영화 등의 동영상을 전달하는 서비스를 의미한다. OTT에서 'Top'은 케이블 TV를 수신하기 위한 셋톱박스를 의미한다. 따라서 셋톱박스 없이 TV뿐만 아니라 PC, 스마트폰, 테블릿 PC, 게임기 등을 인터넷에 연결해 온라인으로 동영상을 시청할 수 있는 서비스를 뜻한다.[9]

VOD는 원하는 콘텐츠를 원하는 장소에서 원하는 단말기로 원하는 시간에 스트리밍으로 볼 수 있는 서비스다.

9 이미지 출처: "OTT(Over the Top) 서비스," 한국인터넷진흥원, 2013년 6월.

이루고 있다. 현재 이 시장에서는 유튜브, 아마존, 그리고 디즈니 등이 넷플릭스와 경쟁하고 있다.

2006년 구글이 인수한 유튜브(YouTube)는 동영상 콘텐츠를 무료로 제공하는 대신 광고수익을 주요 수익원으로 하고 있다. 유튜브 소비자는 콘텐츠를 무료로 즐기는 대신 동영상 시작 전 6초 동안 광고를 봐야 한다. 유튜브의 2019년 광고매출은 151억 5천만 달러(16조 6,600억 원)로 구글 전체 광고 수익의 10%를 넘는 규모다. 유튜브는 2017년부터 유튜브 레드라 불리는 월정액 유료서비스를 시작했고, 뒤이어 2018년에는 모든 유료 동영상과 음악 서비스를 통합해 유튜브 프리미엄 서비스로 일원화했다.[10] 최근 몇 년 사이 인터넷 이용자들 사이에서 광고 차단 SW를 설치해 디지털 광고를 억제하는 추세가 확대되고 있다. 이러한 흐름이 지속되면 광고를 기반으로 하는 무료서비스의 수익성이 악화될 가능성이 크므로 유튜브는 점진적으로 서비스를 유료화로 전환 중이다.

아마존은 전자상거래 멤버십 서비스인 아마존 프라임 서비스의 일부로 온라인 동영상 서비스를 제공해 왔다. 연간 119달러(13만 원)[11]를 지불하는 아마존 프라임 서비스 회원이 되면 무료배송 뿐만 아니라 아마존이 제공하는 다양한 동영상 서비스를 즐길 수 있다. 아마존은 2016년 4월부터 기존의 멤버십과 분리된 별도의 독립 영상 서비스인 아마존 프라임 비디오를 론칭했다. OTT 서비스를 위한 콘텐츠 제작에 공격적인 투자를

10 유튜브 레드의 월 가입비는 9.99달러였으나, 유튜브 프리미엄으로 통합되면서 월 가입비가 11.99달러로 인상 조정되었다.

11 아마존 프라임 회원제 가격이 2018년 6월 15일부터 연간 99달러에서 119달러로 인상되었다.

전개하기 위해서는 별도의 수익을 창출할 수 있는 서비스가 필요했기 때문이다. 아마존은 이와 함께 아마존 비디오 다이렉트 서비스도 시작했다. 미디어 기업들과 계약을 통해 콘텐츠를 수급받던 전략에서 벗어나, 누구나 자유롭게 동영상 콘텐츠를 제공할 수 있도록 플랫폼을 개방하는 서비스다. 2020년 10월 현재 아마존 프라임 가입자는 1억 6,400만 명에 이른다.

훌루(Hulu)는 유튜브와 넷플릭스의 성장에 위기를 느낀 디즈니, 21세기 폭스, 컴캐스트, 그리고 타임워너가 공동으로 2007년에 설립한 비디오 스트리밍 회사다. 훌루는 '소중한 것을 가진 사람' 혹은 '쌍방향 녹화'라는 의미를 가진 중국어 발음에서 유래한 이름이다. 처음에는 광고 기반의 무료서비스로 시작했으나 2010년부터 광고없이 고급 콘텐츠를 시청할 수 있는 훌루 플러스를 론칭했고(월 가입비 7.99달러), 2016년부터는 무료 서비스 정책을 아예 없애고 유료 구독자 유치에 집중하고 있다. 훌루는 거대한 방송사들이 모여 만든 회사라는 장점을 최대한 활용해 다양한 채널의 생방송을 실시간으로 스트리밍하는 서비스로 경쟁 OTT들과 차별화를 시도하고 있다. 훌루의 전체 사용량 가운데 54%가 주문형 비디오(VOD)인 반면, 실시간 방송 스트리밍 서비스는 46%를 차지하고 있다. 2020년 10월 현재 훌루 가입자(유료 가입자)는 3,660만 명 수준이다.

OTT 서비스 시장의 성장은 거대 미디어 기업인 디즈니를 온라인 스트리밍 시장으로 끌어 들였다. 디즈니는 2016년 온라인 스트리밍 기술 기업인 뱀텍(BAMTech)을 인수한 후 2018년부터 ESPN플러스라는 이름으로 스포츠 채널 콘텐츠를 스트리밍으로 제공하는 서비스를 시작했다. 월 가입비 4.99 달러인 ESPN플러스는 2020년 10월 현재 1,030만 명의 유료

회원을 가지고 있다. 2019년 11월에 시작한 디즈니플러스(월 가입비 6.99 달러)는 서비스 개시 11개월 만인 2020년 10월 현재 7,370만 명의 가입자를 확보하고 있다. 디즈니는 2018년 20세기 폭스를 인수하면서 훌루의 대주주(지분 60%)가 되었다. 따라서 디즈니가 제공하는 디즈니플러스, ESPN플러스, 훌루의 가입자를 모두 합하면 1억 2,000만 명으로 넷플릭스 가입자(1억 9,500만 명)의 61% 수준에 이른다. OTT 시장에서 넷플릭스와 경쟁자가 된 디즈니는 2019년 8월부터 넷플릭스에 자사의 영화와 드라마 콘텐츠를 더 이상 제공하지 않고 있다. 넷플릭스가 자체 콘텐츠 제작을 위해 2019년 한 해에만 16조 원이 넘는 재원을 투자하고 있는 배경이 여기에 있다.

모바일 서비스로 이동하는 국내 OTT 시장

국내 OTT 서비스는 웹에서 VOD 콘텐츠를 제공하는 형태로 시작했다. 2004년 세계 최초의 인터넷 동영상 사이트인 판도라TV가 문을 열었고, 2년 후인 2006년엔 개인방송을 위주로 서비스하는 아프리카TV가 설립됐다. 포털 사업자인 다음카카오도 2007년 다음TV팟을 출시하며 VOD와 함께 실시간으로 개인방송 스트리밍 서비스를 개시했다. 2008년에는 구글의 유튜브가 한국에 진출해 온라인 동영상 서비스를 시작한다.

국내에서 이처럼 다양한 온라인 VOD 서비스가 생겨나고 있을 무렵, 국내 방송시장에 큰 변화가 생긴다. 통신사업자들이 IPTV를 통해 유선

방송에 뛰어들면서 기존 시장 구조에 커다란 변화를 가지고 온 것이다. 2008년 KT(올레tv)를 필두로 2009년에는 SK브로드밴드(Btv)와 LG유플러스(U+tv)가 IPTV 서비스를 오픈했다. 이후 통신 3사는 IPTV서비스 가입자를 공격적으로 유치해 유선방송 시장을 장악하게 된다. 2020년 6월 현재 국내 IPTV서비스 가입자는 1,749만 명으로 유료방송시장의 51.1%를 점유하며 케이블TV(39.4%)와 위성방송(9.0%)의 점유율을 앞서고 있다.

국내에서 IPTV서비스가 출시된 이후에도 신규 사업자가 지속적으로 OTT 시장에 진입했다. 2010년에는 CJ헬로비전이 티빙(Tving)을, 2012년에는 지상파 방송사들이 연합하여 푹(Pooq) 서비스를 오픈했다. 티빙은 CJ E&M에서 제공하는 서비스로 CJ계열의 채널뿐만 아니라 TV조선, 채널A, JTBC, MBN 등 다양한 종합편성채널의 콘텐츠를 실시간으로 제공

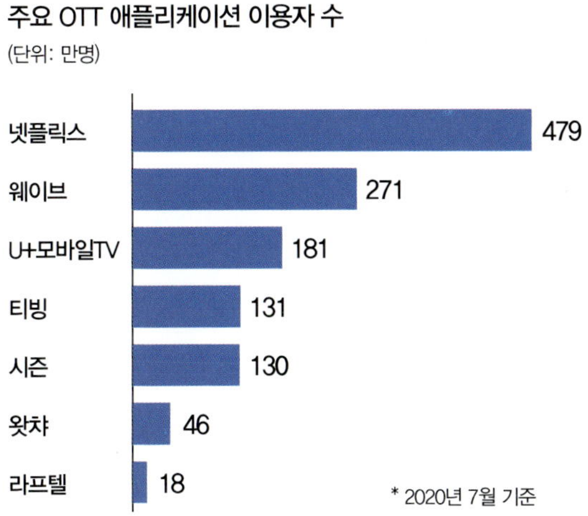

유료 가입자 수를 기준으로 할 경우 국내 OTT 시장은 넷플릭스가 1위를 차지하고 있다. OTT 시장의 축이 스마트폰 중심으로 이동하면서 이동통신사들이 모바일 OTT 시장을 적극 공략하며 넷플릭스를 뒤쫓고 있다 (출처: 아이지에이웍스).

하고 있다. 2020년 7월 현재 티빙은 131만 명의 유료회원을 보유하고 있다. 푹은 KBS, SBS, MBC, EBS가 공동으로 만든 콘텐츠 연합플랫폼으로 지상파 프로그램의 실시간 방송과 VOD 서비스로 차별화를 시도했다. 푹은 이후 2019년 SK텔레콤의 OTT서비스와 합병된다.

국내에서 다양한 형태의 사업자가 출현했음에도 그동안 OTT 서비스 시장이 미국처럼 빠르게 확산되지 않았던 이유는 IPTV서비스의 강세 때문이었다. 홈TV 시장은 실시간방송과 VOD 서비스를 함께 제공하는 IPTV서비스가 장악하고 있어 OTT 서비스가 비집고 들어갈 틈이 상대적으로 적었다. 하지만 인터넷 동영상을 시청하는 단말기가 모바일 기기로 이동하면서 휴대폰 이용자를 타겟으로 하는 모바일 OTT 시장이 빠르게 성장하고 있다. 뿐만 아니라 2016년 넷플릭스가 국내 시장에 진출하면서 OTT시장에 새로운 활력을 불어넣고 있다. 글로벌 OTT 시장의 리더인 넷플릭스는 강력한 콘텐츠를 무기로 국내에서도 479만 명(2020년 7월 기준)의 유료가입자를 보유하며 1위를 차지하고 있다.

OTT 서비스를 즐기는 기기의 중심이 스마트폰으로 이동하면서 국내의 이동통신 3사도 모바일 OTT서비스에 적극적으로 참여하고 있다. 넷플릭스가 국내에 진출한 2016년에 옥수수라 불리는 OTT서비스를 시작한 SK텔레콤은 2019년 10월 국내 지상파(KBS, SBS, MBC, EBS)가 합작해 만든 푹(Pooq)과 통합하며 웨이브(WAVVE)라는 서비스를 론칭했다. 2020년 7월 현재 웨이브 가입자는 271만 명으로 넷플릭스에 이은 2위를 기록하고 있다. LG유플러스는 자사의 IPTV 서비스와 연동한 U+모바일tv 서비스(181만 가입자)를 운영하고 있으며, KT도 기존의 올레tv 모바일 서비스에 인공지능 기술과 지니뮤직(음악 스트리밍) 등을 결합한 시즌(130만 가입자) 서비스를 제공 중이다. OTT 서비스를 이용하는 주요 단말기가 스마트폰임을 고려하면 향후 국내 OTT 시장에서 이들 이동통신 사업자들이 유리할 것으로 보인다. 이미 이동통신 서비스에 가입되어 있는 고객들을 대상으로 데이터 무제한 서비스 등을 지렛대로 활용할 수 있기 때문이다.

국내 OTT 시장은 해외 기업인 넷플릭스가 빠르게 시장을 잠식해 왔다. 넷플릭스는 지난 1년 간 국내 가입자를 두 배나 늘리며 1위를 수성하고 있다. 국내 OTT 사업자들이 5G 네트워크와 AI 큐레이션 등 다양한 기능을 도입하며 넷플릭스에 도전장을 던지고 있지만 아직은 역부족이다. 넷플릭스가 가지고 있는 가장 큰 경쟁력은 연간 16조 원이 넘는 콘텐츠 제작 투자에 있다. OTT 서비스 경쟁력은 누가 좋은 콘텐츠를 더 많이 확보하는가에 의해 좌우된다. 넷플릭스에 이어 디즈니플러스도 조만간 국내 진출이 예상되므로 국내 OTT 사업자들은 흡수합병이나 제휴 등을 통해 콘텐츠 투자에 필요한 규모의 경제를 확보할 필요가 있다.

꼬리가 몸통을 흔드는 미디어 산업

OTT 서비스는 영화 산업 뿐만 아니라 지상파 TV 방송시장에도 큰 영향을 미치고 있다. 영화산업에서는 스튜디오의 가장 큰 수입원인 DVD 판매가 급격하게 줄어들었다. 온라인 스트리밍 서비스가 DVD를 대체하고 있기 때문이다. 영화사들은 극장 개봉 후 일정기간(홀드백 기간)이 지나야 다른 포맷(DVD 또는 VOD)으로 전환하는 정책을 사용해 왔다. 영화 개봉 후 극장 상영이 종료되면 3개월 정도 지난 시점에 DVD를 출시하고, DVD 이후 45일에서 2개월 정도 지난 후 케이블TV를 통해 VOD 서비스를 시작하는 것이 통상적인 정책이었다. 하지만 온라인 스트리밍 시장의 확대는 이러한 홀드백 기간을 점차적으로 축소시켰을 뿐만 아니라, 궁극적으로는 영화 개봉과 함께 가정에서 VOD 시청이 가능한 시대가 되었다. 영화사의 가장 큰 수익원이었던 DVD 시장이 사라지면서 대부분의 영화사는 VOD 서비스를 위한 콘텐츠에 높은 저작권료를 요구하고 있으며, 이러한 추세는 OTT 사업자들의 콘텐츠 확보 비용의 증가요인이 되고 있다.

지상파 방송사의 주 수입원은 광고료다. TV 광고시장의 확대를 위해서는 특정한 프로그램이 방송되는 시간대에 소비자들이 TV 스크린 앞에 앉아 있어야 한다. 하지만 VOD 서비스로 소비자는 원하는 시간에 원하는 장소에서 원하는 단말기(TV, PC, 테블릿 PC, 스마트폰 등)로 방송프로그램을 시청할 수 있게 되었다. OTT 시장이 커지면서 시청률 조사업체 닐슨은 2017년 7월부터 온라인 스트리밍 서비스도 시청률에 반영하기 시작했다. 소비자들이 방송을 보는 행태가 바뀌고 있어, 시청률 집계도 달라져야 할 필요성이 생겼기 때문이다. 이러한 변화는 광고수익을 주 모델로 하는 지상파 방송사들에게 위협이 된다. 소비자들이 TV 방송콘텐츠를 VOD로 시청하면 광고시장은 축소될 수밖에 없다. 지상파 방송사들은 수익원의 중심을 광고에서 콘텐츠 사용료(저작권료) 쪽으로 점차 옮기고 있다. 광고 수익은 줄어드는 반면, TV 방송프로그램을 VOD로 제공하고자 하는 콘텐츠 유통채널(OTT, IPTV, 케이블TV 등)이 늘어나고 있어서, 콘텐츠 저작권료를 주 수익원으로 전환하는 것이 유리해졌기 때문이다.

넷플릭스의 성공은 거대 통신 기업과 미디어 업체간의 합종연횡을 촉발하며 시장을 재편하고 있다. 과거 '황금알을 낳는 거위'로 불렸던 전통적인 통신시장이 넷플릭스와 같은 OTT 사업자의 등장으로 VOD와 모바일 위주로 재편되면서, 기존의 비즈니스 모델로는 성장을 기대하기 어려운 환경으로 변하고 있기 때문이다.

2018년 6월 AT&T와 타임워너의 합병이 미 법무부에 의해 최종 승인됐다. 타임워너의 인수로 AT&T는 유무선통신과 초고속인터넷을 제공하는 통신사업자에서 뉴스채널(CNN), 드라마(HBO), 종합편성채널(TBS, TNT), 영화사(워너브라더스, 뉴라인시네마) 등 콘텐츠 자산을 보유한 초대형 미디어그룹으로 변신했다. 코드 커팅의 영향으로 AT&T가 제공하는 유료방송 서비스 가입자는 2018년 2,550만 명에서 2020년 현재 1,840만 명으로 2년 만에 28%나 감소했다. 대신 AT&T가 타임워너를 인수한 후 2020년 5월부터 서비스를 시작한 온라인 스트리밍 서비스인 'HBO맥스'는 시작 한 달 만에 450만 명의 가입자를 유치하는데 성공했다. 콘텐츠없이 네트워크만 제공하는 것만으로는 가입자를 유지하거나 늘리는 것이 어려워 수직 통합을 통해 경쟁력 있는 콘텐츠를 확보하는 것이 무엇보다도 시급한 과제가 되고 있는 것이다.

AT&T의 타임워너 합병에 자극 받은 컴캐스트(Comcast)는 20세기 폭스의 인수를 추진했으나 성공하지 못했다. 미국 내 케이블TV 업계 1위인 컴캐스트도 그 동안 코드커팅으로 가입자가 줄어들자 콘텐츠 확보를 위해 폭스 인수를 추진해 왔다. 하지만 디즈니가 컴캐스트가 제안한 인수가격보다 높은 가격으로 폭스를 먼저 인수하는데 성공했다. 폭스를 인수한 디즈니는 훌루의 지분 60%를 가지는 최대 주주가 되었고, 이를 발판삼아 2019년 11월 디즈니플러스 서비스를 시작했다. 실리콘 밸리에서 DVD 대여 서비스로 시작한 조그만 벤처기업인 넷플릭스가 창업 20여 년 만에 오랜 전통을 가지고 있는 거대 통신 기업과 미디어 업체들의 흡수합병을 촉발하며 산업을 재편하고 있으니, 미디어 산업에서는 꼬리가 몸통을 흔드는 혁신이 일어나고 있는 셈이다.

넷플릭스 '시장' 메커니즘의 승리

미디어 산업에서 일어나고 있는 새로운 비디오 유통 혁신은 시장 리더였던 블록버스터의 파산을 몰고 왔다. 블록버스터는 DVD 대여서비스가 온라인 스트리밍으로 전환되는 디지털 혁신 과정에서 새로운 시장진입자들에 뒤져 디지털 다위니즘의 희생자가 된 셈이다.

온라인 스트리밍 시장이 성장하면서 CBS, NBC, ABC, 그리고 폭스와 같은 주요 TV 네트워크들도 자사가 가지고 있는 콘텐츠를 중심으로 플랫폼을 구축하고 온라인 스트리밍 서비스를 제공하고 있다. 이들 주요 지상파 방송사들은 콘텐츠를 무료로 서비스하고 있음에도 불구하고 시장에서 큰 주목을 받지 못하고 있다. 넷플릭스는 이들 기존 미디어 업체들과는 다르게 광고주를 유치하지 않았다. 대신 월 정액제 유료 서비스를 유지하며 스트리밍으로 제공하는 콘텐츠 라이브러리를 늘려나갔다. 특히 2010년 라이온스게이트, MGM, 파라마운트 등 유명 영화사가 합작해서 설립한 영상 콘텐츠 배급 회사인 에픽스를 파트너로 끌어들여 5년 동안 콘텐츠를 공급받는 계약을 체결했다. 이후 다른 저작권자들도 넷플릭스에 콘텐츠를 제공하기 시작하면서 넷플릭스는 가장 많은 동영상 콘텐츠를 보유한 유료 플랫폼으로 성장한다.

온라인 스트리밍 시장에서 기존의 대형 미디어 업체들이 디지털 플랫폼을 위해 채택한 방식은 '성당' 방식이다. 즉, 자사가 지적재산권을 가지고 있는 콘텐츠만 스트리밍 서비스의 대상으로 한정했다. 하지만 넷플릭스는 가급적 많은 미디어 사업자들로부터 콘텐츠를 제공받는 '시장' 메커니즘에 초점을 맞추었다. 모든 소비자가 원하는 콘텐츠를 얼마나 확보하고 있는가가 온라인 스트리밍 서비스의 중요한 성공 요인의 하나다. 디지털 혁신으로 급변하는 미디어 산업에서 콘텐츠 플랫폼은 시장 메커니즘을 채택해야 성공할 가능성이 높다.

넷플릭스에 콘텐츠를 제공하던 미디어 기업들이 직접 OTT 서비스(디지니플러스, HBO맥스 등)를 론칭하면서 넷플릭스에 제공하던 콘텐츠 공급을 중단하는 사례가 늘어나고 있다. 넷플릭스가 단순한 콘텐츠 유통기업에서 벗어나 수많은 영화와 드라마를 직접 제작하는 미디어 업체로 변신할 수 밖에 없는 이유다. OTT 시장에 새로이 진입한 디즈니도 동영상 스트리밍 서비스의 대상을 자사의 콘텐츠에 국한할 경우 ('성당' 모델) 성공을 보장할 수 없다. OTT 서비스는 자사의 플랫폼에 다양한 콘텐츠를 올리기 위해 가급적 많은 파트너를 플랫폼에 끌어 들이는 '시장' 메커니즘을 사용해야만 지속적인 성장을 담보할 수 있기 때문이다.

05

보더스의 몰락을 가져온 전자책

서적 시장, 전자책으로 진화하다

인류가 지구상에 출현한 지 100만 년이 지났지만 문자와 같은 다양한 형태의 기록을 남긴 역사는 6,000여 년에 지나지 않는다. 인류는 지식과 정보를 전달하기 위해 진흙판, 대나무 조각, 갑골, 양피지 등 다양한 형태의 매체를 사용해 기록을 남기기 시작했다. 오늘날 기록을 위해 가장 많이 사용하는 매체인 종이(paper)의 어원이 된 이집트의 파피루스(papyrus)가 사용되기 시작한 것도 불과 4,500년 전이다. 서기 105년에 중국의 채륜이 근대적인 종이제작법을 발명한 이후, 종이는 지난 1,900여 년 동안 정보를 기록하고 보존하는 대표적인 매체로 자리잡았으며, 출판물 생산에 가장 많이 사용돼 왔다.

디지털 혁신의 영향으로 출판시장에서 전자책의 비중이 점차 늘어나고 있다. 1995년 온라인 서점으로 출발한 아마존은 2007년부터 전자책 전용 단말기인 킨들(Kindle)을 출시하고 이북(eBook) 콘텐츠를 판매해 왔다. 아마존은 킨들 단말기로 다운로드 받아서 읽을 수 있는 이북을 저가(책 한권 당 9.99달러)에 공급하는 '단말기 연계형 비즈니스 모델'로 미국 전자책 시장의 84%를 장악함으로써 출판시장의 최대 디지털 유통채널로 거듭나고 있다. 온라인 서점으로 시작한 아마존이 전자책으로 서적 유통시장을 재편하고 있는 셈이다.

서적 유통시장은 인터넷의 영향을 가장 빨리 경험한 산업 가운데 하나다. 아마존이 1995년에 온라인 서점을 오픈한 이후, 동네에 있던 소형 서점들은 대부분 문을 닫았고, 대형 오프라인 채널과 특화된 서비스를 제공하는 일부 소규모 서점들만 살아 남았다. 이들 오프라인 서점들은 전자책의 출현으로 새로운 도전에 직면하고 있으며 변화에 제대로 적응하지 못한 보더스(Borders)는 2011년에 파산했다. 오프라인 제2의 서적 유통 채널인 보더스는 전자책으로 진화하는 시장 혁신에 제대로 대응하지 못해 디지털 다위니즘의 희생자가 된 셈이다.

아마존 킨들이 점화한 전자책 시장

최초의 전자책 단말기는 1998년 실리콘밸리 벤처기업인 누보미디어가 선보인 로켓 이북(Rocket eBook)이다. 로켓 이북은 크게 성공하지 못했는데, 전자책 단말기 무게가 620그램을 넘어 꽤 무거웠을 뿐만 아니라 사용자 인터페이스가 이용에 불편했다. 로켓 이북은 10

로켓 이북

리더

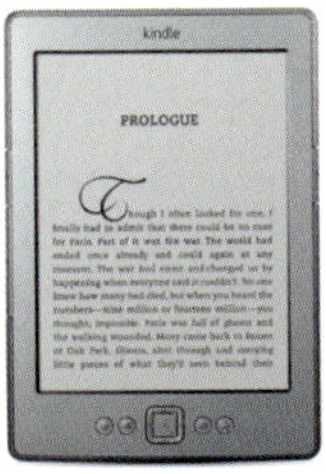

킨들

최초의 전자책 단말기는 로켓 이북이다. 소니가 한단계 업그레이드된 전자책인 리더를 출시했지만, 전자책 시장을 본격적으로 점화한 것은 아마존의 킨들 단말기다.

권의 책만 저장할 수 있었고, 이북 콘텐츠를 컴퓨터로 다운로드 받아서 다시 전자책으로 옮겨야 하는 점도 불편했다. 무엇보다도 전자책 단말기로 볼 수 있는 이북 콘텐츠의 양이 많지 않았다는 것이 가장 큰 약점이었다.

2006년 소니가 출시한 리더(Reader) 전자책은 로켓 이북보다 훨씬 향상된 제품이었다. 우선 스크린을 LCD가 아닌 전자잉크(e-Ink)로 대체해 눈의 피로도를 줄였고 단말기 무게도 220그램으로 아주 가벼웠다. 소니는 리더의 출시와 함께 45,000권 규모의 이북 콘텐츠를 준비했는데, 이 가운데 100권의 서적은 단말기에 탑재해서 판매했다. 하지만 PC로 이북 콘텐츠를 다운로드 받은 후 다시 리더 단말기로 옮겨야 하는 불편함은 해결하지 못했다.

전자책 시장이 본격적으로 성장하기 시작한 것은 2007년 아마존이 킨들을 출시한 이후부터다. 아마존은 시장에 나와 있는 기존의 전자책 단말기들의 단점을 보완하는 방식으로 킨들을 개발했다. 종이로 된 소설책 크기의 6인치 스크린을 사용했고 LCD 스크린이 아닌 전자잉크 기술을 채택했다. 킨들 초기 모델은 200권의 책을 저장할 수 있었다.

아마존의 킨들은 소니의 리더에 비해 여러가지 장점이 있었다. 첫째, 무선통신장치가 장착되어 있어 어디서나 원하는 책을 다운로드 받을 수 있었다. 아마존은 킨들에 이동통신 회사인 스프린트의 무선통신 안테나를 설치해 이동 중에도 이북 콘텐츠를 다운로드 받을 수 있도록 했다. 둘째, 아마존은 온라인 서점으로 시작한 자사의 강점을 지렛대로 삼아 킨들이 출시되는 시점에 145,000권에 해당하는 대규모의 이북 콘텐츠 라이브러리를 준비했다. 다운로드 받을 수 있는 이북 콘텐츠가 많을수록 전자책 단말기의 가치는 커질 수밖에 없다. 마지막으로 이북 한권 당 9.99 달러라는 파격적인 판매가격을 책정했다.[1] 이 가격은 이북 콘텐츠 비용뿐 아니라 다운로드를 위한 무선통신 비용까지 포함한 것이다. 저렴하면서도 단순한 이북 콘텐츠 가격 정책은 소비자들을 전자책으로 끌어들이는데 중요한 역할을 했다. 아마존이 전자책을 단말기(하드웨어)로 보지 않고 서비스로 접근했음을 보여주는 단적인 예다.

아마존은 킨들 출시 후 4년 만에 모두 3천만 대의 단말기를 판매했다. 2011년에는 한 해 동안 전자책 매출만 10억 달러(1조 1,000억 원)를 넘기는 큰 성공을 거둔다. 아마존은 킨들의 후속 모델을 지속적으로 출시하면서 이북 콘텐츠도 늘려나갔다. 2010년에는 스크린 크기가 10인치인 킨들 DX를 출시했다. 스크린 사이즈가 큰 킨들 DX는 잡지나 교과서, 그리고 테이블이나 그림 등이 많은 사무용 문서 등을 보기에 편리한 전자책이었다. 2011년에는 킨들 파이어라는 테블릿 PC용 전자책도 시장에 내놓았다. 킨들 파이어는 7인치 컬러 LCD 스크린을 장착해 전자책뿐만 아니라 테블릿 PC용으로도 사용이 가능하다. 아마존은 킨들 파이어를 당시 시장에 나와 있는 경쟁 테블릿 PC 제품가격의 절반도 되지 않는 199달러에 판매해 시장을 놀라게 했다. 킨들 파이어는 아마존이 이윤을 남기지 않거나 원가 이하로 판매하는 것으로 알려져 있다. 킨들 파이어를 가급적 많이 보급함으로써 궁극적으로 아마존이 제공하는 동영상(아마존 비디오) 서비스나 전자상거래 시장의 확대를 도모하고자 하는 의도다.[2]

1 종이로 된 서적의 평균 가격이 26달러이므로 이북 가격은 60% 이상 저렴한 것이었다.

2 아마존은 킨들 파이어 한대가 팔릴 때마다 약 3달러의 하드웨어 손실을 보는 것으로 알려져

아마존은 2014년 킨들 언리미티드(Kindle Unlimited) 서비스를 론칭한다. 이북 콘텐츠를 개별적으로 구입하는 것이 아니라 월 9.99달러의 정액제에 가입한 후 이북을 무제한 구독할 수 있는 서비스다. 킨들 언리미티드에 가입하면 100만 권이 넘는 이북과 오디오북 가운데 원하는 책을 10권까지 구독할 수 있다. 한번에 구독이 가능한 책은 10권이지만 책을 다 읽었거나 다른 책을 먼저 읽고 싶으면 기존에 구독한 책을 반납하고 새 책을 빌리면 된다. 즉 한번에 빌린 책의 수가 10권을 넘지 않으면 무한정 구독할 수 있는 서비스다. 킨들 언리미티드는 영상이나 음원 스트리밍 서비스처럼 월 정액제에 가입한 후 원하는 책을 무한정 구독할 수 있는 새로운 비즈니스 모델을 전자책 시장에 도입한 것이다.

킨들 DX

킨들 파이어

킨들 DX는 잡지나 교과서 등을 보기 편하도록 11인치 스크린을 사용했다. 킨들 파이어는 7인치 LCD 스크린을 사용한 테블릿 PC 겸용 전자책 단말기다.

있다. 아마존은 고객이 킨들 파이어로 앱스토어에 접속해 아마존이 판매하는 이북 콘텐츠와 스트리밍 비디오(영화와 드라마), 그리고 각종 게임과 같은 앱을 구매함으로써 하드웨어 손실이 상쇄될 수 있다고 보고 있다. 이러한 전략을 '교차 보조(Cross Subsidization)' 전략이라고 한다.

최근에는 '듣는 책'으로 알려진 오디오북(Audio Book) 시장이 빠르게 성장하고 있다. 오디오북은 글이 아닌 음성의 형태로 발간되는 책으로 CD와 같은 물리적인 저장매체뿐만 아니라 MP3 파일의 스트리밍 형식으로도 제공이 가능하다. 특히 스마트폰의 보급이 확대되면서 오디오북이 디지털 음원 서비스처럼 발전하는 양상이다. 오디오북이 가진 장점은 운전이나 운동과 같은 다른 일과 병행하면서 책의 내용을 들을 수 있다는 점이다. 유명인과의 협업도 오디오북의 인기 요인 중 하나다. 뮤지션부터 배우, 아나운서, 작가, 감독 등 좋아하는 유명인이 어려운 책을 요약해 들려주므로 부담없이 청취할 수 있다는 장점이 있다. 2020년 현재 글로벌 오디오북 시장은 35억 달러(3조 8,000억 원) 규모로 매년 20~30%의 속도로 성장하고 있다. 오디오북 시장에 진입하기 위해 2008년 오더블(Audible)을 3억 달러(3,300억 원)에 인수한 아마존은 2020년 현재 오디오북 시장의 90%를 점유하고 있다. 아마존이 최근 출시한 킨들 오아시스 전자책 단말기는 이러한 추세를 반영해 헤드셋이나 스피커 등 블루투스 오디오 장치의 기능을 대폭 강화했다.

애플 아이패드와 아이북스 스토어의 등장

애플은 2010년 4월 아이패드(iPad)를 출시하면서 태블릿 PC 시장을 선점했다. 아이패드는 터치스크린을 사용하는 11인치 LCD 스크린을 장착한 휴대용 PC다. 아이패드는 시장에 나오자마자 일주일 만에 백만 대가 판매되었고, 출시 첫해인 2010년 말에는 1,500만 대의 판매실적을 기록하며 테블릿 PC 신드롬을 만들었다. 애플은 아이패드 출시와 함께 아이북스 스토어(iBooks Store)를 오픈하며 전자책 시장에 뛰어들었다. 아이북스 스토어는 애플의 음원 판매 플랫폼인 아이튠즈 서비스와 같은 형태로 아이패드에서 볼 수 있는 이북을 판매하는 콘텐츠 플랫폼이다. 애플은 아이북스 스토어를 위해 메이저 출판업체들과 제휴를 맺고, 사용자들이 이들 출판사의 이북 콘텐츠를 간단한 터치만으로 다운로드 받을 수 있도록 했다. 애플이 아이북스 스토어를 오픈하면서 90,000권의 이북 콘텐츠를 제공할 수 있었던 것은 이들 대형 출판업체들로부터 이북 콘텐츠를 제공받을 수 있었기 때문이다.[3]

아마존의 킨들 단말기는 전자잉크 디스플레이를 사용했지만, 테블릿 PC용으로 만들어진 애플의 아이패드는 LCD 스크린을 장착했다. 전자잉크와 LCD 단말기는 장단점이 있다. 전자잉크는 LCD에 비해 오랫동안 책을 읽어도 눈의 피로가 적고, 배터리 수명이 길어 한번 충전하면 2주일 정도까지 사용이 가능하다. 하지만 페이지 전환에 걸리는 시간이 상대적으로 길어 동영상 지원을 할 수 없으며, 컬러가 아닌 흑백으로만 봐야하는 단점이 있다. 반면, LCD는 상대적으로 눈의 피로가 많고 배터리 수명이 짧아 자주 충전해야 하는 단점이 있지만 컬러와 동영상을 지원한다. 이러한 속성 때문에 킨들은 전자책 전용 단말기로만 사용할 수 있는 반면 아이패드는 테블릿 PC와 전자책 단말기 양쪽으로 활용이 가능하다.

아마존이 킨들 파이어를 2011년에 출시하자, 애플은 바로 다음해인 2012년에 아이패드 미니를 시장에 내놓았다. 아이패드 미니는 기존의 아

3 애플이 아이북스를 오픈할 당시 아마존은 450,000권의 이북 콘텐츠를 확보하고 있었다.

이패드보다 작은 7.9인치 스크린을 사용했고, 가격도 아이패드보다 저렴하게 책정했다. 아마존 킨들 파이어와 경쟁하기 위해서다. 애플은 디지털 교과서 시장의 선점을 통해 아마존을 추격한다는 전략을 세우고 교과서 제조 소프트웨어인 아이북스 오서(iBooks Author)를 2012년에 공개했다. 아이북스 오서는 웹페이지를 만드는 것처럼 디지털 교과서를 만들 수 있는 도구다. 교사가 원하는 교과서를 아이북스 오서로 만들면 아이북스 플랫폼을 통해 판매할 수 있도록 한 것이다.

애플은 아이북스에 올라온 이북의 가격정책을 위해 '대리점 모델(Agency Model)'을 사용한다. 이북 가격은 출판사가 결정하고, 애플은 판매액의 30%를 수수료로 가져가는 아이튠즈 서비스 모델을 아이북스에도 그대로 적용한 것이다. 이는 아마존이 채택한 '도매상 모델(Wholesale Model)'과는 구조적으로 다르다. 도매상 모델에서는 이북 콘텐츠 가격을 유통업체인 아마존이 마진을 고려해서 최종적으로 결정한다. 아마존은 자체 플랫폼에서 이북의 가격을 9.99달러로 책정했지만, 출판사들은 아이북스에서 이북 가격을 아마존보다 높은 가격으로 판매했다. 결국 2012년 미 법무부가 가격담합혐의로 애플과 5대 대형 출판사를 제소했고, 2016년 연방법원의 최종 판결로 애플은 전자책 가격 담합 혐의로 4억 5,000만 달러(4,950억 원)의 벌금을 지불했다.[4]

애플이 가격담합소송에서 패한 후 이북 시장에서 아마존과 애플의 시장점유율 격차는 더 벌어졌다. 최근 애플은 아이북스를 전면 개편해 전

4 애플과 함께 소송을 당한 대형 출판사 5곳은 사이먼 앤 슈스터, 아셰트 그룹, 피어슨 펭귄 그룹, 맥밀란, 그리고 하퍼콜린스다.

자책 시장에서 최강자인 아마존의 아성에 도전하고 있다. 애플은 이 개편에서 최근 빠르게 성장하고 있는 오디오북 서비스 부문을 대폭 강화하며 아마존과의 격차를 줄이기 위해 노력하고 있다.

반스앤노블의 고전(苦戰)과 보더스의 몰락

미국 내 오프라인 최대의 서적유통채널인 반스앤노블(Barns & Noble)은 1917년 뉴욕에서 제1호 서점을 오픈했다. 이후 꾸준히 매장을 늘려오던 반스앤노블은 1987년에 당시 미국내 두 번째로 규모가 큰 서점이었던 달튼을 인수하면서 도약의 발판을 마련한다. 1996년에는 1,000개가 넘는 대형 서점을 보유하고 연간 매출도 25억 달러(2조 7,500억 원)를 넘는 미국 내 가장 큰 서적유통기업으로 성장했다. 1995년 아마존이 온라인 서점을 오픈하자 반스앤노블은 1997년 비앤닷컴(BN.com)이라는 온라인 서점을 자회사 형태로 출범시킨다.

아마존이 2007년 킨들로 이북 시장을 공략하자 반스앤노블은 2009년에 전자책 시장에 뛰어들었다. 당시 이북 소매점이었던 픽션와이즈를 인수하고, 실리콘 밸리의 하드웨어 업체와 제휴해 누크(Nook) 전자책 단말기를 시장에 출시했다. 반스앤노블은 아마존의 킨들 단발기와 차별화를 위해 전자잉크 디스플레이와 LCD 컬러 스크린을 함께 누크에 장착했다. 단말기 하단에 있는 컬러 LCD 스크린으로 서적을 탐색하고, 다운로드 받은 이북 콘텐츠는 상단에 있는 전자잉크 스크린을 통해 보게함으로써 LCD와 전자잉크의 장점을 모두 살렸다. 또한 이동통신사의 모바일 네트

반스앤노블의 전자책 단말기 누크는 컬러 LCD 스크린과 전자잉크 스크린을 동시에 사용해 아마존 킨들과의 차별화를 도모했다.

워크와 와이파이 접속 모두를 지원하도록 설계했다. 가장 큰 오프라인 서적유통기업의 장점을 최대한 살려 누크를 통해 구독할 수 있는 이북 콘텐츠도 70만 권이나 확보했다.

2010년에는 ICT 업계에서 새로운 CEO를 영입해 누크 컬러와 누크 테블릿과 같은 LCD 스크린을 장착한 전자책 단말기와 테블릿 PC를 잇따라 출시한다. 하지만 애플이 2010년 아이패드와 아이북스로 전자책 시장에 진입하면서 반스앤노블의 전자책 부문은 큰 성과를 거두지 못했다. 전자책의 영향으로 종이책 판매가 계속 감소하자 반스앤노블의 실적은 악화되기 시작했다. 2013년에는 전자책 투자를 늘리기 위해 오프라인 매장의 30%를 줄이는 과감한 결정까지 하게 된다. 종이책 대신 전자책을 선호하는 독자들이 늘어나고 할인혜택이 많은 온라인 서점에 소비자들이 몰리자 내린 결정이었다.

하지만 반스앤노블의 전자책 매출은 크게 증가하지 않았고, 반면 종이책 매출은 지속적으로 감소했다. 미국 내 전자책 시장에서 아마존과 애플이 거의 90%에 해당하는 시장을 점유하고 있어 반스앤노블의 입지는 더욱 어려워졌다. 소비자들은 집 주변에 반스앤노블 서점이 들어서는 것을 선호하면서도, 전자책은 아마존의 킨들이나 애플의 아이패드를 통해 구독했다. 반스앤노블은 매년 20여 개의 오프라인 매장을 폐쇄하고 있으며, 최근에는 인력 구조조정을 단행할 만큼 재정적인 어려움을 겪고 있다. 전자책 시장에서 반스앤노블의 시장 점유율은 2% 정도밖에 되지 않는다. 반스앤노블은 누크단말기 제작으로 10억 달러(1조 1,000억 원) 이상의 손실을 본 것으로 알려져 있다.

미국 제2의 오프라인 서점인 보더스(Borders)는 1971년 미시간주 앤아버의 대학가에서 중고 서적을 판매하는 작은 서점으로 시작했다. 1980년대와 1990년대에 미국 전역에 수많은 서점을 개설하면서 반스앤노블 다음으로 큰 서적 유통채널로 성장했다. 보더스가 운영하는 대형 서점들은 10만 권에서 17만 권에 달하는 다양한 책들과 함께 음반과 신문, 잡지는 물론이고, 간단한 다과와 음료까지 판매했다. 서점 안에 의자와 소파를 비치해 편하게 책을 읽을 수 있도록 배려하는 등 단순한 서점이 아니라 하나의 문화공간처럼 서점을 운영하는 차별화에 힘입어 한때 포춘 500대 기업에 선정되기도 했다.

하지만 보더스는 온라인 서점과 전자책 때문에 변화하는 서적 유통시장에 제대로 대응하지 못해 2011년 파산하고 만다. 보더스는 온라인 판매가 활발해지기 시작한 2001년 아마존과 전략적 제휴를 맺고 아마존이 구축한 온라인 서점을 통해 서적을 판매하기로 결정했다. 아마존은 보더스 고객들의 도서 구매 습관이나 선호하는 서적 등에 대한 정보를 입수할 수 있었고, 이를 바탕으로 보더스 소비자들을 고객으로 끌어들였다. 보더스는 이 같은 문제점을 깨닫고 2008년에 독자적인 온라인 판매망을 구축했지만 경쟁자들을 따라잡기에 이미 너무 늦은 시점이었다.

보더스는 전자책 시장의 출현에도 제대로 대응하지 못했다. 아마존의 킨들이 2007년 출시되고, 반스앤노블이 2009년 누크 단말기를 시장에 내놓은 반면, 보더스는 2011년이 되어서야 캐나다의 전자책 업체인 코보와 제휴를 맺고 전자책 시장에 뛰어든다. 하지만 뒤늦은 시장진입으로 경쟁사들이 선점한 전자책 시장에서 보더스가 설 자리는 없었다. 전자책이 종이책 시장을 잠식하는 과정에서 늦장 대응으로 위기를 자초한 것이다. 기술 발전이 가져온 디지털 혁신으로 오프라인 유통업체 2위 기업인 보더스는 파산했고, 1위 기업인 반스앤노블은 경영에 어려움을 겪고 있다.

전자책의 표준, PDF와 ePUB

전자책도 표준이 필요하다. 만약 표준이 없어 전자책 제조기업이나 이북 콘텐츠를 생산하는 출판업체 등이 독자적인 포맷을 사용한다면 소비자들은 포맷이 다른 이북 콘텐츠를 볼 수 없게 되거나 전자책 단말기 내에 여러 포맷을 지원하는 소프트웨어를 설치하는 불편함을 감수해야 한다. 현재 전자책 시장은 ePUB과 PDF가 각각 독자적인 표준 영역을 구축하고 있다.[5] ePUB의 가장 큰 장점은 자동공간조정이 가능하다는 점이다. 이는 사용하는 단말기의 스크린 크기에 맞추어 자동으로 이북 콘텐츠 디스플레이를 최적화하는 기능이다. 특히 스마트폰과 같은 작은 단말기를 사용할 경우 페이지를 자동적으로 조정하기 때문에

5 ePUB(electronic PUBlication)은 국제디지털출판포럼(International Digital Publishing Forum)에서 제정한 개방형 전자서적 표준이다. PDF(Portable Document Format)는 어도비 시스템즈가 1993년에 개발한 전자문서표준이다.

화면을 이쪽 저쪽으로 드래그하면서 볼 필요가 없고, 글자의 크기가 줄어들지 않아 읽기에도 수월하다. PC 모니터처럼 큰 화면에서 1페이지에 해당하는 콘텐츠가 스마트폰과 같은 작은 화면에서는 3~4페이지로 자동분할되어 디스플레이 된다.

하지만 사용하는 단말기의 크기에 맞추어 자동으로 최적화하는 자동공간조정 기능은 이미지가 많은 이북에서는 오히려 단점이 될 수 있다. 잡지나 여행, 요리 등의 전문서적은 문자와 이미지의 배열에 편집자의 집필 의도가 담겨있는 경우가 많아, 이를 ePUB으로 보게 되면 문자와 이미지의 배치가 무너지면서 종이책 원본이 전달하고자 하는 의도를 해칠 수 있다.

이를 보완하는 포맷이 PDF다. PDF는 일반적으로 종이책 원본과 똑같은 크기로 제작된다. 따라서 화면이 작은 스마트폰으로 보면 종이책의 일부밖에 볼 수 없다. 다른 부분을 보려면 화면을 드래그(Drag)해야 하지만 원본의 편집 구도를 그대로 살릴 수 있다는 장점이 있다. 따라서 ePUB은 소설과 같은 문자 위주의 이북과 화면이 작은 단말기(스마프폰)에 적합하고, PDF는 만화책과 같은 이미지 중심의 이북과 화면이 큰 단말기에 유용한 포맷이다.

서적 유통채널의 혁신과 미래의 전자책

전자책에 비해 종이책이 가지고 있는 장점도 있다. 책이란 지식과 정보의 전달수단만이 아니라 인간 감성을 깊이 파고드는 매체다. 사각사각 책장 넘기는 소리, 종이의 감촉, 잉크 냄새 등 전자책은 흉내낼 수 없는 아날로그 감수성의 결집체로서 존재 그 자체만으로도 문화적 포만감을 선사한다. 디지털 기술이 아무리 발달해도 종이책이 사라지지 않을 것으로 전망되는 이유다.

하지만 전자책이 가지고 있는 장점 때문에 출판시장에서 이북이 차지하는 비중은 점점 늘어나고 있다. 우선 책을 읽기 위해 많은 수의 책이나 가방을 들고 다니는 수고가 필요 없다. 전자책 단말기 하나만 가지고 있으면 수백 권의 책을 지니고 다니는 것과 같다. 전자책은 규모의 경제[6] 때문에 종이책에 비해 저렴하다. 즉, 소비자 100명이 다운로드 받을 경우와 1,000명이 책을 구매할(다운로드) 경우의 원가에 큰 차이가 없어 이북 가격을 저렴하게 책정할 수 있다. 검색과 북마크 기능을 통해서 원하는 내용을 손쉽게 찾을 수 있고, 다른 사람들이 밑줄 친 부분을 공유하며 읽을 수도 있다.

기존의 종이책은 주로 출판사에 의해 제작된 후 도매와 소매 유통채널을 통해 독자에게 전달된다. 소매 유통은 반스앤노블과 보더스와 같은 오프라인의 대형 매장과 소규모 서점, 그리고 아마존과 같은 온라인 서점으로 구성되어 있다. 기존의 출판시장이 가지고 있는 문제점 가운데 하나가 판매되지 않은 서적의 재고와 반품 문제다. 일반적으로 출판사가

6 규모의 경제(Economies of Scale)란 특정 재화를 대규모로 생산할 경우 생산비용이 감소해 공급 가격이 하락하고, 이는 소비자의 대량 소비로 이어져 생산자와 소비자 모두 이윤을 얻게 되는 현상을 말한다. 이북 콘텐츠는 판매량에 관계없이 원가가 일정하므로 소비자가 많이 구매할수록 이북 한권 당 비용은 저렴해진다.

서점에 출고하는 책의 20~30%가 판매되지 않아 반품된다.[7] 반품으로 인한 비용은 출판사가 부담하는데, 반품 비율이 50~60%를 넘어서면 일반적으로 실패한 도서로 평가된다. 전자책의 장점은 재고와 반품문제에서 자유롭다는 것이다. 이북은 책을 인쇄하지 않고 다운로드 형식으로 제공하므로 판매부진으로 인한 재고 문제를 걱정하지 않아도 된다.

전자책은 출판사 도움없이 저자가 직접 책을 발행하는 셀프 출판(Self-publishing)을 크게 늘리면서 서적 출판의 진입장벽을 낮추고 있다. 현재 미국에서 판매되고 있는 이북의 33% 이상이 ISBN 번호없이 유통되고 있는 인디 작가들의 책이다. 출판사를 통해야만 서적을 출간할 수 있었던 출판문화의 일대 혁신이라고 할 수 있다. 전자책은 출판사의 개입 없이도 누구나 원하는 서적을 출간할 수 있는 환경을 조성해 출판의 민주화를 확대하고 있다.

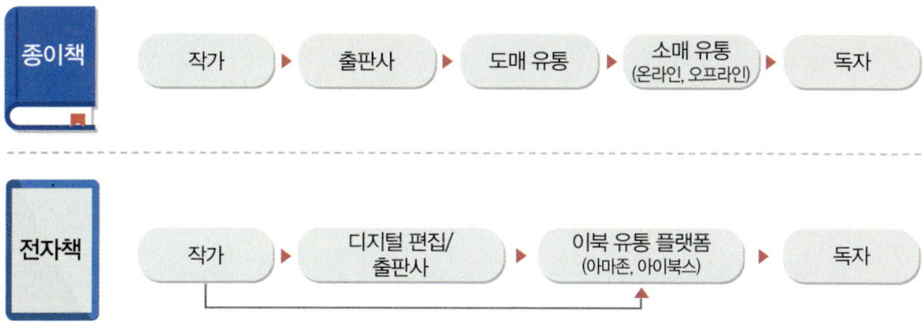

전자책은 저자가 출판사를 경유하지 않고 직접 서적을 출간할 수 있는 기회를 제공해 출판의 민주화를 확대하고 있다.

7 온라인 서점인 아마존은 반품 비율이 5% 정도로 낮은데, 이는 아마존과 같은 온라인 서점은 오프라인 서점보다 도서의 재고를 상대적으로 적게 보유하며 비즈니스를 수행하기 때문이다.

앞으로 인공지능과 같은 새로운 ICT 기술이 전자책 기술과 융합되면, 전자책의 장점은 더욱 늘어날 수 있다. 아직은 대부분의 전자책이 종이책의 내용을 스크린으로 보여주는 수준에 머물러 있지만, 새로운 기술이 결합되면 종이책에서는 구현이 불가능한 기능들을 전자책에 담을 수 있다. 예를 들어 추리소설을 읽는 독자가 전자책을 읽는 순간 용의자로부터 전화가 걸려오고, 독자가 용의자의 말과 책 속의 단서를 결합한 후 전자책을 흔들면 단서를 제외한 나머지 단어들이 책에서 사라지게 하는 시나리오가 이북에서 가능하다. 이북으로 전자 도서관에 접속하면, 직장 동료들이 읽었던 책들이 자동으로 표시되고, 책 속의 구절 중 회사 전략과 관련된 메모를 동료들과 공유할 수도 있다.[8] 전자책은 종이책보다 저렴하다는 장점 외에도 ICT 기술과 접목하면 새로운 경험을 제공하는 매체로 거듭날 수 있다.

구독료 모델로 진화하는 국내 전자책 시장

국내 전자책 시장은 지난 1999년 120여 개의 출판사가 자본금을 모아 북토피아를 설립하면서 조성되기 시작했다. 온라인 서점과 전자책 출판을 목표로 설립된 북토피아는 2001년 전자책 제작 및 유통기업인 와이즈북과 합병하며 국내에서 가장 큰 전자책 업체로 성장

8 전자책의 미래에 대한 두가지 시나리오는 IDEO라는 글로벌 컨설팅 회사가 발표한 내용이다.

했다. 1,200여 개 공공 및 학교 도서관에 전자책을 납품하는 등 한때 전자책 출판시장을 선도하면서 2007년에는 매출 100억 원 규모로 성장했다. 하지만 불투명한 저작권 관리로 일부 출판사들이 저작권 연장에 합의해 주지 않아 2010년 파산하게 된다.

북토피아의 도산으로 국내 전자책 업계의 성장이 멈추자 예스24, 알라딘, 반디앤루니스와 같은 서점들이 출판사들과 공동으로 2009년 한국이퍼브를 설립했다. 전자책 단말기인 크레마 시리즈를 출시하기 시작한 한국이퍼브는 2015년에 크레마 카르타를 시장에 내놓았고 2018년에는 크레마 엑스퍼트라는 후속 전자책 단말기를 출시했다. 크레마 엑스퍼트는 예스24가 보유하고 있는 이북을 중심으로 서비스를 제공해 오다가 2020년 4월부터 서비스를 중단하게 된다. 국내 전자책 시장의 부진이 한국이퍼브의 해체를 야기한 것이다.

국내 전자책 시장에서 또 하나의 축을 형성하고 있는 업체는 2009년에 설립된 리디북스다. 리디북스는 2015년 페이퍼라 불리는 전자책 단말기를 출시해 전자책 애독자들에게 꾸준히 인기를 얻고 있다. 리디북스는 페이퍼 단말기의 후속 모델인 페이퍼 프로를 2017년 시장에 내놓았다. 기존의 페이퍼 단말기가 6인치 스크린을 사용한 반면 페이퍼 프로는 화면 크기를 7.8인치로 늘렸다. 리디북스는 주로 자사가 보유하고 있는 이북 콘텐츠를 중심으로 서비스를 제공하고 있다.

국내 전자책 시장은 도서정가제의 영향을 받아 왔다. 2014년 개정된 도서정가제는 전자책도 종이책과 동일하게 정가에서 15% 이상 할인할 수 없도록 규제하고 있다.[9] 전자책 업체들은 이를 우회하기 위해 10년 이상 이북을 장기 대여할 수 있는 상품을 저렴한 가격에 시장에 내놓기 시

크레마 엑스퍼트(한국이퍼브)

페이퍼 프로(리디북스)

국내 전자책 단말기 시장에서는 한국이퍼브와 리디북스가 양강 구도를 형성하고 있다. 한국이퍼브는 크레마 엑스퍼트를, 리디북스는 페이퍼 프로라는 신규 전자책 단말기를 각각 출시했다.

작했다. 리디북스가 지난 2015년 고전(古典) 400여 권을 50년간 대여해주는 상품을 출시하면서(대여 가격 16만원) 많은 업체들이 정가의 50~90%에 가까운 할인율로 장기 대여 서비스를 시작했다. 전자책 콘텐츠의 10년 이상 대여는 사실상 판매와 유사해 일각에서는 편법이라는 비판도 있었지만 도서정가제로 전자책 시장의 성장이 위협받는 규제환경에서 전자책 업체들이 만들어낸 자구책이었다. 하지만 출판업계가 2018년 5월부터 자율적으로 전자책 대여 기간을 최대 3개월로 제한하는 협약을 맺으면서 이북 콘텐츠의 장기 대여는 사라지고 있다.

국내 출판시장의 불황에도 불구하고 전자책 시장은 2020년 현재 연간 30%의 성장을 보여주고 있다. 매월 일정액의 회비를 지불하고 이북 콘

9 국내 도서정가제는 3년 주기로 재검토하게 되어 있다. 문화체육관광부는 2020년 12월 도서정가제를 큰 틀에서 현행과 같이 유지한다고 밝혀, 앞으로 2023년까지 이 제도는 유지될 것으로 보인다.

텐츠를 이용(스트리밍)하는 구독 서비스가 전자책 시장 성장을 견인하고 있다. 국내에서 매달 월정액을 지불하고 무제한 책을 구독하는 모델을 가장 먼저 도입한 업체는 밀리의 서재다. 2017년 10월부터 시작한 '리얼 무제한 독서 서비스'는 독자들이 매월 9,900원을 지불하면 10만 권의 이북을 무제한으로 읽을 수 있도록 하고 있다. 이후 리디북스가 '리디셀렉트'라는 서비스로 전자책 구독시장에 뛰어들었고, 뒤이어 대형 온라인 서점인 예스24가 '북클럽'이라는 구독서비스를 론칭했다. 교보문고도 일정 금액을 매월 지불하면 5만 권 정도의 이북을 무제한으로 읽을 수 있는 '교보sam' 서비스를 제공하고 있다.

국내 오디오북 서비스 시장도 빠르게 성장하고 있다. 네이버는 2018년 '오디언소리'를 인수하며 유료 오디오북 서비스를 시작했는데, 서비스 출시 1년 만에 21만 명의 누적 이용자를 확보하고 있다. 밀리의 서재는 유명인이 읽어 주는 '리딩북' 서비스를 시작했고, 국내 콘텐츠 기업인 인플루엔셜이 선보인 '윌라'라는 오디오북 서비스도 1년 만에 이용시간이 300% 이상 늘었다. 인공지능 기술의 발달로 오디오북 시장에서 유명인과의 협업은 더욱 증가할 것으로 보인다. 사람의 음성을 분석, 데이터로 변환해 텍스트에 그 사람의 목소리를 입힐 수 있는 음성합성기술을 오디오북 제작에 활용하기 때문이다.

국내의 전자책 시장규모는 전체 출판시장의 4% 수준으로 낮은 편이다. 전자책 성장이 종이책의 매출 감소로 이어질 것으로 우려하는 출판사들이 신간 서적을 이북 콘텐츠로 전환하는데 소극적이기 때문이다. 미국에서는 전자책 시장이 전체 출판시장의 30%를 넘어섰으며, 독자의 50% 이상이 전자책 단말기와 테블릿 PC 등으로 책을 읽고 있다. 우리나

라에서도 1980 ~1990년대 출생자가 전자책 독자의 70%를 구성하고 있어 앞으로 시간이 지날수록 전자책에 익숙한 독자들은 점점 늘어날 것으로 보인다. 향후 월정액 구독 모델이 전자책 서비스의 주류가 되면, 국내 전자책 시장도 종이책을 완전히 대체하지는 못하더라도 출판시장의 30% 수준까지는 성장할 것으로 기대된다.

아마존 '시장' 메커니즘의 승리

전자책을 사용한 아마존의 시장 재편은 오프라인 서점들을 벼랑으로 몰고 있다. 오프라인 1위 서점인 반스앤노블은 아마존의 서적 시장 진입 후 바로 온라인 판매를 위한 자회사를 설립해 온라인 서점의 위협에 대응했다. 하지만 전자책이라는 두 번째 시장혁신에는 제대로 대처하지 못해 고전을 면치 못하고 있다. 오프라인의 2위 서점이었던 보더스는 온라인 판매를 아마존에게 맡기는 실책을 저질렀을 뿐만 아니라, 온라인 서적 시장이 늘어나는 환경에서도 오히려 매장 관리와 물류창고와 같은 전통적인 오프라인 비즈니스에 치중함으로써 화를 자초했다. 보더스는 전자책으로의 전환에도 미숙하게 대응해 결국 시장에서 퇴출당했다.

전자책 시장에서 아마존이 시장 리더가 될 수 있었던 요인은 처음부터 '단말기 연계형 비즈니스 모델'을 채택했기 때문이다. 킨들이라는 전자책 단말기와 이북 콘텐츠를 결합하는 모델로 시장을 장악했다는 점은 음반산업에서 애플이 아이팟과 아이튠즈 서비스를 연계해 초기 시장을 선점했던 전략과 닮았다.

아마존은 전자책을 위한 이북 플랫폼을 위해 처음부터 '시장' 메커니즘을 최대한 활용했다. 킨들 단말기의 출시와 함께 메이저 출판업체들이 저렴한 가격(9.99 달러)에 이북 콘텐츠를 제공하도록 설득했으며, 수많은 소규모 출판사들도 이북 콘텐츠를 위한 파트너로 끌어들였다. 출판사 뿐만 아니라 인디 작가들도 셀프 출판을 통해 아마존에 이북 콘텐츠를 제공하도록 유도했다. 미국내 전자책 시장에서 대형 출판사(빅5)의 시장점유율은 25%에 불과한 반면, 인디 작가들의 전자책 판매규모는 40%에 달한다. 이들 인디 작가들의 85%가 자신들의 이북을 아마존 플랫폼을 통해 판매하고 있다. 아마존에서 판매되는 이북의 43%가 ISBN 번호가 없는 인디 작가들의 전자책이다. 아마존 플랫폼에서 판매되고 있는 이북 콘텐츠 규모는 이미 5백만 권을 넘어섰다. 전자책이 가져온 출판 민주화의 흐름을 플랫폼의 '시장' 메커니즘으로 흡수한 것이 아마존의 성공요인 가운데 하나다.[10]

아마존의 시장 메커니즘은 빠르게 성장하는 오디오북 시장에서도 진가를 발휘하고 있다. 전자책을 오디오북으로 전환하기 위해서는 녹음이라는 과정이 필요하며 제작비도 추가된다. 아마존은 출판사와 낭독자, 녹음 스튜디오를 연결하는 오픈마켓(시장)을 구축하고 있다. 출판사나 작가가 이북 콘텐츠를 오픈마켓에 등록하면, 아마추어 낭독자가 오디오북

10 애플의 아이북스는 대리점 모델(출판사가 이북 가격을 결정)을 채택했고, 그 결과 아마존보다 이북 가격이 높아 아마존에 뒤지는 결과를 초래했다. 반스앤노블은 인디 작가보다는 기존의 출판사들로부터 이북 콘텐츠를 제공받았다는 점에서 아마존의 '시장' 메커니즘과 대비된다.

샘플을 만들어 올리고, 출판사나 작가가 이 가운데 최종 낭독자를 선택하는 개방 오디션 방식이다. 아마존은 오픈마켓을 활용해 오디오북 제작 비용을 기존보다 30~50% 정도 낮추었고, 이는 아마존 플랫폼에서 오디오북을 확대하는데 큰 역할을 하였다. 오디오북 시장에서도 시장 메커니즘이 빛을 보고있는 셈이다.

06

포털과 경쟁하는 온라인 신문

정보와 뉴스의 소스인 신문

신문의 기원은 로마 집정관이었던 카이사르가 정부 발표사항을 돌이나 철판에 새겨 일일보고 형식으로 로마 광장에 게시한 악타 디우르나로 알려져 있다. 이는 당시 원로원의 의사록과 평민원의 발표문을 담은 것으로 백성을 통치하기 위한 관보의 성격을 띠고 있었다. 중세에 들어와서는 귀족들 사이에서 편지 형태의 서한 신문이 상류사회의 정보교환 수단 역할을 했다. 손으로 쓰는 필사본 형태의 신문은 1447년 구텐베르그가 활판인쇄술을 발명한 후 인쇄간행물로 대체된다. 정기적 인쇄물로 발행된 최초의 신문은 1609년 독일에서 간행된 아비소라는 주간신문이다. 이후 50여 년이 지난 1660년에 최초의 일간지 신문으로 알려진 라이프치거 차이퉁겐이 독일에서 발간된다. 오늘날 세계적 명성을 얻고 있는 타임스의 전신인 데일리 유니버설 레지스터는 1785년

기차와 철도

전신

윤전기

철도와 전신, 그리고 윤전기는 신문이 정보와 뉴스의 소스로 자리잡는데 큰 역할을 했다. 전신은 기자가 신속하게 뉴스를 본사에 송신할 수 있도록 했으며, 윤전기 덕분에 신문의 대량 인쇄가 가능해졌다. 대량으로 인쇄된 신문은 기차가 전국 곳곳에 신속하게 배달했다.

에 영국에서 창간되었다. 미국에서도 1704년 최초의 주간신문인 보스턴 뉴스레터가 발간되기 시작했고, 1783년에 미국내 최초의 일간신문인 펜실베니아 이브닝 포스트가 창간된다.

신문산업은 19세기에 들어와 전신 기술과 철도산업의 발전에 힘입어 크게 도약한다. 전신은 기자들이 취재한 기사를 본사에 빠르게 전달해 뉴스를 신속하게 보도하는데 큰 역할을 했다. 철도 네트워크의 확대는 인쇄된 신문을 전국에 있는 독자들의 앞마당에 신속하게 배달해 신문구독자를 크게 늘렸다. 전신과 철도산업의 발전, 그리고 윤전기와 같은 새로운 인쇄 기술에 힘입어 19세기에는 미국에서만 400개의 일간신문과 3,000개가 넘는 주간신문이 창간되어 뉴스와 정보를 신속하게 전달하는 중요한 대중매체로 자리잡았다.

뉴스와 정보전달을 위한 독점적인 미디어 역할을 담당하던 신문은 20세기에 들어와 라디오와 텔레비전이 보급되면서 새로운 미디어와 경쟁하게 된다. 특히 1980년대에는 CNN과 같은 실시간 뉴스 채널이 널리 보급되면서 신문은 정보원으로서의 독점적인 위치에 위협을 받았다. 하지만 신문산업에 가장 큰 영향을 미친 것은 1990년대 중반부터 보급된 인터넷이다. 신문의 황금시기라고 불렸던 1980년대 후반 미국의 신문 구독수는 연간 1억 2,500백만 부였다. 하지만 1980년대 중반부터 인터넷의 영향으로 구독자수가 지속적으로 감소해 2018년에는 5,900백만 부로 30여 년만에 절반이상(53%) 줄어들었다. 신문 발행부수의 감소는 구독료 수입뿐만 아니라 신문사의 가장 큰 수익원인 광고수입에도 악영향을 미쳤다. 신문사들은 무료 온라인 신문사이트를 개설하고 온라인 광고로 줄어든 매출을 극복하려 했지만, 온라인 뉴스가 만들어내는 광고 수익의 대부분은 뉴스 피딩 서비스를 제공하는 포털 사이트들이 차지하고 만다. 디지털 혁신의 결과로 수많은 소규모 신문사들이 문을 닫았으며, 대형 신문사들도 지난 15년간 절반이 넘는 58%의 인력을 감축하는 구조조정을 감행하며 생존을 위해 안간힘을 쓰고 있다.

신문 산업에 들이닥친 디지털 혁신은 앞으로도 계속될 것으로 보인다. 일부 전문가들은 앞으로 10년 후면 종이신문은 대부분 사라지고, 그 자리를 모바일 신문이 대체할 것으로 보고 있다. 디지털 다위니즘의 희생자가 되지 않기 위해 뉴욕타임스(New York Times)를 비롯한 많은 신문사들이 온라인 뉴스 콘텐츠의 유료화를 시도하고 있다.

신문산업 위기의 배경

신문사들이 경영난을 겪는 이유는 뉴스를 생산하고 소비하는 환경이 인터넷과 모바일 중심으로 변하면서 종이신문의 구독자 수가 꾸준히 줄어들고 있기 때문이다. 하루에 한번 발행하는 종이신문은 매 순간 뉴스 내용을 갱신하는 온라인 신문의 속도를 따라갈 수 없다. 특히 젊은 층의 소비자는 인터넷 포털이나 소셜 미디어, 그리고 블로그 등을 정보와 뉴스를 위한 주요 소스로 활용한다. 최근에는 스마트폰의 대량 보급으로 이러한 추세가 더욱 가속화되고 있다.

벼룩시장광고(신문 Classifieds)　　크레이그리스트(온라인 벼룩시장)

인터넷의 영향으로 대부분의 신문사는 광고 수익의 40%에 해당하는 벼룩시장광고(Classifieds) 지면을 없앴다. 인터넷을 통해 더욱 풍부한 정보를 제공하는 크레이그리스트와 같은 온라인 벼룩시장 사이트와 경쟁이 되지 않았기 때문이다.

종이신문 시대의 신문사 수익은 광고와 구독료가 각각 80%와 20%를 차지했다. 신문 구독자의 감소는 구독료 수입의 감소뿐 아니라 광고수입에도 악영향을 미쳤다. 신문사 광고는 지역내 중고가구, 중고차, 부동산 매물, 구인광고와 같은 벼룩시장광고(Classifieds)가 40%를 차지하고, 로컬 비즈니스나 전국적인 대기업의 이미지 광고가 나머지 60%를 구성하는 것이 일반적이었다. 신문 구독자 수가 감소하면 이들 광고수익이 줄어들 수 밖에 없다.[1] 특히 인터넷에서 태동한 새로운 사이트들은 신문사의 벼룩시장 광고를 완전히 대체해 버렸다.

인터넷 벼룩시장으로 유명한 크레이그리스트는 신문의 벼룩시장광고를 무용지물로 만들었다. 종이신문 벼룩시장 광고는 지면의 제한 때문에

1 신문광고 비용은 CPM(Cost per Millennium 또는 Cost per Thousand Impression) 방식으로 계산한다. CPM은 광고가 1,000회 노출되는데 소요되는 광고비용을 의미한다. 예를 들어 CPM이 20달러고, 구독자가 100,000명이면, 100 CPM(1,000명의 100배)이 되므로 광고비는 $20 x 100 = $2,000 이 된다. 구독자 수가 줄어들면 광고수익이 함께 감소하는 이유다.

광고주가 많은 정보를 제공하기 어렵다. 크레이그리스트는 광고주에게 신문과는 비교가 되지 않는 풍부한 정보를 제공할 수 있게 해 준다. 홈 부동산 거래를 위한 인터넷 사이트를 사용하는 광고주는 집안 내부의 동영상 정보는 물론이고 집 주변의 편의시설과 주변의 교육시설에 대한 정보까지 제공할 수 있다. 신문의 구인광고는 몬스터와 같은 온라인 구인구직 사이트와 경쟁이 되지 않는다. 몬스터는 수많은 구직자들의 이력서 파일과 채용하는 기업정보를 매칭해서 구인구직을 돕는다. 이들 온라인 사이트에 시장을 빼앗긴 대부분의 신문사들은 벼룩시장 광고를 위한 지면을 없앴다. 가장 큰 수익원인 광고 수익의 절반에 가까운 시장을 한순간에 잃어버린 셈이다.

종이신문 구독자의 감소에 대응하기 위해 신문사들은 온라인 뉴스사이트를 개설했다. 일부 소수의 신문사를 제외한 대부분의 신문사는 온라인 뉴스 콘텐츠를 무료로 제공했다. 유사한 뉴스 콘텐츠를 무료로 제공하는 수많은 사이트가 존재하는 현실에서 유료화를 채택하기 어려웠기 때문이다. 대신 온라인 뉴스사이트를 방문하는 고객의 트래픽을 늘림으로써 광고를 주요 수익원으로 하는 비즈니스 모델을 선택했다.

하지만 온라인 뉴스사이트의 광고 수익은 줄어든 종이 매체의 광고수입과 구독료 수입을 보전하기에 턱없이 부족했다. 온라인 광고 수익의 대부분이 포털과 소셜미디어가 운영하는 뉴스사이트로 몰렸다. 포털 업체들이 광고 수익의 일부를 신문사들과 배분하는 방식을 채택하지만 신문사들의 손실을 보전하기에는 턱없이 작은 규모였다. 결국 신문사들이 제작한 뉴스 콘텐츠의 주요 수혜자는 온라인 광고 시장의 절반이상을 점

유하고 있는 구글(포털)과 페이스북(소셜 네트워크) 같은 기업이었다.[2]

온라인 광고 수익이 종이신문 매체의 손실을 보전하지 못하면 경영 수지는 악화될 수 밖에 없다. 경영이 어려워진 신문사들은 다양한 방법으로 비용절감을 위해 노력해 왔다. 종이신문의 지면 수와 발행 일수를 줄이거나, 아예 종이신문을 없애고 100% 온라인 뉴스로 전환한 신문사도 있다. 신문사 간의 흡수합병을 통해 규모의 경제를 도모하는 경우도 많았고, 일부 신문사들은 뉴스 콘텐츠의 공유와 사무실의 공동운영으로 비용절감을 시도하기도 했다. 저널리즘을 위한 가장 중요한 자산인 기자도 인력 구조조정을 통해 줄일 수 밖에 없었다.

하지만 기자가 뉴스 콘텐츠를 생산하는 신문의 구조적인 특성때문에 비용절감만으로는 경영위기를 극복하는데 한계가 있을 수밖에 없다. 결국 신문사들은 생존을 위해 다양한 형태로 온라인 뉴스 콘텐츠의 유료화를 시도하기 시작한다.

온라인 뉴스 콘텐츠 유료화 모델

신문사의 온라인콘텐츠 유료화 모델은 크게 세 가지 종류가 있다. 첫째는 완전 유료화 모델로 소비자가 유료 가입을 하지 않으면 뉴스를 전혀 보지 못하는 형식으로 하드 페이월(Hard Paywall)이라고도 불린다. 이는 월스트리트저널(Wall Street Journal)이 채택하고 있는 방식

2 2019년 미국의 온라인 광고시장에서 구글은 31.6%, 페이스북은 22.7%를 점유해 두 기업이 전체시장의 54.3%를 차지하고 있다.

이다.[3] 월스트리트저널의 고객이 온라인 콘텐츠를 보기 위해서는 월 38.99달러를 지불해야 한다. 2020년 12월 현재 월스트리트저널 가입자는 310만 명이다. 이 가운데 종이신문 구독자는 80만 명인 반면 디지털 구독자는 230만 명으로 3배 가까이 많아 월스트리트저널은 온라인 유료화에 성공한 신문사로 평가받고 있다.

	하드 페이월	프리미엄 모델	미터드 페이월	페이월의 구멍
방문자는 무엇을 볼 수 있습니까	구독 없이는 아무것도 볼 수 없습니다.	무료 독자들이 볼 수 있는 기사를 별도로 제공합니다.	한 달에 무료로 볼 수 있는기사 건수가 정해져 있습니다.	쇼셜미디어나 검색 유입을 통해 유로 기사에 접근할 방법이 있습니다.
어디가 쓰고 있나요?	월스트리트저널 뉴스데이	폴리티고, 허스트	뉴욕타임스 더이코노미스트	미터드 페이월을 도입한 대부분의 언론사, 파이낸셜타임스
어떤 언론사에 어울리나요?	틈새시장의 타겟 독자들을 대상으로 한 고도로 전문화된 콘텐츠	특정 주제에 대한 특화된 콘텐츠와 좀 더 일반적인 주제를 동시에 다루는 언론사	좀 더 일반적이고 광범위한 독자들을 대상으로 하는 콘텐츠	다른 플랫폼을 통해 유통되는 콘텐츠·속보
회원 확보 전략은?	경쟁사들보다 더 싼 가격	프리미엄 영역에서 좀 더 싼 가격의 콘텐츠를 제공하는 것. 직접 방문자의 감소	더 자주 더 많은 양의 콘텐츠를 만드는 것	사이트 직접 방문자의 감소
구독료	매우 비쌈	약간 비쌈	쌈	쌈

신문사가 채택할 수 있는 온라인 뉴스 콘텐츠 유료화 모델은 완전 유료화 (하드 페이월) 모델, 프리미엄 모델, 미터드 페이월 모델의 세 가지 종류가 있다 (출처: 비즈니스 인사이더).

모든 신문사가 월스트리트저널처럼 완전 유료화 모델을 채택하기는 어렵다. 완전 유료화 모델은 금융과 같은 특정 분야에 고도로 전문화된

3 월스트리트저널의 모회사인 뉴스코퍼레이션을 소유한 루퍼트 머독 회장은 인터넷에서 공짜 뉴스는 없어져야 한다고 주장해 왔다.

콘텐츠와 타겟 독자가 있는 경우에만 가능하다. 콘텐츠에 대한 경쟁자가 거의 없어 가격 비교가 의미 없고, 유료가입 이외에는 대안이 없어야 실현가능하다. 일반적인 뉴스 콘텐츠를 다루는 대부분의 신문사가 채택하기 어려운 모델이다.

두 번째 프리미엄(Freemium)모델은 무료가입자와 유료가입자가 볼 수 있는 뉴스 콘텐츠를 차별화하는 모델이다. 즉, 기본 뉴스는 무료로 제공하되, 프리미엄 콘텐츠를 유료회원에게만 개방하는 방식으로 무료(Free)와 프리미엄(Premium)을 합한 용어다. 무료독자들에게 프리미엄 독자로 전환하면 훨씬 가치있는 콘텐츠를 볼 수 있다는 믿음을 줌으로써 유료회원으로 전환하도록 유도하는 것이 관건이다. 예를 들어 독일 신문 빌트는 기본 뉴스는 무료로 제공하되, 분데스리가의 하이라이트와 같은 고급 콘텐츠(프리미엄 콘텐츠)는 유료 회원만 볼 수 있도록 하고 있다.

세 번째 방식인 미터드 페이월(Metered Paywall) 모델은 무료로 읽을 수 있는 기사 건수를 제한하는 모델이다. 매달 특정 수의 기사까지는 무료로 볼 수 있으나, 그 개수를 넘어가는 뉴스를 보기 위해서는 돈을 지불해야 하는 방식이다. 뉴욕타임스가 2011년부터 이 모델을 채택하고 있다. 뉴욕타임스 독자는 매달 5건의 기사는 무료로 볼 수 있지만, 그 보다 많은 기사를 보기 위해서는 유료서비스에 가입해야 한다. 미터드 페이월 모델은 온라인 광고 매출과 유료 구독 매출이라는 두 마리 토끼를 한꺼번에 잡는 것을 목표로 한다. 방문자수를 잃지 않으면서 충성도가 높은 독자에게는 비용을 청구하는 부분유료화 방식인 셈이다. 이 모델은 다수의 독자를 확보하고 있으며 넓은 주제를 다루는 언론사에 적합하다. 최대한 많은 독자에게 기사를 노출하고 이 가운데 일부를 유료 회원으로 끌어들이는 방식이다.

뉴욕타임스의 생존을 위한 콘텐츠 유료화

뉴욕타임스는 1851년에 창간된 미국의 대표적인 일간지 신문이다. 창사이래 2020년 현재까지 저널리즘 최고의 상인 퓰리처상을 115회나 수상한 권위있는 신문이다. 뉴욕타임스는 1996년 온라인 뉴스 사이트를 개설한 이후 다양한 형태의 디지털 콘텐츠 유료화 모델을 실험해 왔다.

처음 채택한 모델은 완전 유료화 모델이었다. 뉴욕타임스는 1996년 온라인판을 오픈하면서 미국내 사용자들에게는 무료로 뉴스 콘텐츠를 제공했지만 해외의 사용자들은 월 35달러를 지불해야만 뉴스를 볼 수 있도록 했다. 하지만 무료로 뉴스 콘텐츠를 제공하는 경쟁 신문사들이 많아, 해외 독자들의 유료 가입이 저조했을 뿐만 아니라 온라인 사이트의 트래픽이 늘어나지 않아 온라인 광고 매출도 지지부진했다. 결국 2년후인 1998년 유료화 정책을 포기하고 모든 고객이 무료로 뉴욕타임스 온라인 뉴스에 접속할 수 있도록 정책을 변경한다.

온라인 뉴스를 무료로 전환한 이후에도 온라인 광고수익이 기대에 미치지 못하자 뉴욕타임스는 2005년 9월 타임스 셀렉트(Times Select)라는 프리미엄(Freemium) 모델을 도입했다. 기본적인 뉴스 콘텐츠는 무료로 볼 수 있지만 유명인사의 칼럼이나 심층취재 기사와 같은 고급콘텐츠를 보기 위해서는 월 7.95달러인 유료서비스에 가입해야 하는 모델이었다. 종이신문을 구독하고 있는 독자들은 기본적으로 타임스 셀렉트 회원자격을 부여했으며, 젊은 대학생층 고객을 위한 할인가격제도 별도로 만들었다.

하지만 뉴욕타임스는 유료가입자가 227,000여 명에 도달한 2007년 9월에 타임스 셀렉트 정책을 철폐한다. 우선 칼럼니스트들이 자신들의 글을 한정된 유료 회원들만 볼 수 있도록 제한하는 제도에 크게 반발했다. 뿐만 아니라 유료회원들만 볼 수 있는 칼럼들이 소셜미디어나 블로그 등을 통해 전파되면서 타임스 셀렉트의 효과가 반감했기 때문이다. 프리미엄 모델로 늘어난 구독료 수입이 줄어드는 종이신문의 광고수익을 상쇄하기에도 역부족이었다. 뉴욕타임스가 서비스 시작 2년 만에 타임스 셀렉드 모델을 포기한 배경이다.

뉴욕타임스가 세 번째로 추진한 유료화 모델은 미터드 페이월 시스템이다. 뉴욕타임스는 2011년 3월부터 한달에 20건의 기사는 무료로 제공하되, 그 이상의 기사는 돈을 지불하고 가입을 해야 볼 수 있는 정책으로

<table>
<tr><th colspan="2">온라인 신문</th><th colspan="2">종이 신문</th></tr>
<tr><th>가입 옵션</th><th>가격</th><th>가입 옵션</th><th>가격</th></tr>
<tr><td>PC+스마트폰</td><td>$3.75</td><td>7일 (월요일 ~ 일요일)</td><td>$15.40</td></tr>
<tr><td>PC+태블릿 PC</td><td>$5.00</td><td>금요일 ~ 일요일</td><td>$10.80</td></tr>
<tr><td rowspan="2">All Digital
(PC+스마트폰+테블릿 PC)</td><td rowspan="2">$8.75</td><td>일요일</td><td>$7.80</td></tr>
<tr><td>월요일 ~ 금요일</td><td>$7.70</td></tr>
</table>

뉴욕타임스의 미터드 페이월 모델의 1주일 가입 요금과 종이신문의 구독료(1주일 분으로 환산)를 비교한 것이다. 뉴욕타임스는 뉴스 콘텐츠를 소비하는 단말기 형태(PC, 태블릿 PC, 스마트폰)에 따라 다른 요금을 적용하고 있다.

바꾸었다. 유료 가입을 원하는 고객은 하루, 일주일, 한달 또는 일년 단위로 가입할 수 있다. 뉴욕타임스는 온라인 유료화와 뉴스를 보는 단말기 형태를 연계하는 요금 정책을 채택했다. 즉, 디지털 콘텐츠를 소비하는 단말기의 형태(PC, 태블릿 PC, 스마트폰)에 따라 다른 요금을 적용하는 정책이다. 종이신문 구독자는 추가요금 지불없이 온라인 신문을 볼 수 있도록 했다.

뉴욕타임스는 구글을 통해 자사 온라인 사이트로 들어오는 고객은 무료로 볼 수 있는 기사의 수를 제한했지만 페이스북과 트위터와 같은 소셜미디어를 통해 접속하는 사용자에게는 무료로 볼 수 있는 기사 수의 제한을 두지 않았다.[4] 소셜 미디어를 주로 사용하는 젊은 소비자들은 유료로 뉴스 콘텐츠를 구독할 가능성이 낮아, 이들에게는 모든 콘텐츠를 무료로 볼 수 있는 길을 열어둠으로써 온라인 광고 수익을 늘리겠다는 전략의 일환이었다.

미터드 페이월 모델을 채택한 후 온라인사이트 순방문자수를 분석한 결과 월 20건의 기사 제한을 둔 1년 이후에도 순방문자수가 1% 감소하는데 그쳤다. 이에 자신감을 얻은 뉴욕타임스는 2012년 4월, 무료로 제공하는 기사 숫자를 20건에서 10건으로 줄인데 이어, 2017년 12월 이를 다시 5건으로 낮춘다. 무료제공 기사 수의 축소로 온라인 신문 사이트의 트래픽이 어느 정도 줄어들어 광고수익이 감소하더라도 유료 가입자 수를 늘

4 소셜미디어를 통해 들어오는 고객에게는 매월 볼 수 있는 기사의 건수에 제한을 두지 않는 정책 때문에 뉴욕타임스의 미터드 페이월 시스템(Metered Paywall System)을 'Leaked Wall(물새는 장벽)'이라고 불렀다.

려 구독료 수익을 증가시키는 것이 더 유리하다고 판단했기 때문이다.

미터드 페이월 모델에 힘입어 뉴욕타임스의 디지털판 구독료와 광고 수입은 이미 종이신문 수입을 넘어섰다. 뉴욕타임스는 2020년 6월 현재 650만 명의 구독자를 확보하고 있는데, 이 가운데 종이신문 구독자는 80만 명인 반면 디지털 구독자는 570만 명에 이른다. 디지털 시대에 모바일 콘텐츠는 더 이상 종이신문의 보완재가 아니라 뉴스의 중심임을 강조하고 있는 뉴욕타임스는 2025년까지 유료 구독자 수를 1,000만 명까지 늘린다는 목표를 세우고 있다. 디지털 중심의 뉴스보도를 위해 필요한 인재와 일하는 방식도 바꾸고 있다. 디지털 뉴스룸과 전통적인 종이신문 뉴스룸은 제작과정에서 완전히 다른 DNA를 갖고 있기 때문이다. 포토그래퍼와 비디오그래퍼, 그래픽 편집자가 기사 생산과정에서 단순한 조력자가 아닌 보다 주도적인 역할을 하도록 뉴스룸 문화도 바꾸고 있다.

국내 신문사와 포털의 경쟁과 갈등

인터넷의 영향으로 국내에서도 오프라인 신문의 발행부수가 현저하게 감소하고 있다. 한국ABC협회[5]의 자료에 따르면 2019년 국내 일간신문사 172개가 발행한 종이신문은 939만 부로 10년 전인

5 한국 ABC 협회(Korea Audit Bureau of Certification)는 신문, 잡지, 뉴미디어 등 미디어 기업들이 자발적으로 제출한 부수 및 수용자 크기를 객관적인 방법으로 확인한 후 공개하는 문화체육관광부 산하의 사단법인이다.

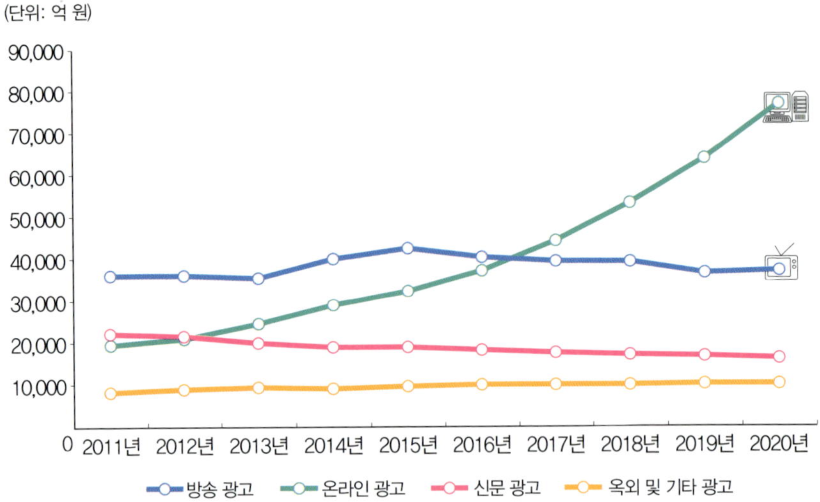

지난 10년간 국내 광고시장에서 신문광고 시장은 지속적으로 감소한 반면 디지털 매체를 활용한 온라인 광고시장은 크게 확대되었다 (출처: 한국온라인광고협회).

2011년에 비해 26.6%가 감소했다. 한국언론진흥재단은 2019년에 소비자를 대상으로 뉴스 소비행태를 조사한 결과 국내 소비자의 88.7%가 종이신문이 아닌 다른 매체를 통해 뉴스를 접한다고 발표했다. 뉴스산업에서 디지털 미디어의 힘을 확인할 수 있는 대목이다.

종이신문의 발행 감소로 광고시장에서 신문과 같은 인쇄 매체가 차지하는 비중은 점점 줄어들고 있으며, 디지털 광고시장은 빠르게 확대되고 있다. 한국온라인광고협회의 분석에 따르면 2019년 12조 8,000억 원에 달하는 국내 광고 시장에서 온라인 광고 시장(6조 4,000억 원)이 절반(50%)을 차지하고 있으며 방송광고는 3조 7,000억 원(29%) 규모다. 하지만 신문광고 시장은 1조 7,000억 원으로 13%에 지나지 않는다. 2011년부터 지난 10년 간 매체별 광고시장의 추이를 살펴 보면, 신문광고 시장은 점차 줄어들고 있으며, 방송시장 규모도 큰 변화가 없는 반면 온라인 광고 시장은 매년 두 자리 수의 성장률로 증가해 왔다. 특히 스마트폰의 보급확대로 전체 온라인 광고 시장에서 모바일 광고 시장이 차지하는 비중은 67%나 된다. 5G 이동통신이 상용화되고 유튜브 등을 활용한 1인 미디어 시장이 확대되면서 모바일 광고의 비중은 앞으로도 계속 빠르게 늘어날 것으로 보인다.

온라인 광고 시장의 확대로 언론사가 가져 가던 신문 광고 수익이 포털사이트로 넘어가면서 포털과 신문사간의 갈등도 커지고 있다. 포털 사업자에게 뉴스는 중요한 콘텐츠다. 국내 네트즌들이 포털 사이트에 머무는 시간의 약 40%는 뉴스 콘텐츠 이용과 관련이 있는 것으로 파악되고 있다. 2019년 네이버의 광고 수익은 6,332억 원 규모인데, 이 가운데 40%인 2,500억 원 정도가 뉴스 콘텐츠로부터 발생하는 광고 수익인 셈이다. 하지만 뉴스를 생산하는 핵심 주체인 신문사들이 네이버로부터 받는 전재 비용(뉴스 콘텐츠 제공 비용)은 포털이 뉴스로 벌어들이는 광고 수익의 1/10 정도에 지나지 않는다. 신문사와 포털 간의 갈등이 발생할 수 밖에 없는 구조다.

신문사와 포털 간의 갈등은 2004년부터 표면에 나타나기 시작했다. 2004년 7월 포털 사이트 때문에 경영난을 겪던 국내의 5개 스포츠 신문사들은 파란닷컴과 기사독점계약을 체결하고 상위 5개 포털(다음, 네이버, 야후코리아, 네이트, 엠파스)에 제공하던 기사를 중단하는 결정을 내렸다. 당시 KT가 한미르와 하이텔을 통합해 설립한 파란닷컴은 기사독점계약의 조건으로 5개 스포츠 신문사에 2년 간 120억 원을 지불하기로 약속했다. 하지만 스포츠 신문사의 경영난 때문에 해고된 기자들이 다수의 연예 및 스포츠전문 인터넷매체를 창업해서 포털 사이트에 콘텐츠를 제공하기 시작하면서 파란닷컴은 원래 의도했던 목표를 달성하지 못하게 된다. 파란닷컴이 경영난 때문에 계약조건을 이행하지 못하자, 신문사들은 1년 만에 네이버 등과 재계약을 체결하고 다시 콘텐츠를 제공하기 시작한 것이다. 하지만 새로 창업한 연예 및 스포츠전문 매체들이 포털 사이트에서 이미 자리를 잡아 5대 스포츠 신문사들은 과거의 주도적인 콘텐츠 제공자로서의 위치만 상실하는 결과를 초래했다.

뉴욕타임스가 2011년 미터드 페이월 시스템으로 기사를 유료화하면서 국내에서도 신문사들의 뉴스 콘텐츠 유료화의 바람이 불게 된다. 국내 주요 신문사인 조선일보, 중앙일보, 동아일보, 매일경제, 한국경제는 포털에 대한 공동대응으로 2013년 7월부터 네이버에 뉴스 공급을 중단하고, 매일경제를 비롯한 일부 신문사들(조선, 중앙, 미디어오늘)은 온라인 뉴스 유료화 모델을 도입했다. 하지만 유료화 모델은 성공을 거두지 못했고, 신문사 온라인 사이트의 트래픽만 47~51% 감소하는 결과를 초래했다. 트래픽 감소는 곧 온라인 광고 수익의 축소를 의미한다. 반면 이 기간 중 네이버 뉴스 트래픽은 오히려 130% 증가했다. 주요 신문사들이 네이버에 기사 공급을 중단해도 네이버 뉴스사이트의 트래픽은 오히려 늘어난 셈이다. 기존 신문사들은 자사 뉴스사이트 트래픽 감소로 수익이 줄어들자, 1년 2개월이 지난 2014년 9월부터 네이버에 다시 기사를 공급하는 결정을 내린다. 신문사들은 모바일 뉴스의 주도권을 잡기 위해 한때 네이버 모바일에 기사를 제공하지 않기로 했던 결정도 번복했다. 2014년 10월부터 조선일보를 시작으로 모든 신문사가 네이버 모바일에 뉴스 콘텐츠를 다시 제공하고 있다. 포털에서 벗어나 독자적인 생존을

네이버 뉴스캐스트

네이버 뉴스스탠드

네이버가 2009년 시작한 뉴스캐스트는 신문사들에 의한 낚시성 기사의 폐해가 심했다. 이 문제를 해결하기 위해 네이버는 2013년부터 뉴스스탠드 서비스로 전환해 신문 매체를 선택한 후 기사를 보도록 하고 있다.

시도했던 신문사들의 모든 노력이 실패한 셈이다.

네이버와 다음카카오와 같은 포털사업자는 신문사들의 이러한 노력에 어떻게 대응해 왔을까? 네이버는 2009년 1월부터 뉴스캐스트를 시작했으나, 2013년 4월부터 이를 중단하고 뉴스스탠드 서비스를 제공하고 있다. 뉴스캐스트는 네이버 데스크톱 메인 화면에 각각 5줄씩 신문사가 직접 선택한 기사를 아웃링크[6]로 제공하는 서비스다. 하지만 뉴스캐스트는 신문사들이 독자의 눈을 끌기 위해 선정적이며 클릭을 유도하는 이른바 낚시성 기사를 게재하는 폐해가 심각해 2013년 4월부터 뉴스스탠드 서비스로 개편한다. 뉴스스탠드는 기사제목을 노출시키는 대신, 원하는 신문 매체를 선택해서 기사를 읽는 방식으로 온라인 뉴스의 축을 기사중

6 아웃링크는 포털의 뉴스기사를 클릭하면 해당 언론사 홈페이지로 이동하는 방식으로, 뉴스에 대한 댓글도 해당 신문사 홈페이지에 남는다. 반면 인링크는 뉴스를 클릭해도 기사를 제공한 언론사의 홈페이지로 이동하지 않고 그냥 포털에 머물면서 기사를 보는 방식이다. 인링크 방식인 경우 뉴스기사 댓글은 해당 포털페이지에 남게 된다.

심에서 매체중심으로 전환한 것이다. 하지만 뉴스스탠드로 개편한 이후에도 신문사 뉴스사이트의 트래픽은 감소하고, 네이버 뉴스의 트래픽은 증가했다. 특히, 신문사를 먼저 선택한 후 기사를 봐야하는 불편함 때문에 포털사이트에서 뉴스 검색을 통한 서비스가 크게 늘어나면서 네이버의 뉴스 트래픽이 증가하는 결과를 초래한 것이다. 기존 언론사들이 포털 뉴스와 경쟁하기가 얼마나 어려운지를 단적으로 보여주는 예다.

네이버는 2017년 10월부터 '언론사 구독' 서비스를 도입했다. 이용자가 자신의 모바일 뉴스 첫 화면에서 언론사를 선택한 후 신문 콘텐츠를 사용하는 모델이다. 2019년 10월 언론사 구독자 수가 1,500만 명을 넘어서자 네이버는 2020년 4월부터 기존에 언론사에 제공하던 전재료를 없애고 대신 광고 수익을 나누는 정책으로 변경했다. 그 동안 콘텐츠 제휴 언론사와 개별 협상을 통해 제공하던 전재료를 폐지하고, 네이버 뉴스에서 발생하는 광고 수익 전부를 개별 신문사의 구독자 수나 충성도 등에 따라 각 언론사에게 분배하는 정책으로 변경함으로써 언론사들과의 공존을 모색하고 있다.

포털 뉴스 '시장' 메커니즘의 승리

인터넷 포털은 언제나 좋은 콘텐츠를 갈망한다. 좋은 콘텐츠는 이용자를 포털로 끌어들이기 위한 가장 좋은 무기이기 때문이다. 콘텐츠가 없으면 검색을 할 이유도, 포털사이트에 접속할 이유도 없다. 뉴스는 검색이나 포털서비스의 킬러 콘텐츠다. 뉴스는 다른 콘텐츠에 비해 상대적으로 신뢰성 있는 정보를 담고 있고 완성도도 높은 편이라 포털의 입장에서는 반드시 필요한 콘텐츠다. 구글이 2002년 구글 뉴스를 출범시킨 것도 이 때문이다. 구글 뉴스는 자동 집계 알고리즘을 사용해 전 세계 수 천개의 언론사 사이트에 있는 최신의 뉴스 콘텐츠를 선별하여 보여 준다.

구글과 같은 포털 사업자들이 뉴스를 피딩하면서 디지털 뉴스 시장은 큰 변화를 겪어왔다. 소비자들이 언론사의 홈페이지를 외면하고 포털사이트의 뉴스피딩 서비스를 통해 정보를 얻고 있기 때문이다. 2020년 현재 구글은 글로벌 검색엔진 시장의 92.5%를 점유하고 있어 온라인 뉴스 분야에서 절대적으로 유리한 위치를 선점하고 있다. 최근 발간된 "디지털 뉴스 2019" 자료에 따르면 2019년 한해 동안 전 세계 소비자가 신문사의 홈페이지를 통해 정보를 취득한 비율은 20% 정도에 불과하다. 나머지는 포털이나 소셜미디어를 통해 뉴스 콘텐츠를 소비한다. 특히 한국에서는 신문사 홈페이지를 통해 정보를 얻는 소비자의 비율이 4%에 불과해 가장 낮은 편이다.

구글의 뉴스 플랫폼은 '시장' 메커니즘을 사용한다. 구글은 알고리즘을 사용해 모든 신문사의 뉴스 콘텐츠를 피딩한다. 전 세계 모든 신문사가 구글의 파트너인 셈이다. 반면 기존의 신문사들은 '성당' 방식으로 뉴스 콘텐츠를 제작한다. 뉴욕타임스의 디지털 플랫폼에 올라와 있는 대부분의 뉴스 콘텐츠는 자사 소속 기자들이 작성한 것이다. 뉴스 소비자들, 특히 젊은 세대들은 특정한 편집 정책에 따라 만들어지는 언론사의 홈페이지보다는 가장 최근의 뉴스를 객관적으로 보여주는 포털 뉴스를 선호한다. 하나의 신문사가 편집한 뉴스 콘텐츠가 아니라 수많은 언론사들이 제작한 뉴스 콘텐츠를 자유롭게 보여주는 온라인 플랫폼이 시장을 장악하고 있는 이유다. 디지털 신문 시장에서도 시장 메커니즘이 성당 방식보다 성공적임을 보여 주고 있는 셈이다.

구글 뉴스가 추구하는 시장 메커니즘이 저널리즘의 관점에서는 바람직하지 않을 수도 있다. 디지털 기술 덕분에 많은 수의 전통적인 신문사들이 사라지기도 했지만, 수없이 많은 신규 온라인 언론사들도 새로 등장했다. 과거처럼 윤전기 등에 막대한 투자가 필요 없어 신문시장의 진입 장벽이 많이 낮아졌기 때문이다. 온라인상에서 언론사가 증가하고, 이들 언론사 간의 경쟁이 심화되면서 가짜 뉴스와 품질이 낮은 콘텐츠가 양산되어 유통되는 부작용이 새로운 사회문제가 되고 있다. 시장 메커니즘으로 질 낮은 뉴스 콘텐츠가 무분별하게 게재되는 현상은 결코 바람직하지 않다. 포털 기업들이 언론사에 준하는 책임감을 가지고 사회적인 의무를 수행해야 하는 이유다.

저널리즘 생태계 내에서 포털과 신문사가 가지는 상호보완재적 성격은 비대칭적 관계에 가깝다. 대칭적인 상호보완재인 자동차와 타이어와 달리, 포털의 성장이 신문사의 성장으로 연결되지 않기 때문이다. 최근 미국 주요 언론과 지역 신문 등 2,000여 매체를 대표하는 '뉴스미디어연합'이 구글과 페이스북 등을 대상으로 수익 배분을 정식으로 요청했다. 이들은 구글이 미국 언론사에 제대로 대가를 지급하지 않고 연간 47억 달러(5조 2천억 원)의 수익을 올리고 있다고 비판한다. 포털과 소셜미디어의 출현으로 온라인 뉴스의 소비가 늘었지만 그 이익을 구글과 페이스북이 대부분 가져가고 언론사들은 혜택을 보지 못하자 수익 분담을 위한 단체협상을 요구한 것이다.

우리 주변에서 일어나는 사건에 대해 보도, 논평, 해설을 하고 객관적인 정보를 제공함으로써 사회적인 여론을 형성하는 신문의 저널리즘은 반드시 필요한 사회적 기능이다. 신뢰할 수 있는 신문사들이 시장에서 대거 퇴출되면 포털에게도 결코 바람직하지 않다. 포털은 뉴스 콘텐츠를 생산할 수 있는 능력이 없기 때문이다. 새로운 온라인 신문사들이 대거 출현하고, 소셜 네트워크를 통해 확인되지 않은 가짜 뉴스들이 유통되는 시대에 저널리즘을 기반으로 제대로 된 사실보도와 논평을 제공하는 신문의 역할은 더욱 중요해지고 있다. 포털과 신문사가 함께 공생해야 하는 이유다.

미래의 뉴스 시장에서는 4차산업혁명의 대표적인 기술인 인공지능과 빅데이터가 중요한 역할을 할 수 있다. 오늘날 우리는 뉴스와 정보의 홍수 속에서 생활한다. '홍수 때는 정작 먹을 물이 없는 것'처럼 뉴스와 정보가 과도하게 넘치는 디지털 세상에서는 소비자가 관심있고 필요로 하는 콘텐츠만 선택해서 제공하는 기능이 중요해 질 수밖에 없다. 소비자가 관심있는 콘텐츠만 큐레이션을 통해 제공하는 플립보드[7]처럼 미래의 신문 서비스도 유용한 정보와 뉴스만 선별적으로 제공할 필요가 있다. 소비자 취향에 맞는 뉴스 콘텐츠의 추천과 큐레이션을 위해서는 인공지능과 빅데이터 분석 기술이 필수적이다. 이들 기술 분야에서 가장 앞선 구글은 미래의 신문시장에서도 이미 유리한 고지를 점령하고 있는 셈이다.

7 플립보드(Flipboard)는 2008년에 설립된 콘텐츠 큐레이션 서비스 회사다. 고객이 관심을 가지고 있는 뉴스 콘텐츠와 소셜 미디어 콘텐츠만 취합해서 보여주는 서비스를 제공한다.

07

플랫폼, 그리고 성당과 시장

시장재편전략과 플랫폼

새로운 기술의 출현으로 제품이나 서비스 혁신이 일어날 때 기존의 플레이어들을 밀어내고 시장을 장악하거나 이전에는 존재하지 않았던 새로운 시장을 만들어내는 시장재편기업(Market Shaper)이 등장한다. 1960년대 물류회사인 말콤 맥린(Malcom McLean)은 컨테이너를 개발해 공장에서 목적지까지 하나의 박스로 제품을 운송하는 혁신을 이루며 글로벌 물류 시장을 장악했다. 1970년대에 비자카드는 신용카드 결제라는 거대한 지불 시장을 만들며 리더로 부상했다. 마이크로소프트는 1980년대에 PC용 운영체제 소프트웨어로 IBM과 같은 대기업들을 밀어내고 컴퓨팅 분야의 리더가 되었다. 1990년대에 들어와 구글은 검색엔진을 사용해 온라인 광고시장을 점령했으며, 2000년대에 들어와 페이스북은 소셜미디어로 광고시장을 재편했다.

시장 재편에 성공한 이들 기업들은 혁신에 동참하는 파트너들을 끌어들임으로써 조기에 신규시장 조성에 필요한 '크리티컬 매스(Critical Mass)'를 만들어 냈다는 공통점이 있다.[1] 이들은 시장 혁신에 동참하는 파트너

1 존 하겔 3세를 포함한 세 명의 컨설턴트가 시장재편기업들의 사례를 분석하고, 이들 기업들이 공통적으로 사용한 시장재편전략(Shaping Strategy)을 Harvard Business Review(HBR)에 게재한 내용이다. 논문 제목은 "Shaping Strategy in a World of Constant Disruption," (HBR, October 2008)이다.

를 조기에 확보하기 위해 비전(Vision), 커미트먼트(Commitment), 그리고 플랫폼(Platform)으로 이루어진 시장재편전략을 사용했다. 시장재편기업들은 신기술이 가져올 제품 혁신에 대한 정확한 비전을 세우고, 이를 파트너들과 공유한다. 제품 혁신이 제공하는 새로운 기회를 정의하고 혁신에 동참할 경우 파트너들이 얻을 수 있는 경제적 혜택을 명확히 제시하고 있다는 공통점이 있다. 뿐만 아니라 시장재편기업들은 위험을 감수하는 과감한 투자를 통해 혁신에 대한 의지와 커미트먼트를 함께 보여준다. 파트너들에 대한 지원과 약속은 동참하는 기업들이 믿고 혁신에 참가하는 원동력이 되었다. 플랫폼은 혁신에 동의하는 파트너들이 위험과 투자를 최소화하면서 참여할 수 있도록 지원하는 인프라 역할을 했다.

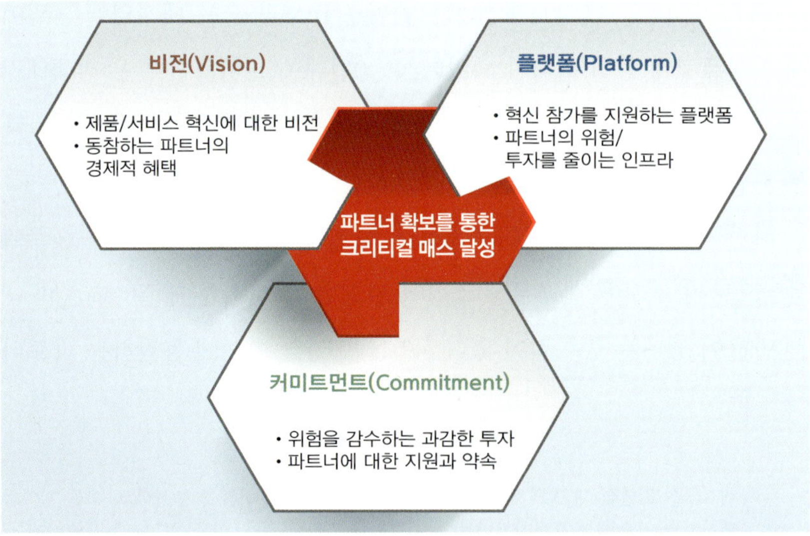

새로운 기술로 시장을 재편하며 마켓리더가 된 시장재편기업들은 공통적으로 비전, 커미트먼트, 플랫폼으로 구성된 시장재편전략을 사용해 성공했다.

스마트폰 시장의 예를 들어 보자. 애플이 아이폰으로 초기 스마트폰 시장 재편에 성공한 배경에는 앱스토어라는 플랫폼의 역할이 컸다. 애플은 아이폰이 단순한 전화기가 아니라 소비자의 일상 생활에 깊숙이 들어가 삶의 방식을 변화시키는 개인 컴퓨터가 될 것이라는 비전을 제시했다. 아이폰 앱을 개발하는 개인이나 기업에게 앱스토어가 스마트폰을 위한 새로운 생태계를 만들어 낼 수 있음을 강조했고, 개발에 참여하는 파트너에게 수익의 70%를 돌려주는 인센티브 정책을 채택했다. 앱 개발자를 위한 지원센터 개설, 개발자 컨퍼런스 개최, 개발자 교육 프로그램 제공 등 앱스토어에 동참하는 파트너들을 위한 투자와 지원을 아끼지 않았다. 앱스토어 플랫폼은 개발자들이 적은 투자로 큰 위험부담 없이 아이폰 용 앱 개발에 참여할 수 있는 인프라 역할을 했다. 애플이 제공하는 사용하기 쉬운 프로그래밍 도구를 사용해 적은 비용으로 빠른 시간 안에 스마트폰 앱을 제작해서 소비자들에게 전달할 수 있는 플랫폼 역할을 한 것이 앱스토어다. 애플의 비전, 커미트먼트, 그리고 플랫폼 덕분에 앱스토어를 오픈한 지 3년만에 450,000개의 앱이 플랫폼에 올라왔고, 누적 다운로드 수도 150억 건이라는 놀라운 기록을 만들어냈다. 수 만개의 파트너 기업들을 아이폰 응용 프로그램 개발에 참여하도록 유도함으로써 조기에 시장 재편에 필요한 스마트폰 응용 앱의 크리티컬 매스를 확보할 수 있었다.

세 가지 종류의 플랫폼

시장 재편을 위한 플랫폼이 콘텐츠 생산자와 소비자를 연결하는 장터일 필요는 없다. 기술혁신의 결과로 탄생한 새로운 제품이나 서비스의 표준도 플랫폼의 역할을 할 수 있다. 컨테이너를 개발해 물류 시장을 재편한 말콤 맥린은 물품을 하나의 컨테이너 박스에 담아 공장과 물류창고, 선박, 그리고 목적지까지 배송하는 표준을 만들고 이를 특허없이 개방함으로써 수 많은 파트너와 함께 글로벌 물류 혁신을 이루었다. 비자카드는 소비자와 가맹점, 은행을 연결하는 신용카드 지불서비스의 표준으로 지불결제 시장을 재편했다. 인텔과 마이크로소프트는 컴퓨터 시장에서 PC를 위한 표준 플랫폼을 만들고, 하드웨어와 소프트웨어 파트너들을 끌어들여 컴퓨터 시장을 재편했다.

일반적으로 플랫폼은 크게 '제품 플랫폼'과 'SW 플랫폼', 그리고 '서비스 플렛폼'으로 구분할 수 있다. 하드웨어 기반의 제품 플랫폼은 자동차 산업과 같은 제조업에서 오래전부터 활용해 왔다. 예를 들어 자동차에서 제품 플랫폼은 자동차의 차체(Body)와 차대(Chassis)로 이루어져 있다. 차체는 자동차의 겉 부분과 사람 또는 화물을 싣는 부분으로, 엔진실, 트렁크, 지붕, 옆판, 바닥 등이 모두 차체에 포함된다. 차대는 차량에서 차체를 떼어낸 나머지 부분을 의미하는 것으로 자동차가 주행하기 위해 필요한 필수 장치의 모음이다. 엔진, 동력전달장치, 조향 장치, 브레이크 등이 모두 차대에 포함된다. 플랫폼을 공유하면 개발비용을 절감하고 개발시간을 단축할 수 있기 때문에 제조업에서는 제품 플랫폼을 활용하고 있다. 컴퓨터 하드웨어(HW)도 제품 플랫폼에 해당한다. 컴퓨터의 제품(HW) 플랫폼은 소프트웨어(SW)가 구동 가능한 하드웨어의 아키텍처를 의미한다. IBM PC와 애플의 매킨토시 컴퓨터는 서로 다른 제품 플랫폼을 사용하고 있어서 한쪽에서 구동되는 SW가 다른 컴퓨터에서는 작동되지 않는다.

스마트폰을 위한 운영체제(Operating System)는 대표적인 SW 플랫폼이다. 1990~2000년대 PC 시대에는 마이크로소프트의 윈도우가 시장을 독점하다시피 했지만 스마트폰 사용이 대세가 되면서 애플의 iOS와 구글의 안드로이드가 스마트폰 SW 플랫폼 시장을 양분하고 있다. 스마트폰 하드웨어와 응용 앱을 사용하기 위해서는 OS가 반드시 필요하므로 이들 SW 플랫폼의 영향력은 막강하다. 애플의 아이폰을 제외한 모든 스마트폰은 구글의 안드로이드 SW 플랫폼을 사용한다. 삼성전자나 LG전자 스마트폰의 HW는 제품 플랫폼에 해당하지만, 이들 제품들은 안드로이드 OS를 사용한다. 안드로이드 SW 플랫폼은 수많은 앱을 사용할 수 있는 생태계를 구성하고 있어 글로벌 영향력이 훨씬 광범위하다. 삼성전자가 바다(Bada)나 타이젠(Tizen)과 같은 SW 플랫폼 개발을 통해 안드로이드로부터의 독립을 시도했지만 성공하지 못했다.

서비스 플랫폼은 페이스북(SNS), 카카오톡(모바일 메신저), 에어비엔비와 우버(숙박과 차량 공유), 아마존과 알리바바(쇼핑), 애플의 앱스토어(스마트폰 응용 앱) 등과 같이 네트워크로 정보나 콘텐츠의 공급자와 수요자를 연결하는 플랫폼을 의미한다. 서비스 플랫폼의 특징은 '양면 네트워크(Two-sided Network)'를 최대한 활용한다는 점이다. 양면 네트워크는 정보나 콘텐츠의 공급자(판매자)와 이를 필요로 하는 소비자(구매자)를 네트워크로 연결함으로써 새로운 가치를 만들어 낸다. 신문사가 독자와 광고주라는 양면을 연결하는 매체의 역할을 하듯이, 에어비엔비는 여행중 숙박시설이 필요한 소비자와 숙박이 가능한 여유공간을 가지고 있는 공급자를 네트워크로 매개하는 플랫폼이다. 서비스 플랫폼에서는 공급자가 자유로이 정보나 콘텐츠를 올리고, 이를 필요로 하는 고객들은 정보와 콘텐츠를 소비함으로써 가치를 만들어 낸다.

'성당'이 아닌 '시장' 메커니즘의 승리

지금까지 논의한 위키피디아(백과사전), 애플(디지털 뮤직), 넷플릭스(미디어), 아마존(전자책), 구글(온라인 뉴스)은 '서비스 플랫폼'으로 시장 리더가 된 기업들이다. 콘텐츠 산업에서는 소비자가 원하는 콘텐츠를 플랫폼에서 확보하는 것이 무엇보다도 중요하다. 콘텐츠의 크리티컬 매스가 바로 성공 요건이 되는 셈이다. 이들 기업은 콘텐츠 확보를 위해 서비스 플랫폼을 구축했고, 제품 혁신에 대한 비전 공유와 커미트먼트로 가급적 많은 파트너들을 시장 재편 작업에 끌어들임으로써 조기에 크리티컬 매스를 달성하는데 성공했다.

시장 재편에 성공한 이들 기업들의 플랫폼 운영에서 나타나는 공통점은 '성당'이 아닌 '시장' 메커니즘을 채택했다는 점이다. 브리태니커 백과사전 콘텐츠는 소수의 전문가 집필진에 의해 만들어지는 반면, 위키피디아는 모든 네티즌이 콘텐츠 제작에 참여한다. 메이저 음반사들이 설립한 뮤직넷과 프레스플레이는 자신들이 저작권을 가지고 있는 음원만 서비스로 제공한 반면, 애플은 거의 모든 음반사들의 음악을 아이튠즈 플랫폼으로 끌어들였다. 미디어 기업들이 자사의 콘텐츠를 중심으로 스트리밍 서비스를 준비할 때 넷플릭스는 대다수의 할리우드 스튜디오들로부터 콘텐츠를 제공받아 시장을 선점했다. 아마존은 기존의 출판사 뿐만 아니라 인디 작가들의 전자책까지 자사 플랫폼에서 서비스하고 있다. 기존의 신문사들이 자사의 뉴스 콘텐츠만으로 온라인판 신문을 제작할 때, 구글은 모든 신문사의 뉴스를 피딩하는 플랫폼으로 시장을 장악했다. 파트너없이 내부 자원만으로 디지털 혁신을 추구한 성당 방식은 실패했고, 플랫폼을 외부로 개방해 파트너들을 디지털 혁신에 동참시킨 시장 방식은 성공을 거둔 셈이다.

플랫폼을 외부 파트너에게 무조건 개방한다고 성공이 보장되는 것은 아니다. 제대로 된 인센티브 시스템과 제도적인 장치가 수반되어야 시장 메커니즘이 제대로 작동한다. 위키피디아에 콘텐츠를 제공하는 네티즌들은 경제적 인센티브를 위해 참여하는 것이 아니다. 본인이 제공하는 지식 콘텐츠가 누군가에게 도움이 될 수 있다는 '내재적 동기(Intrinsic Motivation)'가 이들에게는 중요한 인센티브다. 이 때문에 위키피디아는 네티즌들이 최고의 온라인 백과사전을 함께 만들어 나가는 공동체의 일원임을 강조하는 정책을 쓰고 있다. 하지만 일반적으로 혁신에 참가하는 파트너들은 경제적 혜택과 같은 '외재적 동기(Extrinsic Motivation)'에 의해 움직인다. 애플의 앱스토어에 콘텐츠를 올리는 개발자들은 수익의 70%라는 인센티브 때문에 플랫폼에 참여한다. 음반사와 미디어 기업들도 저작권료라는 수익 때문에 음원과 동영상 콘텐츠를 플랫폼에 제공한다. 신문사들도 구글이 뉴스 콘텐츠에서 발생하는 광고수익을 공유하기 때문에 뉴스 피딩에 참여하고 있다. 플랫폼에 참가하는 파트너들에게 제공하는 인센티브 시스템이 제대로 구축되어야 시장 메커니즘은 성공할 수 있다.

“ 우리는 지금까지 살아왔고 일해왔던 삶의 방식을
근본적으로 바꿀 기술 혁명의 직전에 와 있다.
그 변화의 규모와 범위, 복잡성 등은
이전에 인류가 경험했던 것과는 전혀 다를 것이다. ”

– 클라우스 슈밥(Klaus Schwab),
『제4차산업혁명(The Fourth Industrial Revolution)』, 2016 –

제2부

4차산업혁명을 대표하는 기술들

08

기술의 융·복합과 빅뱅 혁신

빠르게 진행되는 4차산업혁명

산업혁명이라는 용어는 독일의 사회주의 철학자이자 경제학자인 프리드리히 엥겔스가 1844년에 출간한『영국 노동계층의 실태』에서 처음 사용했으며, 1884년 역사학자인 아놀드 토인비의 유고집『18세기 영국 산업혁명 강의』가 출간되면서 일반적인 용어로 자리잡았다. 당시에는 인류가 오랫동안 사용하던 연장을 버리고 기계를 널리 사용하면서 산업발전이 이루어졌고 그에 따른 자본주의적 생산양식이 확립되는 변화를 산업혁명으로 표현했다.

4차산업혁명은 2016년 1월 스위스 다보스(Davos)에서 개최된 세계경제포럼(The World Economic Forum)에서 처음 언급된 개념이다. 세계경제포럼은 전 세계 기업인, 정치인, 경제학자 등 전문가 2천여 명이 모여 세계가 당면한 과제와 그 해법을 논의하는 자리다. 1971년 포럼이 시작된 이후 과학기술분야가 주요 의제로 채택된 것은 이 때가 처음이었다. 세계경제포럼은 4차산업혁명을 디지털 혁명인 3차산업혁명에 기반을 두고 있으며 디지털(Digital)과 물리적(Physical), 생물학적(Biological)인 기존 영역의 경계가 사라지면서 융합되는 기술혁명으로 정의하고 있다. 포럼은 4차산업혁명을 3차산업혁명의 연장선에서 보았기 때문에 4차산업혁명을 이해하기 위해서는 우선 산업혁명의 역사를 짚어볼 필요가 있다.

1차산업혁명은 18세기 후반 영국을 거점으로 방적기, 증기기관, 제련기술이 등장하면서 초래된 변혁이다. 1차산업혁명의 핵심은 이전에 수

력(물레방아)이나 풍력(풍차), 그리고 인력에 의존하던 작업을 증기기관을 사용하는 기계가 대체하면서 시간, 장소, 동력 크기와 같은 작업의 한계를 극복했다는 점이다. 필요한 시점과 장소에서 조절 가능한 동력을 사용하면서 공장이 들어설 수 있는 여건이 조성되었던 것이 1차산업혁명이다.

2차산업혁명은 전기에너지의 사용이 가져온 대량생산 혁명을 뜻한다. 19세기 말에서 20세기 초 공장에 전력이 보급되면서 컨베이어 벨트를 이용한 생산 조립라인이 등장했고, 본격적인 대량생산 체제가 만들어지면서 생산성의 획기적인 증가를 가져온 변화다. 자동차 제조기업인 포드가 조립 설비와 전기를 사용해 T형 포드를 대량생산하게 된 것이 대표적인 예다. 3차산업혁명은 20세기 후반 컴퓨터와 인터넷의 대량 보급이 초래한 지식정보혁명이다. 초고속인터넷의 보급과 고성능 PC의 대중화로 물리적인 제약을 뛰어넘는 정보교류가 가능해지면서 일어난 변화다.

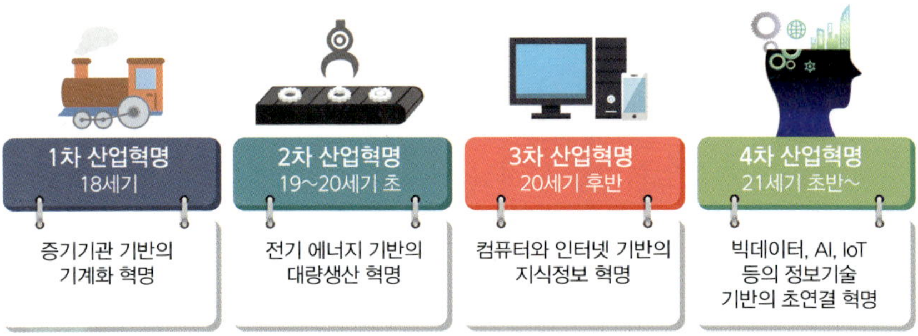

인류는 증기기관이 발명된 이후 4차례에 걸친 산업혁명을 겪어 왔다. 1차~3차산업혁명은 1세기를 주기로 진행된 반면, 4차산업혁명은 훨씬 빠른 속도로 우리에게 다가오고 있다.[1]

1 『제4차산업혁명』(클라우스 슈밥, 2016)에 있는 내용을 그림으로 표현한 것이다.

4차산업혁명의 핵심 키워드는 융합과 연결이다. 따라서 3차산업혁명의 주춧돌인 ICT 기술의 발달은 4차산업혁명의 필요 요건이었다. 4차산업혁명을 3차산업혁명과 연결해서 봐야하는 이유가 여기에 있다. ICT 기술의 발달로 전 세계적으로 소통이 원활해 지면서 개별적으로 발달해 온 각종 기술의 융합이 이루어지고 있기 때문이다. ICT 기술과 제조업, 바이오 산업 등 다양한 산업에서 벌어지는 연결과 융합이 새로운 부가가치를 만들어 내는 변화가 4차산업혁명인 셈이다.

스마트 시계

자율주행 자동차

스마트 시계는 신체활동에 대한 데이터를 측정할 뿐만 아니라 집안의 다양한 기기들과 연결되어 소통한다. 자율주행자동차는 자동차 기술뿐 아니라 도로의 인프라와 보험제도와 같은 사회제도의 변화도 함께 초래한다.

예를 들어 손목에 차는 시계가 스마트시계(Smartwatch)로 변신하면 하루의 수면시간이나 운동량과 같은 사람의 신체활동에 대한 데이터를 측정하고 저장할 수 있다. 뿐만 아니라 스마트시계는 집안의 냉장고, 전등, 텔레비전과 같은 다양한 가전제품과 네트워크로 연결되어 정보를 공유한다. 이러한 데이터를 분석하면 사용자의 패턴을 알아내고 행동을 예측하는게 가능하다. 기업들은 예측 결과를 바탕으로 소비자의 특성에 맞는 물건을 생산해낼 수 있게 된다. 이처럼 4차산업혁명은 초(超)연결성, 초(超)지능성, 그리고 예측가능성이란 특징을 가지고 있다. 사물과 사람, 사물과 사물이 네트워크로 연결(초연결성)되고, 초연결성이 만들어내는 막대한 데이터를 분석해 일정한 패턴을 파악(초지능성)할 수 있으며, 분석 결과를 토대로 인간의 행동을 예측(예측가능성)함으로써 새로운 가치를 만들어내는 것이다.

세계경제포럼은 4차산업혁명이 가져올 변화의 속도와 범위, 그리고 사회시스템에 미치는 영향이 지금까지 인류가 경험했던 것과는 전혀 다른 규모가 될 것이라고 강조했다. 4차산업혁명 이전의 3번에 걸친 산업혁명은 거의 1세기를 주기로 발생했지만, 4차산업혁명은 훨씬 빠른 속도로 진행되고 있다. 변화의 범위도 ICT 분야가 아닌 거의 모든 제조업과 서비스 산업을 포괄한다. 시스템의 영향도 기업의 생산, 경영, 거버넌스뿐만 아니라 사회제도의 변화까지 초래할 것으로 보인다.

자동차 산업을 예로 들어 보자. 자동차 산업이 차체만 제조하는 시대는 이미 지나가고 있다. 자동차 산업은 대체 에너지와 전장 제품(자동차에 들어 가는 전기 부품)의 활용, 자동차에 모빌리티와 엔터테인먼트 기능을 추가하는 커넥티드 카[2]와 자율주행 기술 등과 맞물려 완전히 새로운 개

2 커넥티드 카(Connected Car)란 차량 부품과 운전자의 모바일 기기 등이 연결된 자동차를 의미한다. 음성으로 전화를 하고 지도를 찾는 것은 물론, 뉴스나 날씨와 같은 실시간 정보를 제공하며 온라인 예약도 차량 내에서 할 수 있다. 실시간으로 자동차의 상황을 점검해 이상이 있을 경우 운전자에게 경고하고, 영상과 음악 등 다양한 콘텐츠를 차량 내에서 실시간으로 즐길 수 있는 기술이다.

념의 제품으로 다시 태어나고 있다. 특히 자동차 업계가 자율주행차를 완성하는 단계가 되면 도로상태, 교통신호체계, 차량정비, 충전소와 같은 물리적인 인프라 뿐 아니라 자동차 공유제도나 새로운 보험제도의 도입과 같은 제도적인 인프라도 함께 변해야 한다. 그래야만 자동차의 평균속도 개선 뿐만 아니라 유지비용 절감이나 대기오염 감소와 같은 환경개선에서 목표로 하는 성과를 이룰 수 있기 때문이다. 과거처럼 단순히 새로운 기술을 개발하는 것만으로는 사회적인 문제를 해결하거나 의도한 성과를 낼 수 없으며, 사회적인 합의와 의식의 변화와 더불어 비즈니스 모델이나 관련제도의 변화가 기술발전과 병행되어야 한다. 4차산업혁명이 사회적인 시스템에도 큰 영향을 미치는 이유다.

기술 융·복합이 초래하는 시장 변화

디지털 기술의 특성을 제대로 이해하고, 새로운 기술들이 발전되어 나가는 방향에 대해 제대로 된 비전과 안목을 가지는 것은 성공적인 디지털 트랜스포메이션을 위해 반드시 필요하다. 4차산업혁명은 다양한 분야의 기술들이 융합을 통해 새로운 가치를 만들어 내는 변혁이다. 디지털 기술들 간의 융·복합이 일어날 경우 기존의 기술 영역이 무너지고 기술 생태계가 완전히 바뀔 수 있다. 따라서 4차산업혁명이 제공하는 새로운 기술들을 디지털 혁신을 위해 도입할 경우, 개별 기술들의 특성 뿐만 아니라 기술의 융합과 변화 트렌드에 대해서도 이해할 수 있어야 한다. 다양한 기업의 엔지니어들이 함께 만나서 협업의 기회를 모색하는 해커톤(Hackathon)[3] 미팅이 일반화되면서 기술 융합의 기회는 점점 늘어나고 있다. 2007년도에 시작한 트위터도 미국 실리콘 밸리에서 일주일에 한번 저녁 시간에 모이는 해커톤 미팅의 결과로 만들어진 서비스다. 새로운 디지털 기술들이 융·복합을 통해 다른 영역의 시장을 순식간에 잠식하는 빅뱅 혁신(Big Bang Disruption)[4]도 빈번하게 일어나고 있다.

빅뱅 혁신의 대표적인 예가 MP3 플레이어 기술이다. 국내의 ICT 관련 중소기업들은 경쟁력 있는 MP3 플레이어 제품으로 국내외 시장에서 선전해 왔다. 하지만 스마트폰이 '올인원' 기능을 앞세워 MP3와 휴대용 멀티미디어 재생장치(Portable Multimedia Player, 줄여서 PMP) 기능을 함께 제공하면서 ICT 기기간 경계가 급격히 무너졌다. 그 결과 MP3 플레이어와 PMP로 국내외 시장을 개척했던 국내 제조업체들이 적자에 시달리거나 인수합병으로 사라졌다. 아이리버(iriver)는 MP3 플레이어로 한때 세계적인 기업인 소니와 애플과 어깨를 나란히 할 만큼 경쟁력 있는 기업이었다. 하지만 2010년부터 스마트폰이 본격적으로 국내에 보급되면서 MP3 사업이 급격하게 부진에 빠졌다. 아이리버는 자동차 블랙박스, 전자책 등으로 사업영역의 확대를 꾀했지만 성공하지 못했고 결국 2014년 SK텔레콤에 인수되고 말았다. 아이리버와 함께 국내 MP3 플레이어와 PMP

3 해커톤(Hackathon)은 'Hack(만들다, 파고들다)'과 'Marathon(장시간 달리기)'의 합성어로, 혁신에 관심있는 사람들이 한자리에 모여 각자의 기술들을 융합함으로써 문제를 해결하고 더 나은 세상을 만들기 위해 조직한 모임을 의미한다.

4 "Big Bang Disruption" (by Larry Downes and Paul Nunes), Harvard Business Review, March 2013.

분야에서 돌풍을 일으켰던 코원(Cowon)도 시장에서 사라졌다. 소프트웨어 회사로 시작했던 코원은 MP3와 PMP 등 다양한 디지털 기기 제조사업에서 두각을 나타낸 기업이었다. 하지만 스마트폰 시장이 본격적으로 개화하면서 소형 오디오 기기 시장이 위기를 맞게 되었고 결국 2016년 중국 기업에 인수되고 말았다. 스마트폰이 ICT 기기들을 융합하면서 순식간에 MP3와 PMP 시장을 잠식해 버린 것이다.

자동차 내비게이션 시장도 빅뱅 혁신을 경험하고 있다. 자동차를 소유한 사람들이 가장 많이 사용하는 기능 가운데 하나가 내비게이션이다. 과거에는 내비게이션이 장착된 차량을 구매하거나 자동차를 구매한 후 전용 내비게이션 단말기를 차량에 거치하는 방식이었다면, 최근에는 스마트폰을 기반으로 단독, 혹은 차량과 연결해 사용하는 '모바일 내비게이션'이 시장의 주류를 형성하고 있다. 그 결과 2010년에만 연간 250만 대나 보급되었던 내비게이션 시장은 매년 15%~20%씩 축소되어 2020년에는 거의 사라져 버렸다. 대신 SK텔레콤의 티맵과 카카오모빌리티의 카카오내비가 국내 모바일 내비게이션 시장을 양분하고 있다. 2020년 11월 현재 티맵은 1,288만 명, 카카오내비는 500만 명의 사용자를 확보하고 있다. 시장의 급격한 변화로 기존의 내비게이션 업체(아이나비와 현대엠엔소프트 등)들이 어려움을 겪으면서, 차량용 블랙박스 업체로 업종을 변경하거나 해외 시장을 공략하는 방향으로 사업을 전환하고 있는 실정이다.

스마트폰에 카메라 기술이 융합되면서 디지털 카메라도 스마트폰이 빠르게 흡수하고 있다. 스마트폰은 항상 인터넷에 연결돼 있어 촬영 후 블로그나 소셜 미디어에 사진을 바로 올릴 수 있고, 각종 사진 보정 앱을 활용하면 이미지 편집도 가능하다. 스마트폰이 디지털 카메라 시장을 압도하는 이유다. 글로벌 디지털 카메라 시장은 2010년에 1억 2,146만 대로 정점을 찍은 후 매년 적게는 10% 수준에서 많게는 30%까지 출하량이 감소하고 있다. 2020년 판매량은 1,167만 대로 10년 만에 시장이 1/10이하로 축소되었다. 아날로그 카메라를 시장에서 퇴출시킨 디지털 카메라가 기술 융합의 결과로 위기를 맞고 있는 셈이다. 한때 세계 최대 카메라 브랜드 중 하나였던 일본의 올림푸스는 2020년 6월 84년 만에 카메라 사업을 접었다. 니콘이나 캐논과 같은 카메라 제조업체들도 상대적으로 시장이 작은 고가의 프리미엄급 시장에 주력할 수밖에 없게 되었다. 프린터, 복사기, 팩스 그리고 스캐너를 융합한 디지털 복합기의 출현도 프린터와 복사기 시장에 빅뱅 혁신을 몰고 왔다. 이처럼 기술 융합은 기존의 영역을 허물며 시장에 큰 변화를 초래한다.

기존 영역을 파괴하는 4차산업혁명의 기술 융·복합

지금까지의 기술 융합은 주로 ICT 산업 내 기술이나 제품간의 융·복합으로 그 분야가 다소 한정적이었다. 하지만 4차산업혁명 시대가 도래하면서 ICT 기술과 타 산업의 기술 간에 전면적인 융·복합이 진행되고 있다. 대표적인 것이 ICT 기술과 바이오 기술을 융합한 나노봇(Nanobot)이다. 나노봇은 나노기술과 로봇의 합성어다. 나노(Nano)는 그리스어로 난쟁이를 뜻하는 나노스(Nanos)에서 파생된 것으로 1나노미터(nm)는 10억분의 1 미터를 의미한다. 1nm는 사람 머리카락 굵기의 10만분의 1에 해당한다. 지구의 크기를 1미터로 가정하면 1나노미터는 단추 하나의 크기에 불과하다. 이토록 작은 물질을 관찰하고 연구하는 것이 어떻게 가능할까? 광학현미경, 전자현미경을 거쳐 원자현미경으로 발전을 거듭한 현미경 기술 덕분이다.[5] 현미경이 진화할수록 더 작은 세계를 볼 수 있게 되었고, 이를 통해 나노미터 크기의 물질을 관찰하고 만들어내는 것이 가능해졌다.

나노봇은 사람 몸속에 들어가 잠수함처럼 혈류를 헤엄치고 다니면서 바이러스를 박멸하거나, 자동차 정비공처럼 손상된 세포를 수리한다. 나노봇의 내부에는 목표물인 병원균의 모양을 감지하고 식별하는 나노센서와 찾아낸 목표물을 파괴하도록 프로그램 되어 있는 나노컴퓨터가 들어 있다. 혈류 속에서 움직이는 나노봇은 나노센서로부터 정보를 받아 나노컴퓨터에 저장된 병원균의 자료와 비교한 다음 바이러스로 판단되

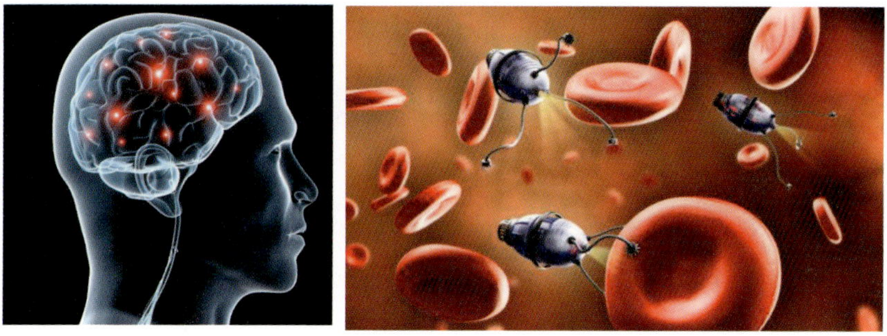

나노기술과 로봇기술, 그리고 의료기술의 융합이 만들어낸 나노봇이 몸 안의 혈관 속을 헤엄쳐 다니며 암 등 각종 질병을 치료하는 날이 점점 다가오고 있다.

5 광학현미경은 관찰 배율이 최고 수천 배, 전자현미경은 배율이 수십만 배인데 비해 원자현미경은 배율이 최고 수천만 배에 이른다. 원자현미경으로 원자 하나하나를 자세히 관찰할 수 있게 되었으며, 원자 지름의 수십 분의 1에 해당하는 0.01나노미터까지 측정이 가능해졌다.

면 바로 약물을 방출해서 격멸한다. 미국 하버드대학 연구진들이 나노봇으로 환자의 정상세포를 손상시키지 않고 암세포만 직접 공격해 치료하는데 이미 성공했다. 이들이 개발한 나노봇은 암세포를 만나면 두 개로 이루어진 나노봇의 통을 열어 약물질을 쏟아내는 방식을 사용한다. 오는 2030년 경이면 혈액 속을 헤엄치면서 바이러스를 제거하고 병든 세포를 치료하는 의료용 나노봇을 볼 수 있을 전망이다. 로봇과 나노기술, 그리고 의료기술이 융합된 결과다.

기상 분야도 ICT 기술과 다양한 기술이 융합되고 있는 영역이다. 기상정보는 위성, 해양, 항공, 지상의 관측자료를 사용해 대기과학 모델에 기초한 슈퍼컴퓨터가 분석한 자료와 예보관의 노하우가 합쳐져 최종적으로 생산된다. 기상정보는 일상생활에서 국민의 위험기상 대비 뿐만 아니라 자연재해 영향 예측, 취약성 평가, 날씨 경영 등에 이용된다. 관측에서 정보 활용에 이르는 전 과정에서 다양한 기술들이 융합되어 활용되는 것이 기상 정보다. 드론과 같은 무인 항공기와 CCTV를 이용한 오지 관측, 자율주행차를 활용한 광범위한 빅데이터 수집, 인공지능을 통한 에너지 활용 효율화와 그 결과로 얻어지는 온실가스 배출 감축 등 다양한 ICT 기술과 대기과학 기술의 융합이 만들어 내는 분야다.

4차산업혁명의 결과로 태동된 새로운 기술들은 독자적으로 사용되기보다는 다른 기술이나 산업과 융합되어 사용되는 기술이 대부분이다. 로봇 기술이 자동차 산업과 융합되어 제조용 로봇이 나왔듯이 이제는 자동차 산업과 인공지능, 로봇기술 등이 결합된 자율주행차가 개발되고 있다. 로봇 기술과 인공지능 기술, 그리고 사물인터넷이 농·축산업과 결합하면 스마트팜(Smart Farm)이 되고, 제조업과 만나면 스마트 공장이 된다.

알파고도 바둑과 인공지능의 융합으로 태동한 것이다.

기회를 잡지 못하면 시장에서 도태된다

기회는 왔을 때 잡지 못하면 그냥 지나가 버린다. 산업 내에서 기술이 변화하는 변곡점에는 항상 기회가 존재한다. 이 기회를 포착한 기업은 시장을 재편하고 경쟁 기업과 격차를 벌릴 수 있다. 자동차 산업에서 1차산업혁명의 기회를 잡은 것은 영국 기업들이었지만, 2차산업혁명에서 소품종 대량생산의 기회를 잡은 것은 미국의 포드 자동차였다. 포드에 밀린 미국 5개 군소 자동차 기업들이 모여 만든 제너럴 모터스는 3차산업혁명의 정보화 물결에서 자동차 할부판매를 도입해 자동차 시장을 금융 게임으로 바꾸며 포드를 뛰어 넘었다. 그러면 4차산업혁명에서 자동차 산업의 절대 강자는 누가될까? 미래의 자동차는 기름이 아니라 소프트웨어로 달리는 제품이 될 것이다. 테슬라와 구글과 같은 기업이 유리할 수 밖에 없다.

제1부에서 살펴 보았던 디지털 제품 혁신은 주로 3차산업혁명 시기에 일어난 변화들이다. 음반, 서적, 미디어, 신문 산업 등은 콘텐츠의 디지털화, 브로드밴드 인터넷의 보급, 그리고 PC의 대중화로 큰 변화를 경험한 산업들이다. 정보를 기반으로 인터넷을 잘 다루던 기업들이 3차산업혁명 시대를 지배했다면 4차산업혁명시대는 스스로 생각하고 행동하며 상호 연결된 물체를 잘 다루는 기업이 승자가 될 가능성이 크다. 4차산업혁명은 기업들에게 이전과는 차원이 다른 새로운 기술들을 쏟아내고 있

다. 이들 신기술은 기업이 디지털 혁신을 위해 취사선택할 수 있는 메뉴인 셈이다. 미래에는 초연결성과 초지능성을 제공하는 기술을 활용하는 디지털 트랜스포메이션이 디지털 다위니즘의 희생자와 시장재편기업을 가를 것으로 보인다. 따라서 디지털 혁신을 위해서는 이들 새로운 기술을 이해하고 어떻게 활용할 수 있는지를 파악하는게 무엇보다도 중요하다. 제2부에서는 4차산업혁명을 대표하는 새로운 기술들에 대해 구체적으로 알아본다.

09

인공지능과 로봇

초(超)지능화를 위한 인공지능

지난 2016년 3월 인공지능과 인간과의 바둑대결에서 알파고가 최고의 인간 바둑기사에게 승리를 거두면서 인공지능은 새로운 역사를 쓰기 시작했다. 인공지능(Artificial Intelligence, 줄여서 AI)은 인간이 지닌 지적 능력의 일부 또는 전체를 컴퓨터를 사용해 인공적으로 구현하는 기술이다. 지난 수십 년 동안 인공지능은 공상과학영화의 단골 소재였다. 1967년 개봉된 '2001 스페이스 오디세이'에서 인공지능은 목성으로 향하는 우주선에서 인간과 대결한다. 영화 '터미네이터'에서는 인공지능 스카이넷이 핵미사일을 발사해 인류를 파멸로 이끄는 장면이 나온다. 영화 '매트릭스'에 등장하는 인공지능은 사람을 인조 자궁에 가둔 뒤 매트릭스라는 프로그램을 뇌에 주입해 인간의 뇌를 통제하기도 한다. 알파고의 등장으로 공상과학 영화의 소재로만 생각되었던 인공지능이 이제 더 이상 영화가 아닌 현실로 우리에게 다가온 것이다.

인공지능은 최근에 등장한 기술이 아니라 1950년대부터 연구되어 왔다. 1956년 과학자들이 미국 동부의 다트머스 대학에서 개최된 학술회의에서 인공지능이라는 용어를 처음 만들면서, 인간이 정해준 룰(Rule)에 따라 컴퓨터가 문제를 해결하는 방식을 사용해 최초의 인공지능을 만들고자 시도했다. 하지만 발생 가능한 모든 상황에 대한 룰을 미리 만드는 것이 불가능했기 때문에 현실에 적용 가능한 인공지능을 만들어내지는 못했다. 1980년대에 들어와 전문가시스템(Expert System)이라는 인공지능 시스템이 출현한다. 전문가의 지식을 지식베이스[1] 형태로 컴퓨터에 저장해두고 활용하는 새로운 기술이었다. 예를 들어 인간 의사가 가지고 있는 의학에 대한 지식베이스를 컴퓨터에 저장해두면 컴퓨터가 의사처럼 환자의 증상에 대해 일련의 질문을 하고, 환자의 응답에 따라 의사처럼 진단과 처방을 내리는 접근방법이었다. 전문가시스템은 제한된 분야에서만 활용되는데 그쳤고 다양한 분야로 확대되지는 못했다. 전문가가 자신이 가지고 있는 지식을 체계적으로 정리해 지식베이스로 만드는 과정이 복잡하고 어렵기 때문이었다.

인공지능이 다시 사람들의 관심을 끌기 시작한 것은 2012년 이미지넷[2]이라 불리는 글로벌 경진대회 때문이다. 이 대회에 처음 참가한 토론토 대학의 슈퍼비전 팀이 딥러닝(Deep Learning)이라는 새로운 기술을 사용해 압도적인 승리를 거두었기 때문이다. 이미지를 보고 고양이와 강아지를 구분하는 것이 인간에게는 쉬운 일이지만 컴퓨터에게는 아주 어려운 작업이다. 2012년 이전에는 가장 우수한 인공지능 컴퓨터가 이미지를 보고 고양이를 구별하는 인식률이 74% 정도였다. 세계 최고의 연구자들이 인식률 74%선에서 0.1%를 향상시키기 위한 경쟁을 하고 있었고 75%로 인식률을 올리는 것은 모든 참가자의 꿈이라고 해도 과언이 아니었다. 그런데 이 대회에서 딥러닝이라는 새로운 기술을 사용한 슈퍼비전팀이

1 전문가가 가지고 있는 전문지식을 문제해결에 사용하기 위해 컴퓨터에 저장해둔 데이터베이스를 지식베이스(Knowledge Base)라고 한다.

2 글로벌 이미지넷 경진대회인 ILSVRC(ImageNet Large Scale Visual Recognition Challenge)는 매년 글로벌 기업들과 대학들이 참여해 자신들이 만든 컴퓨터가 사진을 보고 그 사진이 무엇인지 맞추는 대회다.

84%의 인식률로 우승을 차지했다. 딥러닝이 인공지능의 새로운 장을 여는 순간이었다.

인공지능의 확대를 가져온 딥러닝 기술

딥러닝 기술의 특징은 컴퓨터가 이미지를 구별하기 위한 특징을 스스로 파악한다는 데에 있다. 딥러닝 이전에는 사람이 이미지의 특징을 먼저 정리한 다음 이들 특징에 대한 정보로 컴퓨터를 학습시키는 방법을 사용했다. 예를 들어 고양이를 식별할 수 있도록 컴퓨터를 학습시키기 위해 고양이가 어떻게 생겼는지 사람이 먼저 기술해야 했다. 하지만 인간이 어떤 기준으로 특정 사물을 구별하는지를 객관적으로 정리하는 것은 생각보다 어려운 일이다. 딥러닝 기법은 컴퓨터에게 특징을 설명해주는 것이 아니라 무수히 많은 사진을 입력하고 이들이 고양이라고 알려준다. 고양이의 기준과 고양이가 아닌 특징을 인간이 정해주지 않고 컴퓨터가 스스로 찾아내도록 하는 것이다.

이 방식은 인간이 학습하는 방식과 유사하다. 어린 아이가 고양이가 무엇인지 학습할 때 부모가 일일이 고양이의 특징을 설명하지 않는다. 아이가 고양이를 보면 엄마가 "저게 고양이야"라고 설명하고, 아이가 고양이를 보고 "강아지다"라고 하면 저건 강아지가 아니라 고양이라고 수정해준다. 이런 일이 반복되면 아이는 자연스럽게 고양이를 식별할 수 있게 된다. 딥러닝도 이와 유사한 방법으로 학습한다.

스스로 사물의 특성을 파악하면서 학습하는 능력 때문에 딥러닝은 인공지능의 가능성에 대한 새로운 장을 열었다. 딥러닝이 나오기 이전 지난 반세기 동안 인공지능이 성공하지 못했던 이유는 인간이 컴퓨터에게 무언가를 하도록 일일이 정해 주려고 시도했기 때문이다. 하지만 딥러닝 덕분에 이제 인간이 정해주지 않아도 고양이와 강아지를 구분하는 기준을 컴퓨터가 스스로 만들어낼 수 있게 된 것이다.

이세돌 9단을 이긴 알파고도 딥러닝 기술을 사용했다. 바둑은 돌을 놓을 수 있는 경우의 수가 최대 250의 150제곱에 달한다. 지구를 포함한 우주의 모든 원자 수를 합한 것보다 훨씬 많다. 이 때문에 가능한 모든 경우의 수를 분석한 후 최적의 다음 수를 결정하는 것은 거의 불가능하다. 알파고는 일류 프로 바둑기사의 과거 기보(棋譜) 3,000만 수를 기반으로 학습했다. 프로 바둑기사가 패턴 인식을 통해 확률적으로 최선의 수를 찾아내는 방식을 그대로 모방하면서 학습한 결과다. 인간이 정해주지 않아도 스스로 특징을 찾아내는 이러한 능력 때문에 인공지능을 활용할 수 있는 분야가 크게 확대된 것이다.

인공지능의 응용분야

인공지능 기술의 활용이 가장 기대되는 산업은 의료와 금융분야다. 두 분야는 엄청난 양의 데이터를 가지고 있어, 이들 데이터로 인공지능을 학습시키면 인간 전문가보다 훨씬 나은 분석을 할 수 있기 때문이다. 의료 분야는 환자의 진료기록, 진료비 청구 데이터, 유전자 데이터, 임상시험 데이터 등 복잡한 빅데이터를 분석해서 환자에게 필요한 의학적인 진단을 인공지능이 수행할 수 있다. 이미 IBM이 만든 왓슨(Watson)이라는 인공지능 컴퓨터가 암환자 진료, 유전체 분석, 임상 시험을 위한 환자 선정 등의 서비스를 제공하고 있다. 앞으로는 건강에 관한 빅데이터를 사용해 개인맞춤형 건강관리와 질병 예방 가이드도 제공할 수 있을 것으로 기대된다. 왓슨은 의료분야 뿐만 아니라 금융, 방송, 교육, 쇼핑 등 다양한 분야에서 활용되고 있다.

금융분야에서는 자동으로 투자자문 서비스를 제공하는 인공지능인 로보어드바이저를 금융기관들이 도입해서 사용하고 있다. 로보어드바이저(Robo-Advisor)는 로봇(Robot)과 어드바이저(Advisor)의 합성어로, 미리 프로그램 된 규칙에 따라 투자결정 및 자산배분 등을 수행하는 인공지능 시스템이다. 기술이 더욱 발전하면서 투자자문 뿐만 아니라 신용평가, 개인금융비서, 수상한 금융거래탐지 등으로 응용분야가 확대되고 있다. 금융회사들은 비용절감과 생산성 증가는 물론이고 리스크감소와 맞춤서비스를 강화하기 위해 인공지능을 도입한다. 인공지능의 딥러닝 기술을 활용하면 보험의 언더라이팅[3]이나 콜센터 업무 대체와 같은 서비스도 가능할 것으로 보인다.

인공지능은 제품이나 서비스를 스마트하게 진화시키는 역할을 하기 때문에 의료나 금융을 넘어 활용 분야가 무궁무진하다. 인공지능이 탑재된 지능형 가전제품과 스마트 허브가 연결되는 스마트홈이 실현되면 가스 원격제어, 냉난방 제어, 조명제어 등이 가능하며, 사용자와 집안의 여

3 언더라이팅(Underwriting)은 보험계약을 체결할 때 보험대상자(피보험자)의 위험을 고려하여 보험료 및 가입조건을 결정하는 계약심사업무를 뜻한다.

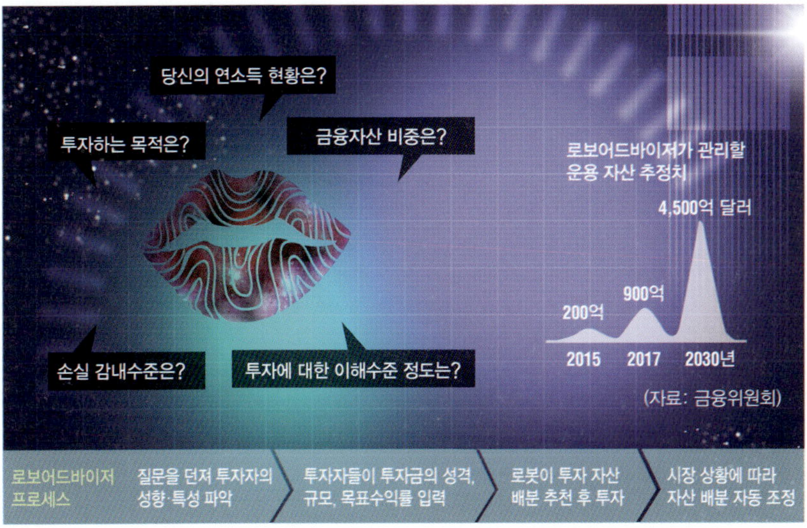

금융분야에서 투자결정과 자산배분을 도와주는 인공지능인 로보어드바이저가 운영하고 있는 자산 규모는 2030년에 4,500억 달러(495조 원)로 늘어날 전망이다 (출처 : biz.chosun.com).

러 가전제품 간에 소통도 가능해진다. 교통분야에서는 자율주행차 뿐만 아니라 교통혼잡 정보예측이나 트래픽 제어를 위해 인공지능이 활용될 것으로 보인다. 이 밖에 제조분야에서는 실시간 공정 제어나 관리를 위해 사용될 수 있고, 유통분야에서는 개인 맞춤형 상품 추천 등을 인공지능이 수행할 수 있다.

인공지능은 앞으로 논의할 로봇, 자율주행차, 빅데이터, 드론, 사물인터넷 등 4차산업혁명을 대표하는 다양한 기술들과 융합될 가능성이 크다. 인공지능 없이는 로봇의 두뇌를 만들어내기 어렵다. 자율주행차도 복잡한 도로환경에서 인공지능이 있어야 주행 판단을 할 수 있다. 사물인터넷이 만들어내는 빅데이터의 분석도 인공지능의 몫이다. 인공지능이 모든 제품을 스마트하게 만든다. 인공지능은 4차산업혁명을 위한 중요한 기반 기술인 셈이다.

영역	활용예시
제조	공장 센서 및 사물인터넷(Iot)에서 수집되는 방대한 데이터를 분석하여 작업량과 수요예측, 사전예방, 유지보수 등 품질 관리 및 새로운 서비스 제공.
재무/금융	대량의 데이터와 이력 레코드가 제공되는 산업 특성상 주식 거래, 대출 승인, 사기감지, 위험 평가 및 보험 인수에 알고리즘 활용.
의료	환자의 건강 상태를 실시간으로 파악할 수 있는 웨어러블 장치와 센서를 중심으로 활용.
헬스케어	맞춤 의료와 X-ray 판독에 활용. 약 복용 시간 및 운동 시간을 알려주는 개인 건강 관리 도우미, 건강한 식습관 유지를 지원하는 생활 지도사 역할 수행.
마케팅 및 영업	과거 구매자의 검색 및 구매 기록을 분석하여 상품 추천 및 홍보, 데이터를 수집해 쇼핑 경험을 개별화(또는 마케팅 캠페인 실행)하는 추세.
소매/유통	방문자와 온라인 쇼핑몰의 데이터를 분석 및 학습해 상품을 추천하고 소비자에게 쇼핑 중 던진 질문의 답변을 분석해 구매 결정을 도와주는 가상 쇼핑 기능 제공, 재고 관리 시스템과 사이트 레이아웃도 인공지능 기술을 적용해 개선.
운송	이동 경로를 효율적으로 배치하고 잠재적인 문제를 예측하는 등 데이터 분석과 모델링 기술 기반의 분석 솔루션 활용.
법률행정	법률 리서치 업무 및 일반적인 법률 자문을 자연어 처리와 머신러닝 기술을 활용해 수행하며, 자연어 기반의 질문에 답변하는 역할 수행. 또한, 방대한 특허 데이터와 업무 처리 과정을 학습해 특허 심사 청구자에게 맞춤 조언을 제공하고, 해당 특허의 적합성을 판단하는 특허심사관의 업무를 지원.
오퍼레이션 지원	콜 센터 업무 관련 대화 내용을 문자 기반으로 기록. 고객의 음성을 실시간으로 해석하여 고객의 과제를 찾아 답변에 도움 되는 정보들 제공.

인공지능 기술은 의료와 금융분야 뿐 아니라 유통, 마케팅, 운송, 법률, 고객 서비스 등 다양한 영역에서 도입되어 사용되고 있다 (출처: SK인포섹에서 일부 발췌).

다양한 분야에서 인간을 대체하는 로봇

로봇은 '일하다'라는 뜻을 가진 체코어 로보타(Robota)에서 유래된 것으로 인간의 역할을 대신 수행하는 기계라는 의미다.[4] 사람의 명령에 따라 스스로 동작하는 로봇에 대한 발상은 고대 그리스 신화에 이미 등장한다. 제우스가 크레타섬의 왕 미노스에게 선물한 청동인간 탈로스는 문헌에 나오는 최초의 로봇이다. 기원전 1세기에 세워진 그리스의 박카스 신전에는 촛대에 불이 켜지면 자동으로 회전하는 여신상이 있었다. 13세기에는 점심시간 때마다 날개를 펴고 세 번 시간을 알려주는 닭이 개발되었고, 15세기에는 해가 뜸과 동시에 소리를 내는 동상도 만들어졌다. 18세기에 프랑스에서 보캉송이 제작한 기계 오리는 머리와 꼬리, 날개를 움직일 수 있었을 뿐만 아니라 음식도 삼킬 수 있었다. 초인적인 능력을 가진 인조물에 대한 인간의 꿈은 항상 사람이나 동물을 닮은 로봇을 발명하는 계기가 되었다.

로봇은 크게 제조용 로봇과 서비스용 로봇으로 나뉜다. 서비스용 로봇은 다시 소방용 로봇이나 의료용 로봇 같이 전문화된 작업을 수행하는 전문서비스용 로봇과 불특정 다수를 대상으로 개인이 필요로 하는 서비스를 제공하는 개인서비스용 로봇으로 나눌 수 있다. 제조용 로봇은 반도체, 자동차, 조선, 철강 등의 제조산업에서 자동화 기능을 지원하는 로

4 체코슬로바키아의 소설가 차페크가 1921년 발간한 희곡에서 '노동' 또는 '부역'을 의미하는 로보타(Robota)라는 단어가 처음 사용되었다. 차페크는 그의 희곡에서 작업능력에서는 인간과 동등하거나 그 이상이면서 인간적 감정이나 영혼을 가지고 있지 않은 인조인간을 등장시키고 있다.

로봇 구분	로봇의 기능	로봇 제품 예시
제조용 로봇	부품이나 완성품의 자동화 또는 반자동화 생산 공장에서 생산, 보조 및 지원을 담당	조립보조로봇, 위험물 취급 로봇, 물품이송로봇, 포장적제로봇
전문서비스용 로봇	전문가가 필요한 시설, 목적에 따라 보조 서비스를 제공	감시정찰로봇, 건설로봇, 수술로봇, 재활보조로봇, 의료서비스로봇
개인서비스용 로봇	개인 사용자가 필요로 하는 서비스를 제공	애견로봇, 청소로봇, 보행보조로봇, 교육-오락용 로봇

로봇은 크게 제조용 로봇과 서비스용 로봇으로 나뉜다. 서비스용 로봇은 사용 목적에 따라 다시 전문서비스용 로봇과 개인서비스용 로봇으로 구분할 수 있다.[5]

봇이다. 제조용 로봇은 생산능력을 제고하여 비용절감을 도모하거나, 인간의 작업을 대체하게 함으로써 안전사고를 줄일 목적으로 사용된다. 최초의 산업용 로봇은 1961년 미국 제너럴모터스의 자동차 생산라인에 투입된 유니메이트(Unimate)인데, 제품을 옮기고 몸체를 용접하는 데 사용되었다. 이후 자동차 산업에서 부품 조립을 위한 로봇의 도입은 경쟁을 위한 필수요건이 되고 있다. 최근에는 노동집약적 생산이라 사람의 손이 많이 필요한 조선산업에서 로봇이 선박제조 공정에 투입되어 생산성을 향상시키고 있다. 선체 하부 청소나 선박과 해양플랜트에 전선을 포설하는 작업, 그리고 협소한 공간의 용접작업 같이 사람이 하기 어렵거나 위험한 작업을 로봇이 대신해 안전사고를 줄이는 역할을 하고 있다.

전문서비스용 로봇은 수술과 재활, 감시와 정찰, 건설 등과 같이 특수한 목적을 위해 서비스를 제공하는 비(非)제조용 로봇이다. 예를 들어 의

5 "차세대 제조로봇 기술동향과 산업전망"(김경훈과 박찬훈, 한국산업기술평가관리원, 2016)에서 발췌했다.

료용으로 사용되고 있는 수술로봇은 사람의 눈과 손으로 불가능한 작은 부위의 수술처럼 정밀한 치료를 안전하게 진행할 수 있도록 도움을 준다. 수술용으로 가장 유명한 로봇은 1999년에 출시된 다빈치(da Vinci)다. 다빈치는 최소한의 절개를 통해 복잡한 수술을 원활히 수행할 수 있도록 도와준다. 로봇의 팔에 복강경 기구를 끼울 수 있는 팔이 달려 있고, 조종 콘솔에서 의사가 조종을 하면 로봇의 팔이 움직이면서 수술을 진행한다. 재활 분야에서는 몸이 불편한 사람들을 위한 재활 로봇을 이미 활용하고 있다. 환자가 로봇을 슈트처럼 착용해 보행에 도움을 받는 것이 대표적인 예다. 환자를 도와주는 간호사의 역할을 수행하는 간호 로봇은 전염병에 대한 내성과 24시간 휴식없이 근무할 수 있는 장점 때문에 보호자와 간호사의 인력 부담을 줄이면서 병원의 업무 효율성을 높이고 있다.

개인서비스용 로봇은 일반인에게 필요한 가사, 건강, 교육, 정보제공 등을 서비스하는 로봇이다. 집안일을 도와주는 청소로봇, 노인들을 위한

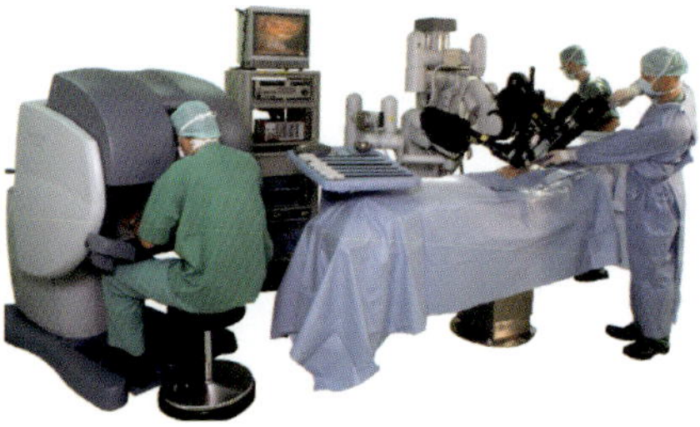

수술용 로봇 다빈치

애견 로봇 아이보

4개의 팔과 3D 비전시스템을 갖춘 다빈치는 최소한의 절개만으로 복잡한 수술을 안전하게 진행하도록 도와준다. 애견 로봇인 아이보는 실제 강아지와 유사한 행동을 할 뿐 아니라 얼굴을 인식하고 학습할 수 있어 자주 보는 사람에게는 더 편하게 행동한다.

실버케어 로봇, 교육 및 오락용 로봇 등이 여기에 해당한다. 예를 들면 소니가 출시한 애견 로봇 아이보(Aibo)는 주인을 알아보고, 주인이 부르면 꼬리를 흔들며 머리를 갸우뚱하거나 몸을 긁는 등 진짜 강아지와 유사한 행동을 한다. 단순히 강아지의 행동만 묘사하는 것이 아니라 주위 공간과 환경을 배우면서 사람을 인식해 시간이 지날수록 더욱 친밀감 있는 행동을 하도록 스스로 학습한다.

인간을 닮은 휴머노이드 로봇

로봇은 인공지능 기술과 결합하며 점점 지능형 로봇으로 진화하고 있다. 미리 만들어진 소프트웨어에 따라 피동적으로 반복적인 작업을 수행하던 이전의 로봇과는 달리 지능형 로봇은 인공지능 기술을 활용해 지능적이고 능동적인 서비스를 제공한다. 개인서비스용 로봇인 소니의 애견 로봇이 대표적인 지능형 로봇이다. 인간의 신체와 같은 구조로 만들어져 사람을 대신하거나 사람과 협력할 수 있는 휴머노이드 로봇(Humanoid Robot)도 출현하고 있다. 대표적인 휴머노이드 로봇은 홍콩의 한슨로봇틱스가 개발한 소피아라 불리는 인공지능 로봇이다. 소피아는 영화배우 오드리 햅번을 본떠 만든 것으로 실제 사우디아라비아의 시민권을 취득해 화제가 되기도 했다. 소피아는 62개 이상의 얼굴 표정을 가지고 있으며, 농담을 할 수 있을 뿐 아니라 다양한 표정으로 사람과 대화를 나눈다. 소피아는 대화가 늘어날수록 표정과 제스처 등을 학습하는 기능을 가지고 있어서 시간이 지날수록 인간과 더욱 흡사한 표현을 하는 로봇이다.

최근에는 고객들의 질문이나 요구사항에 대하여 자동으로 응답하는 챗봇(Chatbot)의 도입이 늘어나고 있다. 챗봇은 채팅(Chatting)과 로봇(Robot)의 합성어로 인공지능 기술로 인간의 언어를 흉내내 고객의 질문에 답하는 로봇이다. 고객들이 웹이나 어플리케이션을 따로 실행하지 않고도 대화하듯 정보를 편리하게 얻을 수 있어 쇼핑, 호텔 예약, 뉴스 확인, 보험 청구, 법률 상담 등으로 사용범위가 점차 확대되고 있다. 챗봇은 시간과 장소에 관계없이 맞춤형 고객 응대가 가능하다. 따라서 담당자의 업무 과중 문제를 해소할 수 있고, 고객의 전화 대기시간을 줄이면서 24시간 서비스도 가능하다. 아직은 카카오톡이나 문자로 대화하는 수준이지만, 앞으로 음성 자연어 처리기술이 발달하면, 인간 상담사가 응

유엔 본부에서 열린 '모든 것의 미래 – 급속한 기술변화 시대에서의 지속 가능한 발전' 회의에 인간형 로봇 소피아가 참석해 아나운서와 대화하고 있다. 소피아는 영화배우 오드리 햅번을 모델로 만들어졌으며 다양한 표정으로 인간과 대화를 나눌 수 있다.

대하는 것처럼 자연스럽게 대화하는 수준으로 진화할 것으로 보인다.

10

사물인터넷과 빅데이터

초(超)연결성을 대표하는 사물인터넷

사물인터넷의 개념이 처음 등장한 것은 1999년이다. 당시 글로벌 기업 피엔지에서 근무하던 캐빈 애쉬톤[1]은 모든 사물에 컴퓨터가 탑재되어 스스로 알고 판단할 수 있다면 제품의 고장이나 교체, 유통기한 등을 고민하지 않아도 될 것이라고 역설하면서 사물인터넷이란 용어를 처음 사용했다. 사물인터넷(Internet of Things, 약어로 IoT)은 각종 사물에 센서와 통신기능을 내장하고 무선통신을 통해 네트워크나 인터넷에 연결하는 기술을 의미한다.

사물인터넷은 이미 우리 생활 깊숙이 들어와 있다. 자동차 문을 원격으로 개폐하거나 자동차 엔진을 원격으로 시동할 수 있는 것은 자동차 열쇠에 칩과 무선통신장비가 들어가 있기 때문이다. 고속도로에서 하이패스를 장착한 자동차가 톨게이트를 지나가면 하이패스 단말기와 톨게이트 단말기가 무선통신을 통해 통행료를 자동적으로 정산해 고속도로 진출입 시간을 줄일 수 있는 것도 사물인터넷의 응용이다. 일부 커피숍들은 고객이 커피숍에 들어오는 순간 고객의 스마트폰을 인식해서 과거

1 피엔지(P&G)의 브랜드 매니저였던 케빈 애쉬톤은 재고관리를 위해 전자태그를 연구하게 되었고, 이를 계기로 1999년 MIT대학 학자들과 함께 오토아이디센터(Auto-ID Center)를 설립해 모든 물건에 전자태그를 부착해 서로 소통하게 하는 사물인터넷의 개념을 창안했다.

의 고객정보에 기반해 메뉴를 추천하거나 쿠폰을 제공하고 있다.

모든 사물에 센서를 부착하고 이들을 네트워크로 연결하는 이유는 무엇일까? 첫째, 대부분의 사물은 언제 만들어졌고, 얼마나 사용했으며, 현재의 상태는 어떤가에 대한 정보를 가지고 있다. 사물에 센서를 달아 이들 정보를 수집하고 활용하면 보다 편리하고 효율적으로 제품을 사용하거나 관리할 수 있게 된다. 정수기 필터를 교체할 시간이 되었다는 메시지를 이용자의 스마트폰으로 보낼 수 있고, 자동차 타이어의 공기압이 낮으니 타이어에 공기를 추가하도록 운전자에게 알릴 수도 있다.

둘째, 사물에 소프트웨어가 장착되면 자동제어와 최적화가 가능해 진다. 자동차 엔진에 센서와 소프트웨어를 설치하면 온도나 습도와 같은 대기 데이터를 측정해 에너지를 가장 효율적으로 사용하면서 환경오염을 줄일 수 있도록 연료 분사나 점화시기 등을 제어할 수 있는 것과 같은 이치다. 마지막으로, 사물에 설치된 칩을 무선 네트워크로 연결하면 사물을 원격으로 제어할 수 있다. 아마존은 소비자가 사무실에서 자신의 집 문을 개폐하는 아마존 키(Amazon Key) 서비스를 시작했다. 상품 배달 시 집안에 사람이 없을 경우 배달원이 상품의 바코드를 스캔한 후 아마존에 요청하면, 스마트 도어락이 설치된 문을 열어 준다. 문이 열리면 카메라가 배달원의 동선을 녹화하고 고객은 이 모든 상황을 문자메시지와 영상을 통해 확인할 수 있다. 부재 시 집 앞에 상품을 두고 갈 경우 발생할 수 있는 도난을 방지하고, 악천후로 인한 상품 파손을 줄이기 위한 서비스다.

사물인터넷은 모든 사물을 네트워크에 연결해 실시간으로 데이터를 주고 받는 4차산업혁명의 핵심이 되는 기술이다. 인공지능, 자율주행기술, 빅데이터 등을 활용하기 위해서는 제품에 컴퓨터 칩이나 센서, 그리고 소프트웨어를 설치하고 이들을 무선으로 서버나 컴퓨터에 연결하는 게 기본적으로 필요하기 때문이다. 사물들이 서로 정보를 주고 받으며 인공지능이 그 과정을 관리해야 인간의 개입없이 지능적인 서비스 제공이 가능하다. 자율주행차가 되기 위해서는 자동차내 모든 부품이 서로 연결되어야 할 뿐만 아니라 주변의 다른 자동차와도 무선으로 통신할 필요가 있다. 빅데이터 분석을 위해 필요한 많은 양의 정보는 주로 사물인터넷으로 연결된 기기들이 보내는 데이터인 경우가 많다.

사물인터넷이 가져올 변화

현재 가장 활발하게 사물인터넷이 적용되는 분야는 물건을 제조하는 생산공장이다. 제조공장을 효율적으로 운영하기 위해서는 자재의 입고에서 시작해 공정관리와 품질관리, 그리고 출하까지 생산라인에서 발생하는 데이터를 제대로 활용하는 것이 중요하다. 이전에는 이들 데이터를 주로 수작업으로 처리했기 때문에 제품의 품질이 떨어지거나 라인에 문제가 발생할 경우 문제의 원인 파악에 많은 시간이 소요되었다. 생산공정에 사물인터넷을 도입하면 스마트 공장으로 전환할 수 있다. 각 라인과 공정기계에서 발생하는 데이터를 수집할 수 있도록 공장내 기기에 센서를 설치하고, 센서에서 수집되는 데이터를 중앙제어 시스템에서 실시간으로 모아서 분석하면 생산라인의 문제해결은 물론 품질관리나 생산성 향상을 도모할 수 있게 된다.

사물인터넷을 가정에 있는 가전제품에 적용하면 가정내 생활 공간을 스마트 홈으로 바꿀 수 있다. 스마트 도어락을 인터넷에 연결하면 먼 거리에서도 문의 개폐 여부를 파악할 수 있고, 필요하면 경찰에 신고하는 것이 가능하다. 센서를 가정 내 창문이나 가스밸브, 홈 CCTV 등 안전이 필요한 곳에 설치하면 사전에 사고를 방지할 수 있다. 냉장고에 장착된 센서를 통해 실시간으로 냉장고 내부의 모습을 사용자의 스마트폰으로 전송하면 시장에서 어떠한 식료품을 구매해야 하는지 파악하는데 도움이 된다. 인터넷에 연결된 냉장고의 스크린을 통해 온라인으로 원하는 식료품을 직접 주문하는 것도 가능하다.

최근에는 사물인터넷과 인공지능 기술을 결합한 인공지능(AI) 스피커가 시장에서 각광을 받고 있다. 거실에 놓인 AI 스피커가 사물인터넷이 탑재된 조명과 난방, 가전제품 등을 연결하고, 소비자가 음성으로 이들을 제어할 수 있도록 하는 제품이다. 애플이나 삼성전자와 같은 제조업체, 아마존과 구글 같은 인터넷 기업, 그리고 이동통신업체들까지 AI 스피커를 경쟁적으로 시장에 출시하고 있다.[2] 이들 기업들은 데이터 확보의 경쟁력을 유지하기 위해서 사물인터넷을 활용한 AI 스피커 시장에 뛰어들고 있다. 지금까지는 데이터 수집이 주로 인터넷이나 스마트폰에서 이루어졌지만, 사물인터넷 시대가 열리면서 하드웨어 기기를 통한 오프라인 데이터 수집이 중요해지고 있기 때문이다. 컴퓨터나 스마트폰 뿐만

2 국내 이동통신 3사는 '누구'(SK텔레콤), '기가지니'(KT), '프렌즈 플러스'(LGU+)라 불리는 AI 스피커를 출시해 시장에서 경쟁 중이다. 카카오와 네이버도 각각 '미니'와 '클로바'라는 AI 스피커를 시장에 내놓았다.

공통 기능 음악 재생 날씨 안내 정보 검색 간단한 대화 등

	KT 기가지니	SK텔레콤 누구	카카오미니	네이버 클로바	LG유플러스 프렌즈 플러스
추가 기능	음성 생체인증	아파트관리비 조회	다국어 지원	음성 통화	매장 도우미
방식	음성 인식해 간편 결제	음성으로 관리비 내역 확인	영어·중국어·일본어 음성 명령. 한국어 번역 지원	모바일 메신저 '라인'과 연동한 인터넷 전화	휴대폰 유통점서 요금제 등 안내

국내 이동통신 3사 뿐만 아니라 네이버와 카카오도 인공지능 스피커 시장에 뛰어들었다. 사물인터넷 시대가 도래하면서 고객에 대한 데이터 확보를 위해 온라인 기업들도 AI 스피커라는 하드웨어 시장에 진입하고 있다 (출처: 각사).

아니라 스피커와 조명장치, 냉장고나 TV와 같은 가전제품, 그리고 자동차 등이 모두 이용자의 경험과 행태에 대한 정보를 수집할 수 있는 통로가 되고 있다. 사물인터넷 시대에 온라인 플랫폼으로만 남아 있으면 데이터 수집 역량이 하드웨어 제조사들보다 떨어질 가능성이 높아 인터넷 기업들이 AI 스피커 시장에 뛰어들고 있는 것이다.

헬스케어도 사물인터넷이 활발하게 적용되고 있는 분야다. 인간의 몸속에 심은 센서를 통해 수술대에 오르지 않아도 체내를 시시각각 관찰할 수 있으며 필요하면 신속하게 처치하는 것도 가능하다. 심장 부근에 장착한 센서를 통해 심박동 수치를 병원이 실시간으로 모니터링함으로써 급성심근경색을 예방하는 제품이 이미 시장에 출시돼 있다. 슬리퍼에 달린 센서를 통해 노인의 동작을 관찰함으로써 사고를 파악하는 서비스도

시장에 나와 있다. 스마트폰과 연결된 혈당 측정기 정보를 네트워크를 통해 의료진이 공유함으로써 당뇨병과 같은 만성질환을 관리하는 병원도 있다.

커넥티드 카라는 이름으로 자동차 분야도 사물인터넷의 도입을 적극 추진중이다. 운전자가 자동차 좌석에 앉게 되면 운전대와 카시트, 거울 등을 통해 운전자의 건강상태를 자연스럽게 모니터링하는 것이 하나의 예다. 식사를 위해 특정한 식당을 차로 자주 방문한다면, 자동차는 그 식당이 문을 닫았는지, 남은 좌석이 있는지 등의 정보를 운전자에게 미리 제공할 수도 있다. 미래에는 운전자의 스마트폰으로 생체정보를 측정하고, 관련 정보를 자동차에 전달하면 운전자의 음주 상태를 파악해 시동 자체가 걸리지 않게 할 수도 있다.

사물인터넷은 제조업으로 하여금 자사 제품의 서비스화를 통한 차별화를 가능하게 한다. 프랑스의 스포츠 용품 회사인 바볼랏(Babolat)은 사물인터넷을 장착한 스마트 테니스 라켓을 출시했다. 테니스 라켓 손잡이

바볼랏의 퓨어 에어로 플레이(Pure Aero Play) 라켓은 손잡이 안에 센서와 압전소자가 들어 있어 서브 속도와 강도, 공이 라켓에 닿았을 때 충격량 등 다양한 물리량을 측정한다. 포·백핸드 횟수와 볼 회전 데이터도 블루투스로 스마트폰에 전송한다.

내에는 센서와 압전소자[3]가 들어 있어 서브 속도와 강도, 공이 라켓에 닿았을 때의 충격량 등을 측정한다. 포핸드 및 백핸드의 횟수와 볼의 회전 데이터도 무선통신으로 스마트폰에 전송한다. 스마트폰은 전송데이터를 분석해 공을 친 횟수와 라켓 정 중앙에 공이 맞은 횟수, 공 구질, 경기 시간 등을 표와 그래프로 한눈에 보여준다. 테니스라켓의 판매에서 끝나지 않고, 판매 후 테니스 실력을 향상시킬 수 있는 데이터 서비스를 제공함으로써 제품의 차별화를 실현한 것이다. 전통적인 제조 기업도 이제는 자사 제품에 센서와 소프트웨어, 무선통신 모듈을 장착하고 이들 기기들을 본사 컴퓨터에 연결함으로써 제품 판매 이후에도 서비스를 제공하는 것이 가능한 시대가 되었다.

통찰력을 제공하는 빅데이터

빅데이터란 기존의 데이터베이스 관리 도구의 능력을 넘어서는 대량의 정형 또는 비정형의 데이터[4]를 의미한다. 일반적으

3 압전소자란 기계적인 외력이 가해지면 전압이 발생하거나 반대로 전압이 걸리면 기계적인 변형(일그러짐)이 발생하는 소자를 의미한다. 신발의 밑창을 압전소자로 만들면 걸을 때마다 만들어지는 전기를 사용해 스마트폰을 충전할 수 있다.

4 정형 데이터(Structured Data)는 데이터베이스의 정해진 필드에 저장된 데이터를 의미하며, 통상적으로 기업의 관계형 데이터베이스(Relational Database)나 스프레드시트 등에 저장되어 있는 자료를 의미한다. 비정형 데이터(Unstructured Data)는 고정된 필드에 저장되어 있지 않은 자료를 의미하는데, 페이스북과 트위터 메시지, 유튜브 동영상, 이미지 파일, 음원 파일 등이 비정형 데이터에 해당한다.

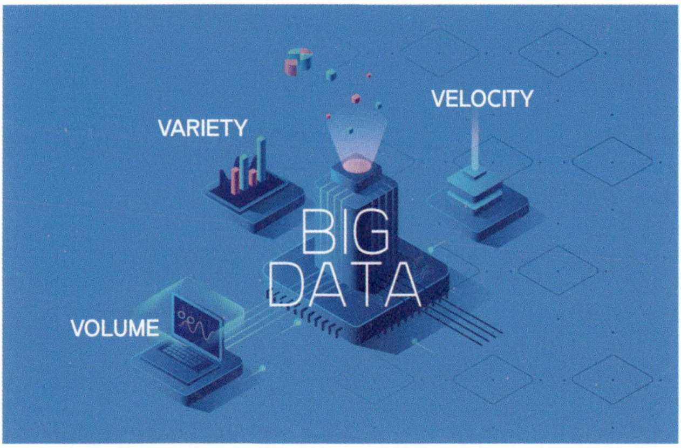

빅데이터는 데이터의 양이 엄청나게 많으며 (Volume), 데이터의 형태가 다양할 뿐 아니라 (Variety), 데이터가 수집되고 처리되는 속도가 빠르다(Velocity)는 특성을 가지고 있다.

로 빅데이터의 특성은 볼륨(Volume), 다양성(Variety), 그리고 속도(Velocity)를 의미하는 '3V'로 표현된다. 볼륨은 데이터의 양이 상당히 많음을 의미한다. 최근 들어 인류가 하루에 생산하는 데이터의 양은 무려 250경 바이트가 넘는다. 하루에 만들어지는 데이터를 DVD에 담아 쌓으면 달까지 왕복할 수 있는 정도의 분량이다. 단순히 데이터의 양만 많은 것이 아니라 데이터가 만들어지는 장소와 그에 따른 형식도 다양하다. 소셜미디어에서 상호작용하는 데이터나 웹사이트 방문 정보 같은 텍스트 데이터 뿐 아니라, 디지털 문서, 사진, 동영상, 오디오 정보처럼 다양한 형식의 비정형화된 데이터도 함께 만들어진다. 이러한 데이터들이 실시간으로 수집, 저장, 처리되고 있다는 점에서 속도도 빅데이터의 중요한 속성이 되고 있다.

빅데이터가 주목을 받는 이유는 기술발전으로 데이터를 저장하고 처리하는 비용은 급격히 줄어들고 있는 반면, 저장된 데이터를 처리하는 기술은 빠른 속도로 향상되고 있기 때문이다. 지난 20년간 데이터 저장 비용은 매년 40%씩 줄어들었으나, 데이터를 처리하는 컴퓨터의 능력은 매년 50% 이상 증가해 왔다. 데이터 저장 비용이 급감하면서 대부분의 기업들이 기존의 데이터베이스에 저장해 왔던 정보뿐만 아니라 페이스북과 같은 소셜 미디어 등에서 만들어지는 비정형 데이터까지 저장하게 되었고, 데이터 처리능력이 발전하면서 이들 방대하고 다양한 데이터의 분석이 제공하는 새로운 가치에 기업들이 주목하게 된 것이다.

빅데이터 분석의 가치를 보여준 것이 구글의 독감예측서비스다. 구글은 빅데이터 검색어 분석을 통해 독감발생 가능성이 높은 지역을 예측하는 서비스를 2007년에 시작했다. 구글은 2009년 2월 대서양 연안 중부지역에서 독감이 확산될 것이라는 것을 질병통제 예방센터보다 2주 앞서 예측해 냈다. 이후 MIT대학의 맥아피와 브린욜프손 교수가 북미지역의 330개 기업들을 대상으로 면접 조사한 결과 빅데이터를 의사결정에 활용하는 기업이 그렇지 않은 경쟁기업에 비해 생산성은 5%, 수익율은 6%나 더 높다는 연구결과[5]를 발표하면서 기업들은 앞다투어 빅데이터에 투자하기 시작한다. 빅데이터 분석을 통해 얻은 정보를 바탕으로 끊임없이 새로운 혁신을 주도할 수 있는 역량을 보유한 기업이 시장경쟁에서 앞서는 시대가 된 것이다. 특히 사물인터넷의 도입이 확대되면서 데이터의

5 MIT대학의 맥아피와 브린욜프손 교수가 2012년 10월, Harvard Business Review에 게재한 논문 "Big Data: The Management Revolution"에 나오는 내용이다.

양이 기하급수적으로 증가하고 있어 빅데이터 분석을 경영에 활용할 수 있는 기회는 점점 더 늘어나고 있다. 기업뿐만 아니라 정부기관들도 공공서비스의 질을 향상시키고자 빅데이터 활용에 동참하고 있다. 서울시는 이동통신회사의 통화량 데이터와 서울시의 교통데이터를 분석해 심야 버스(올빼미 버스)의 노선 계획을 수립하고 있다.

과거에는 데이터의 양이 많을 경우 분석에 시간이 많이 소요되어 분석이 끝난 시점에서 결과를 활용하기에 너무 늦은 경우가 많았다. 하지만 기술발전으로 빅데이터 분석을 신속하게 진행할 수 있게 되면서 분석결과의 가치가 살아있는 시점에서 활용하는 것이 가능해 졌다. 빅데이터의 분석에 소요되던 시간이 획기적으로 단축될 수 있었던 것은 야후의 엔지니어였던 더그 커팅이 2006년에 개발한 하둡(Hadoop)[6] 소프트웨어 덕분이다. 하둡은 대용량 데이터를 적은 비용으로 더 빠르게 분석할 수 있도록 해주는 소프트웨어다. 이전에는 대용량 데이터를 하나의 컴퓨터에 모두 저장해 두고 빅데이터 분석을 시도했다. 따라서 용량이 아주 큰 빅데이터를 실시간으로 분석해서 유용한 정보를 만들어 내기에는 너무 많은 시간이 소요될 수 밖에 없었다. 하둡은 빅데이터를 하나의 컴퓨터에 저장하지 않고 여러 대의 컴퓨터에 분산해서 저장해 두고 병렬식으로 데이터를 분석하기 때문에 대용량 데이터를 신속하게 분석한다. 하둡은 오픈소스 소프트웨어로 개방되어 있어서 각계 각층의 전문가들이 하둡

6 하둡(Hadoop)이라는 이름은 개발자인 더그 커팅이 자신의 2살 배기 아들이 코끼리 인형을 보고 웅얼거리는 소리를 흉내 내어 만든 것이다. 갓난 아기도 쉽게 부를 수 있는 편안한 명칭을 사용하고자 하는 의도가 담긴 이름이다.

을 더 좋은 소프트웨어로 발전시켜 나가고 있다.

빅데이터의 활용 분야

빅데이터는 영리를 추구하는 기업 뿐만 아니라 공공 분야에서도 활발히 사용되고 있다. 미국 테네시주 멤피스시에 있는 범죄 감시센터는 각종 범죄관련 데이터를 실시간으로 분석하고 사건 패턴을 수집해 범죄를 예방하는데 활용하고 있다. 멤피스시는 이러한 노력으로 범죄율을 30%나 줄였으며, 향후 범죄 발생 가능성이 높은 지역과 시기를 예측하고 적시적소에 경찰 인력을 배치해 범죄를 사전에 예방하는 효과를 거두고 있다.

위키리크스[7]에 업로드된 데이터 분석을 통해 아프가니스탄의 병력 움직임을 파악해 전술에 활용한 사례도 있다. 위키리크스에 저장되어 있는 데이터를 분석해 탈레반의 활동 지역과 미국 동맹군 지역을 한눈에 파악할 수 있고, 시간 흐름에 따른 전쟁 양상의 변화도 예측할 수 있었기 때문이다. 2008년 미국 대통령 선거에서 오바마 캠프는 유권자의 인종, 종교, 나이, 가구 형태, 소비 수준과 같은 기본적인 인적 정보 이외에 과거 투표 여부, 구독하는 잡지, 평소 마시는 음료 등과 같은 유권자 성향까지 전화, 개별 방문, 그리고 소셜 미디어를 통해 데이터를 수집했다. 이를

7 위키리크스(WikiLeaks)는 익명의 정보제보자가 제공하거나 자체적으로 수집한 사적 정보 또는 비밀, 비공개 정보를 공개하는 국제적인 비영리 기관이다.

바탕으로 유권자 지도를 작성하고 유권자별 맞춤형 선거전략을 전개해 비용 대비 효과적인 선거를 치를 수 있었다.

빅데이터를 성공적으로 사용하고 있는 기업도 많다. 미국 최대 금융회사인 뱅크오브아메리카(Bank of America)는 금융거래내역 수십억 건을 분석해 금융 사기를 방지하는 프로그램을 수행하고 있다. 월트디즈니는 디즈니월드 방문객의 이동 패턴과 놀이기구 탑승율, 호텔예약정보, 디즈니 TV 시청률 같은 각종 데이터간의 상관관계를 분석해 디즈니 엔터테인먼트 파크 시설의 수리와 유지보수계획 수립에 활용한다. 월마트는 구글 등 검색엔진의 키워드를 분석해 마트 내 제품 배열에 활용하고 있다.

산업차원에서 빅데이터를 가장 적극적으로 활용하고 있는 기업은 제너럴 일렉트릭(General Electric, 줄여서 GE)이다. 소위 굴뚝 산업이라고 불렸던 제조업에서 기계에 스마트 센서를 부착하고, 각종 기계들로부터 수집한 빅데이터를 분석, 가공함으로써 기존 설비나 운영체계를 최적화하는 기술을 일컬어 GE는 산업인터넷(Industrial Internet)이라 부른다. GE의 분석에 의하면 산업인터넷을 통해 에너지, 철도, 헬스케어, 항공산업 등에서 단 1%의 효율성만 향상해도 앞으로 15년간 총 2,700억 달러(297조 원)의 비용을 절감할 수 있다.

GE는 자사가 제조한 기계에 부착되는 센서를 통해 빅데이터를 수집하고, 이를 효과적으로 처리하기 위해 프리딕스(Predix)라는 빅데이터 분석 플랫폼을 만들어 산업인터넷 시장을 선도하고 있다. 항공, 의료보건, 에너지, 수송산업에서 자사의 제품에 장착된 사물인터넷 센서로부터 실시간으로 데이터를 수집하고, 이를 분석해 고객 기업들에게 신속한 의사결정에 필요한 정보를 제공함으로써 엄청난 비용절감이 가능하도록 도움을 주고 있다. GE는 고객이 비용을 절감해서 얻는 이익의 일정부분을 서비스 수수료의 형태로 받고 있는데, 이것이 CSA(Contract Service Agreement) 매출이다. CSA 매출이 GE 산업부문 전체 매출의 75%에 해당하므로, GE는 제조회사가 아니라 소프트웨어를 사용하는 서비스 기업으로 바뀐 셈이다.

예를 들어 GE는 운항중인 항공기에 탑재된 다양한 센서가 보내오는 데이터와 동일 항공기의 기존 데이터를 분석해 유지보수를 위한 예측서비스를 제공한다. 항공사는 착륙 후 생길 수 있는 항공기의 부품 문제를 미리 파악해 사전에 유지보수함으로써 기체결함으로 인한 수리 시간과 비용을 크게 단축시킬 수 있다. 또한 항공사에게 가장 큰 비용 요소 가운데 하나인 연료비를 절감할 수 있게 도와준다. 빅데이터 분석으로 운행시간을 단축하는 한편, 기체에서 수집한 운항 데이터와 날씨, 항로, 사고위험 정보, 연료운영상황, 조종사의 운전 행태 등을 분석해 연료를 절감할 수 있는 방법을 제안한다. 실제로 이탈리아의 알이탈리아(Alitalia) 항공은 GE의 산업인터넷 솔루션을 적용해 첫해에만 연료 비용의 1.5%인 1,500만 달러(165억 원)를 절감할 수 있었다.

11

자율주행차와 드론

자율주행으로 진화하는 자동차

1886년 칼 벤츠가 최초의 가솔린 자동차인 페이턴트 모토바겐(Patent Motorwagen)을 만들었다. 말(馬)없이 달리는 이 마차가 세상에 모습을 드러낸 이후, 사람없이 달리는 자동차 개발이 인류의 새로운 도전과제가 되었다. 1926년 미국 뉴욕의 브로드웨이 5번가에 운전자 없이 스스로 달리는 자동차가 나타나 세상을 놀라게 했다. 운전자 없는 차량에는 전파송신기와 회로차단기를 설치하고 다른 차에서 무선신호를 보내는 원격조정 방식이었지만 자율주행차를 향한 첫 걸음이었다.

1986년 미국 카네기멜론 대학의 자율주행 연구팀이 밴 자동차를 개조해서 만든 내브랩(NavLab)이라는 자율주행차를 선보였다. 개발초기에는 차량의 속도가 시속 30km 수준에 불과했지만, 이후 총 5,000km의 거리 중 98.2%를 자율주행으로 달리는데 성공할 만큼 기술이 진전된다. 하지만 조향만 자동으로 제어했을 뿐 가속과 제동은 운전자가 맡아 절반의 성공에 그쳤다. 1980년대초 인기 드라마였던 '전격 Z작전(영어명 Knight Rider)'에서 주인공이 손목시계로 조종하던 자율주행차 키트와는 거리가 먼 자동차였다.

자율주행차의 발전에 가장 큰 역할을 한 것은 다르파 그랜드 챌린지[1]

1 다르파(Defense Advanced Research Projects Agency, 줄여서 DARPA)는 방위고등연구계획국

라는 무인 자동차경주 대회였다. 자율주행차로 캘리포니아 모하비 사막을 주행하는 2004년 첫 대회에서는 완주를 마친 참가 팀이 없었지만, 그 다음해인 2005년 시합에서 스탠포드 대학팀이 우승을 차지했다.[2] 구글은 우승팀을 이끌었던 스탠포드대학의 세바스티안 스런 교수를 2009년에 영입해 자율주행차 프로젝트를 론칭한다. 이후 자율주행차 개발을 주도

국제자동차기술자협회(SAE)는 자율주행차의 기술 단계를 레벨 0에서 레벨 5까지 6개 단계로 나누고 있다. 현재의 자율주행기술은 레벨 3을 테스트하는 단계에 와있다 (출처: SAE).

으로 미국 국방성의 연구와 개발을 담당하고 있다. 다르파는 2015년까지 미 육군 장비의 1/3을 무인 장비로 대체한다는 목표를 세웠고, 그 일환으로 2004년 100만 달러(11억 원)의 상금을 걸고 자율주행차 경주대회인 DARPA Grand Challenge를 개최했다.

2 스탠포드 대학의 자율주행차 '스탠리(Stanley)'는 모하비 사막 131마일(210km)을 경쟁팀 가운

하고 있는 구글은 도로 시험 주행 9년만에 누적 거리 500만 마일을 돌파했는데 이는 지구를 200바퀴 돈 거리에 해당한다.[3] 애플은 타이탄이라는 이름으로 자율주행차를 시험중이며 아마존은 2020년 6월 죽스(Zoox)를 인수하며 자율주행차 시장에 뛰어들었다. 2020년 2월 현재 실리콘밸리에서 자율주행차 시험주행 허가를 받은 기업만 66개나 되며 캘리포니아 도로에서 자율주행 테스트 중인 차량의 수도 770대에 달한다.

자율주행차 기술발전 단계와 글로벌 경쟁

국제자동차기술자협회(Society of Automotive Engineers, 줄여서 SAE)는 자율주행차의 실현 과정을 기술적 요소가 적용되는 기준에 따라 여섯 단계로 나누고 있다. 가장 낮은 단계인 레벨 0은 자율주행 기능이 전혀 없는 단계다. 레벨 1은 카메라와 센서 등을 사용해 속도를 제한하거나 제동을 보조하는 기능을 제공한다. 예를 들어 다른 차량에 지나치게 근접하는 경우 운전중인 차량의 속도를 자율적으로 늦추거나, 크루즈 컨트롤 상태로 커브를 돌 때 속도를 제어하고 앞차와의 간격을 조절하는 기능 등이 여기에 해당한다.

속도나 조향(操向) 가운데 하나를 제어하는 레벨 1 차량과 달리, 레벨

데 가장 빠른 시간인 6시간 54분에 완주하며 우승을 차지했다. 카네기멜론 대학의 자율주행차 '샌드스톰(Sandstorm)'은 7시간 5분의 기록으로 2위를 차지했다.

3 구글은 2016년 자율주행 자동차 전담회사인 웨이모(Waymo)를 별도 법인으로 설립했다. 웨이모의 자율주행 자동차 도로주행 테스트 누적거리는 2018년에 이미 1,000만 마일을 초과했다.

2 차량은 동시에 두 기능(속도와 조향)을 제어할 수 있고 자동차가 차선의 중앙을 유지하도록 도와주는 레인 센터링과 같은 기능도 제공한다. 이 단계에서 자율주행 모드는 특수 상황에서만 사용하도록 제한하고 있으며, 고속도로나 차선 구분이 확실한 도로가 아닌 복잡한 구간에서의 주행은 운전자가 제어해야 한다.

레벨 3 자동차는 사람의 개입없이 조향, 가속 및 감속, 추월이 모두 가능하다. 레벨 2 자동차에서는 운전자가 운전대를 잡고 있어야 하지만 레벨 3단계에서는 운전자가 운전대와 페달에 손과 발을 올려 두지 않아도 된다. 다만 운전자는 자동차가 요청하는 경우, 즉시 자동차를 제어할 수 있도록 항상 대기하고 있어야 한다.

레벨 4단계는 운전자가 신속하게 차량 제어에 개입하지 못하더라도 스스로 안전한 주행이 가능한 단계다. 레벨 4 차량은 비포장도로나 지도에 표시되어 있지 않아 탐색이 어려운 상황이 되면 자율적으로 속도를 줄여 안전한 곳에 정차한 후 사람이 운전을 할 수 있도록 전환하는 기능을 가지고 있다. 따라서 이 단계부터 차량은 단순한 운송 기능을 넘어 움직이는 작은 사무실 역할을 할 수 있게 된다.

인간의 개입없이 완전한 자율주행이 가능한 단계에 이르면 자동차가 항공기의 일등석 같은 내부 인테리어를 갖추고, 운전 중 사무 업무뿐만 아니라 다양한 엔터테인먼트를 즐기는 공간으로 변한다.

레벨 5는 운전자가 원하는 목적지만 말하면 인간의 개입 없이 완전한 자율주행이 가능한 단계로, 자율주행차는 운전대와 브레이크, 가속페달 등을 가지고 있지 않다. 즉, 도심 주행부터 비포장도로까지 어떠한 상황에서도 자율주행이 가능한 수준이다. 레벨 5에 도달하면 마치 항공기의 일등석 객실같은 내부 인테리어를 갖춘 자동차 안에서 다양한 업무를 수행하거나 영화상영과 같은 엔터테인먼트를 즐길 수 있을 것으로 보인다.

현재 자율주행차 기술은 레벨 3(조건부 자동화)를 지나 레벨 4(고도 자동화)를 테스트하는 수준까지 발전했다. 한가지 흥미있는 사실은 전통적인 완성차 제조업체들과 인공지능 기술에 강점을 가지고 있는 ICT 기업들은 자율주행차 개발에 상이한 접근방법을 채택하고 있다는 점이다. 다임러, BMW, 폭스바겐, 도요타 등 전통적인 자동차 제조업체들은 완전한 자율주행이 실현되기 전에는 운전자의 개입이 불가피하다는 전제하에 우선 레벨 1에서 레벨 3단계까지 점진적으로 기술개발을 진행한 다음 레벨 4와 5단계로 넘어간다는 목표를 세우고 있다. 이들 자동차 기업들은 구글 등 ICT 기업들에게 자동차 산업의 주도권을 뺏기지 않으면서 자율주행을 실현하기 위해 노력하고 있다.

반면 구글, 애플, 아마존 등 ICT 기업들은 전통적인 자동차 제조기술을 보유하고 있지 않지만 자율주행에 필요한 인공지능과 소프트웨어 기술을 가지고 있다. 이들 기업은 레벨 1~3단계를 뛰어넘어 바로 레벨 4단계의 자율주행차 상용화를 목표로 하고 있다.[4] 구글의 웨이모는 2020년

4 전기자동차회사 테슬라와 차량공유회사 우버는 레벨 3 단계의 자율주행기술을 상용화해 테스트 중인데, 2016년과 2018년 자율주행 중 교통사고로 각각 보행자와 운전자가 숨지는 사

10월부터 미국 애리조나주 피닉스 지역에서 레벨 4 수준의 무인 자율주행 호출택시(웨이모 원) 시범서비스를 시작했다. 자율주행 자동차 알고리즘과 소프트웨어 플랫폼 분야에서 주도권을 차지하고자 하는 ICT 기업들의 의도를 읽을 수 있는 서비스다.

자율주행차가 가져올 미래의 변화

차량 충돌의 90%는 인간의 실수로 발생한다. 자율주행은 음주운전과 졸음운전의 위험을 없애고 이로 인한 사망자수를 크게 줄일 수 있다. 교통안전을 향상시킬 수 있다는 점이 자율 운행을 도입하는 가장 중요한 이유다. 미국의 민간 싱크탱크인 랜드 코퍼레이션은 레벨 3 단계 자율주행차의 성능이 인간 운전자보다 이미 안전하다고 분석하고 있다.[5] 이때부터 자율주행차를 적극적으로 도입하면 2070년까지 50년 동안 110만 명의 목숨을 구할 수 있다는 것이 이 연구소의 분석이다.

자율주행차의 도입이 확대되면 교통사고 감소 이외에도 다양한 혜택

고가 발생했다. 특히 2016년 사망사고를 낸 테슬라 전기자동차는 사고 당시 운전자가 총 37분의 주행시간 가운데 단 25초만 운전대에 손을 대고 있었던 것으로 밝혀져 충격을 주었다. 구글과 같은 ICT 기업들이 레벨 3을 뛰어넘어 레벨 4단계의 상용화를 목표로 하는 이유가 여기에 있다.

5 대부분의 사람들은 인간보다 기계에 더 엄격한 안전기준을 요구하는 경향이 있다. 레벨 3 자율주행차가 인간운전자보다 교통사고 발생 확률이 낮지만 실제 사고가 발생하면 인간 운전자보다 더 큰 비난을 받는 이유다.

이 있을 수 있다. 운전하는 시간을 여가활동이나 다른 생산적인 일에 활용할 수 있고, 장애인이나 고령의 노인들도 큰 어려움 없이 자동차를 이용할 수 있게 된다. 자율주행차는 정밀 지도와 주변환경을 인식하는 센서를 사용하고, 네트워크를 통해 다른 자율주행차들과 교통정보를 공유하므로 연료 소비와 목적지까지의 이동시간을 최적화할 수 있다는 장점도 있다.

자율주행차가 대중화되면 개인이 자동차를 소유하기보다는 필요할 때에만 이동을 위한 서비스로 활용하는 문화가 정착될 것으로 기대된다. 자율주행차가 운전자를 승객으로 바꾸어 놓기 때문이다. 유엔의 인구예측에 따르면 2050년경이면 세계 인구가 100억 명에 육박하고, 인구의 도시 집중화가 계속돼 도시화율이 현재의 55%에서 66%로 늘어난다. 자동차 대수도 현재의 13억 대에서 20억 대를 넘어설 것이란 예측이다. 늘어난 자동차는 도시의 교통상황을 악화시키고 대기오염과 온실가스라는 환경문제도 심화시킨다. 차량을 소유하기보다는 이동을 위한 서비스로 활용하는 문화가 확산되면 자동차 대수를 20% 가량 줄일 수 있다는 연구결과도 있다.[6] 자율주행으로 자동차를 공유하는 문화가 확산되면 출퇴근 시간에 교통혼잡을 줄일 수 있을 뿐 아니라 대기오염과 주차장 부족과 같은 문제도 해소할 수 있을 것으로 보인다.

6 미국의 리씽크엑스(Rethink X) 연구소가 2017년 5월 발표한 연구보고서 내용이다. 리씽크엑스는 자율주행차로 인한 차량의 공유 문화가 가져올 산업의 변화를 '승객 경제(Passenger Economy)'로 정의하고 있다.

원격 조종이 가능한 무인 항공기 드론

드론(Drone)은 사람이 타지 않고 원격으로 조종하는 작은 비행 장치다. 사전적으로는 '낮게 웡웡거리는 소리'라는 뜻인데, 드론이 날 때 프로펠러에서 나는 소리가 벌이나 풍뎅이 같은 곤충이 날개를 빠르게 떨며 내는 소리와 비슷하다고 해서 붙여진 이름이다. 드론은 헬리콥터처럼 프로펠러를 빠르게 돌려 양력[7]을 발생시키고 이를 통해 하늘로 날아 오른다. 날개는 보통 4개로 이루어지는데, 비행 장치에 따라 최대 10개의 프로펠러를 사용하기도 한다. 프로펠러가 크고 많으면 드론을 하늘로 밀어 올리는 힘이 세지고, 그 만큼 더 안정적으로 날 수 있다.

최초의 드론은 미국이 1918년에 제작한 케터링 버그[8]로 알려져 있다. 이후 군사용으로 연구되어 오던 드론은 1982년 이스라엘에 의해 본격적으로 전쟁에 투입된다. 이스라엘이 레바논을 지원하던 시리아 군의 미사일 기지 위치에 대한 정보를 얻기 위해 드론을 적의 상공에 날려 미사일이 발사되도록 유도했고, 이스라엘은 이 정보를 이용해 미사일 기지를 파괴할 수 있었다. 군사용 드론은 다양한 목적으로 사용되는데, 아주 작은 드론을 날려 적의 움직임을 정찰하기도 하고, 드론에 폭탄을 장착해 날려 보내기도 한다. 심지어 드론 자체가 아주 작은 총알 또는 폭탄이 되어 빠르게 날아가 적진에서 터지는 자살 폭탄의 역할을 하는 경우도

7 양력(揚力)은 프로펠러 날개의 윗면과 아랫면의 압력 차이에 의해 발생한다. 날개 위쪽의 압력이 상대적으로 약하고 아래쪽의 압력이 상대적으로 높으면 날개가 위로 떠오르게 된다.

8 케터링 버그(Kettering Bug)는 무인 비행폭탄으로 80kg의 폭탄을 싣고 120km를 날아가 폭격하도록 만들어졌다.

있다.

아직은 군수용 시장이 민간용 드론 시장보다 규모가 크다. 군사용 드론 시장은 보잉, 록히드 마틴과 같은 미국의 군수 기업들이 장악하고 있으며, 현재 급유없이 4일을 계속 날아다닐 수 있을 정도로 기술이 발전했다. 2020년 미국이 이란혁명수비대 사령관을 공격하기 위해 사용한 드론은 이라크 바그다드에서 12,000km나 떨어진 미국 서부 네바다 주 공군기지에서 인공위성을 활용해 원격 조정한 드론이었다. 그간 미국이 주도해 왔던 군수용 드론 시장에 최근 중국의 군수업체인 AVIC[9]이 진출해 경쟁하고 있다.

최근에는 민간용 드론 시장이 빠르게 성장하고 있다. 2016년부터 2020년 사이 민간용 드론 시장은 매년 3배씩 성장해 왔으며 2026년에는 90조 원이 넘는 시장으로 확대될 것으로 보인다. 국내의 민간드론 업체도 2013년 131개에 불과했으나 2020년에는 2,500개가 넘었고, 같은 기간 드론조종 자격 취득자도 50명에서 20,000명 이상으로 늘어났다. 민간용 드론 시장의 확대에 큰 역할을 한 사람은 기술전문 매거진 와이어드의 편집장 출신인 크리스 앤더슨이다. 지적재산권 비용 때문에 소형 드론의 가격이 비쌀 수밖에 없다고 판단한 앤더슨은 2007년 'DIY(Do It Yourself) 드론' 프로젝트를 시작했다. 앤더슨은 오픈소스 소프트웨어를 통해 누구나 저렴하게 드론을 제작할 수 있도록 했고, 그에 힘입어 저렴한 민간용 드론 시장이 만들어지기 시작했다.

9 AVIC(Aviation Industry Corp. of China, 중국항공공업지단공사)은 중국인민해방군의 공군에 군용기를 공급하는 군수 업체다.

민간 드론 시장의 70%를 점유하고 있는 DJI는 2013년 카메라가 장착된 팬텀의 성공으로 글로벌 드론 시장의 리더가 되었다.

현재 민간용 드론 시장에서 두각을 나타내고 있는 업체는 시장의 70%를 점유하고 있는 DJI다.[10] 창업자 프랭크 왕은 중국 선전에서 벤처기업인 DJI를 설립한 후 6년간 연구개발에 힘을 쏟았고, 그 결과 2013년 네 개의 프로펠러와 카메라가 장착된 드론인 팬텀을 출시해 큰 성공을 거두었다. 팬텀은 접근성, 단순함, 간편함을 무기로 일반인들은 조작하기 어렵다는 드론에 대한 편견을 바꾸었으며 가격도 저렴해 민간용 드론의 저변 확대에 큰 공헌을 했다. DJI는 팬텀 출시 후 3년만에 매출이 10배 이상 늘어나는 성장을 하게 된다. 매년 6개월에 한번씩 신제품을 출시하고 있는 DJI는 취미나 촬영용 위주였던 드론 제품라인을 확대해 최근에는 건설, 농업 등 다양한 산업용 드론 분야로 진출하고 있다.

10 DJI는 다장이노베이션(Da Jiang Innovation)의 약자다. DJI 의 중국 사명인 '다장창신(大疆創新)'은 '큰길에 경계가 없다'는 의미로 무한 혁신을 강조하는 의미를 가지고 있다.

드론의 활용 분야

드론은 모형 헬리콥터보다 바람의 영향을 적게 받으므로 비교적 조종이 쉬워 초보자도 쉽게 작동할 수 있다. 또한 수직 이착륙을 할 수 있어 활주로가 필요 없고 공중의 한 곳에 오랫동안 머무를 수도 있다. 드론은 GPS를 이용해 위치를 파악하면서 비행하며 자이로센서와 가속도센서로 흔들림을 스스로 보정한다.[11] 전자식 속도제어 변속기로 프로펠러를 돌리는 모터를 각각 관리해 조종자의 급격한 조작에도 비행의 안정성을 유지할 수 있다. 헬리콥터와 달리 전기 모토로 운행되기 때문에 상대적으로 소음도 적다. 이러한 특성 때문에 다양한 산업에서 드론을 활용하고 있다.

가장 활발하게 드론을 응용하고 있는 산업은 영상촬영 분야다. 이미 드라마와 영화촬영을 위해 드론은 없어서는 안될 필수 도구가 되고 있다. 드론이 가지는 손쉬운 접근성은 영상 촬영의 영역과 방식도 크게 바꿔놓고 있다. 영국의 BBC 방송은 드론을 이용해 200만 마리나 되는 플라밍고 떼의 생태를 관찰한 다큐멘터리를 제작하기도 했다. 드론은 헬기처럼 새들을 자극하는 소음이 없어 플라밍고의 대열 움직임에 영향을 주지 않으면서 근접촬영을 할 수 있었던 것이다. 항공촬영을 위해 드론을 이용하면 헬리콥터보다 수백 배 저렴한 비용으로 촬영이 가능하다. 헬리콥

11 자이로센서와 가속도센서는 물체가 스스로 중심을 잡을 수 있도록 기울기를 감지하는 센서다. 스마트폰으로 동영상을 볼 때 폰을 가로로 돌리면 화면이 자동으로 회전하는 원리도 자이로센서와 가속도센서를 사용하기 때문이다. 드론도 유사한 기술을 사용해 기울임을 감지하며 중심을 잡는다.

농업용 드론

프라임 에어 드론 (아마존)

농약을 뿌리고 있는 농업용 드론은 한번 비행으로 농약 10리터를 1헥타르까지 살포할 수 있다. 아마존의 프라임 에어 드론은 100m의 높이에서 시속 80km로 비행하며 2.5kg의 제품까지 수송이 가능하다.

터에 비해 소음이 적고 건물이나 피사체에 더 가까이 접근해서 촬영할 수 있다는 이점도 있다.

2020년 현재 전 세계 민간용 드론시장의 25%를 차지하는 영역이 농업분야다. 농업용 드론은 3D 매핑을 통한 토양상태 측정에서부터 파종, 농약살포, 작물 모니터링, 생육상태 등을 파악하는데 사용된다. 드론의 GPS에 미리 논밭의 경계지점을 정해 놓으면 기체가 작업 범위를 벗어나지 않고 농약이나 씨앗을 살포하는게 가능하다. 농작물 위 3~4m 위로 저공비행을 하므로 경작지에 피해를 입히지 않고 농약과 씨앗의 손실률도 낮다. 또한 드론에 장착된 멀티스펙트럼 카메라[12]로 특정 지역의 일조량, 병충해, 가뭄 등을 파악함으로써 넓은 경작지를 효율적으로 관리할 수 있다. 산불 감시나 소나무 재선충 방제를 위해서도 드론을 투입하면 넓은 임야를 감시하고 관리하는 것이 쉬워 진다.

산업현장에서도 드론을 사용하는 분야가 늘어나고 있다. 국내·외 대

12 멀티스펙트럼 카메라는 사람의 눈으로 볼 수 없는 빛의 스펙트럼을 측정하는 카메라다.

형 건설업체들은 드론을 활용해 사람이 접근하기 어려운 곳의 상황을 손쉽게 확인하고 정보를 수집한다. 작업자들이 안전수칙과 안전장구를 제대로 지키고 있는지 확인함으로써 사고율도 낮추고 있다. 영국 에너지 기업인 BP는 미국 알래스카의 송유관 점검에 드론을 활용한다. 알래스카의 송유관 검사는 강풍과 추위로 인해 직접 점검하는 것이 힘들었으나 이제는 드론이 송유관을 따라다니면서 파손 여부를 확인하며 1년 내내 송유관을 점검하고 있다.

드론을 사용한 군집 비행을 예술적으로 승화하는 사례도 늘어나고 있다. 2018년 2월 평창 동계올림픽 개막식에서 밤하늘을 수놓아 전 세계의 탄성을 자아냈던 드론 오륜기는 드론들의 군집 비행이 만들어낸 작품이다. 배구공 크기의 330그램 무게에 LED 조명이 장착된 1,218개의 드론은 하늘 위를 비행하면서 40억 가지가 넘는 색조합 연출을 할 수 있다. 디즈니랜드도 다양한 색의 빛을 내는 여러 대의 드론을 동시 다발적으로 움직여 야간 퍼레이드에 펼쳐지는 불꽃놀이와 같은 효과를 내는 프로그램을 시행하고 있다.

드론 배송은 물류유통 산업에 새로운 변화를 일으키고 있다. 아마존은 드론을 사용해 주문된 제품을 소비자에게 직접 전달하는 프라임 에어(Prime Air) 서비스를 준비중이다. 아마존은 프라임 에어를 발표한 지 3년 만인 2016년 12월 영국 캠브리지에 거주하는 고객에게 드론으로 TV셋톱박스와 팝콘 한 봉지를 배송하는데 성공했다. 2017년 3월에는 미국 캘리포니아에서도 프라임 에어의 배송 시연을 성공적으로 마쳤다. 아마존이 사용하는 배송용 드론은 수직으로 이륙해 100m 높이에서 시속 80km의 속도로 비행한다. 장애물을 인지하고 피하는 기능을 가지고 있으며, 무게 2.5kg의 제품까지 수송이 가능하다. 아마존은 미국 내 50여개 물류창고를 기준으로 반경 25km 이내에 있는 고객에게 드론으로 30분 내에 배송서비스를 제공한다는 계획을 가지고 있다.[13] DHL과 같은 글로벌 물류기업과 알리바바와 같은 전자상거래 업체들이 모두 드론 배송을 준비하고 있어서 각국 정부의 규제와 승인이 완료되면 드론 배송 서비스는 크게 늘어날 것으로 보인다.

현대자동차는 2020년 미국 라스베가스에서 열린 국제전자제품박람회(CES)에서 차량 공유 업체인 우버(Uber)와 공동 개발한 UAM(도심항공교통) 모델을 소개했다 (자료: 현대자동차).

도심교통도 드론의 미래 응용분야로 대두되고 있다. UAM(Urban Air Mobility)이라 불리는 도심항공교통은 하늘을 이동 통로로 활용하는 미래의 도시교통 체계다. 인구밀도가 높고 교통체증이 심한 대도시에서

13 아마존 매출 중 무게 2.26kg 이하의 물품이 86%를 차지하고 있어 '프라임 에어'의 수요가 많을 것으로 보인다. 하지만 본격적인 프라임 에어 서비스를 제공하기 위해서는 미국연방항공국(FAA)의 승인을 받는 절차가 남아 있다.

30~50km의 거리를 자동차로 이동하려면 1시간 이상 걸린다. 수직으로 이착륙하는 UAM은 이 거리를 20분 이내에 주파할 수 있는 교통서비스다. 현대자동차는 최근 국제전자제품박람회(CES)[14]에서 우버(Uber)와 함께 개발한 UAM 비행체를 소개하며 미래 모빌리티 사업의 비전을 제시했다. 드론과 자율주행차 기술의 융합이 미래 도시의 새로운 교통수단을 만들어내고 있는 셈이다.

14 CES는 Consumer Electronic Show의 약자로 미국의 소비자기술협회(CTA)가 매년 개최하는 국제전자제품박람회다. 매년 1월 미국 네바다 주 라스베가스 컨벤션 센터에서 열리며 가전업계의 새로운 제품과 기술을 소개한다.

12

3D 프린팅과 바이오닉스

제조업의 민주화를 이끄는 3D 프린팅

인쇄기술의 발전은 인류문명사의 진화에 중요한 역할을 했다. 인쇄술 이전의 책은 노동집약적인 필사 작업을 통해 복제되었기에 비싸고 귀할 수밖에 없었다. 중세시대에 책을 가장 많이 보유한 수도원조차 20권 정도의 책만 소장하고 있었다. 당연히 대부분의 사람들은 평생동안 책을 한 권도 가질 수 없었다. 하지만 금속활자의 등장으로 책의 대량생산이 가능해 지면서 보다 싼값으로 책을 구해볼 수 있게 되었고, 일부 계층에게만 국한되었던 교육과 지식 보급이 일반인들에게까지 확대되었다. 인쇄술은 정치적으로는 절대 왕정에서 근대 시민사회로 바뀌는 원동력이 되었고, 종교적으로는 성서 보급을 확대시켜 종교개혁이 일어나게 했으며, 사회적으로는 권위주의가 무너지고 자유주의가 싹트는데 지대한 역할을 했다.

4차산업혁명으로 태어난 새로운 인쇄술인 3D프린팅이 우리사회에 또다른 변화를 가져오고 있다. 3D 프린터는 소프트웨어로 설계한 3차원 도면을 바탕으로 물건을 손으로 만질 수 있는 3차원 실물로 만드는 프린터다. 액체나 분말 형태의 원료를 분사해 얇은 막을 쌓아 올리거나 합성수지를 깎아서 3차원 실물을 제작한다. 3D 프린팅은 3D 프린터로 입체적인 물건을 제작하는 것으로, 인쇄 뿐만 아니라 물건을 인쇄하기 위한 디자인과 인쇄 후 마무리 공정까지 포함하는 모든 과정을 뜻한다.

3D 프린터는 원래 목업(Mockup)을 쉽게 만드는 용도로 개발되었다.[1] 목업이란 실제 제품을 만들기 전 디자인이나 기능 검토를 위해 실물과 비슷하게 제작한 제품의 시제품을 뜻한다. 제품 설계를 위한 소프트웨어로 디자인한 제품을 실물 모양으로 빠르게 만들어보고, 수정할 부분이 없는지 살펴보는 용도로 3D 프린터를 주로 사용했다. 하지만 최근에는 목업이 아닌 실제품을 생산하기 위해 3D 프린터를 활용하는 사례가 늘어나고 있다. 3D 프린터가 다양한 소재를 커버할 수 있게 되었고 프린트 속도도 상당히 향상되었기 때문이다. 의료용 인공장기, 신발, 항공기 부품에서 초콜릿과 같은 과자까지 3D 프린터로 만들지 못하는 게 없을 정도다. 심지어 3D 프린터로 주택도 짓고 자동차도 만들고 있다. 이런 추세가 계속되면 3D 프린터 자체가 생산설비 또는 공장이 될 수도 있다.

3D 프린터는 프린팅 방법에 따라 크게 절삭형과 적층형으로 나뉜다. 절삭형의 경우는 큰 덩어리를 조각하듯이 깎아내는 것이고, 적층형은 층층이 쌓아 올라가는 방식으로 제품을 만든다. 절삭형은 여분을 깎아내야 하므로 재료의 손실이 큰 반면, 적층형은 재료의 손실이 없다는 장점이 있다. 최근에 나오는 3D 프린터는 대부분 적층형 프린트 방식을 채택하고 있다.

3D 프린팅이 새로운 혁신이라고 불리는 이유는 전통적인 생산시설로 제작이 어려운 제품을 쉽게 만들 수 있을 뿐 아니라, 기존 제조 방식보다 비용과 시간을 대폭 줄일 수 있기 때문이다. 전통적인 생산에서 사용되

1 3D 프린팅 기술은 1984년 찰스 헐이 항공이나 자동차 산업 등에서 신속하게 부품의 시제품을 만드는 '쾌속 조형(Rapid Prototype)'을 위해 개발했다.

는 절삭가공 방식은 복잡한 형상의 제작이 어렵고, 제작 인력의 기술 숙련에 많은 시간이 소요되지만, 3D 프린팅을 사용하면 형상에 구애 받지 않으면서 비교적 빠른 시간 안에 제작이 가능하다. 여러 소재와 색상을 동시에 사용해 제작할 수 있다는 점도 3D 프린팅의 장점이다. 금형을 제작해 생산하는 기존의 제조방식에서는 한 가지 재료로 만든 제품만 지속적으로 만들 수 있지만 3D 프린터는 플라스틱과 고무 등 다양한 재료를 동시에 사용해 출력(제작)할 수 있다.

전통적인 제조업에서는 다수의 부품을 별도로 제작한 후 이들을 조립해야 하는 경우가 많은 반면, 3D 프린터는 제품 모양에 구애 받지 않으므로 부품 조립을 최소화할 수 있다. GE의 경우 부품 20개를 각각 주조한 후 이들을 조립해서 만들던 기존의 제트엔진을 3D 프린팅을 활용해 한번에 인쇄함으로써 제조비용을 75%나 절감했다.[2] 3D 프린팅은 대형 설비의 설치와 그에 따른 공간의 필요성도 없앤다. 생산시설이 없는 항공모함내에서 3D 프린터를 활용해 필요한 부품을 제조할 수 있는 것도 이러한 장점 때문이다.

설비와 금형 등을 제작하는 초기 비용 때문에 전통적인 제조업에서는 다품종 소량생산이 쉽지 않다. 하지만 3D 프린터를 사용하면 저렴한 비용으로 금형을 제작할 수 있을 뿐만 아니라, 설계도면의 변경만으로 다양한 제품을 필요한 수량만큼 생산할 수 있어 다품종 소량주문제작이 쉬

2 GE는 제조 비용만 절감한 것이 아니다. 3D 프린팅으로 제작한 연료 노즐이 장착된 제트엔진은 기존의 엔진보다 연료효율이 10%나 향상되었다. 연료비가 항공사 운영비의 19%를 차지하는 가장 큰 비용요소임을 고려하면 연료 효율의 증가는 상당히 의미 있는 결과다.

워진다. 고객이 원하는 디자인과 특성에 맞는 제품을 생산하는 고객 맞춤화도 저렴하게 구현할 수 있다.

3D 프린팅 기술은 공급망 관리와 유통관리 분야에도 새로운 혁신을 몰고올 것으로 보인다. 이전에는 공장에서 제품을 생산한 뒤 시장에 유통시켰지만, 3D 프린팅은 언제 어디서든 생산이 가능하다. 소비자가 설계도면을 다운로드 받아 가까운 프린팅 센터에서 제품을 인쇄하면 유통비용과 재고 비용을 동시에 절감할 수 있게 된다. 고객이 필요로 하는 시점에 상품을 바로 공급할 수 있다는 장점도 있다.

3D 프린팅의 활용 분야

3차원 스캔이미지를 기반으로 한 맞춤형 제작 기술을 가장 필요로 하는 분야는 의료와 헬스케어 산업이다. 모든 사람의 신체가 각기 다른 특징과 형상을 가지고 있기 때문에 맞춤형 기술인 3D 프린팅이 가장 적절하게 사용될 수 있기 때문이다. 의료용 3D 프린팅 기술은 보청기, 임플란트, 인공 뼈, 의료 보조기 등의 분야에서 이미 사용되고 있다. 3D 프린터로 의료용 로봇 팔을 제작하고 있을 뿐 아니라 살아있는 세포로 만든 젤과 3D 프린팅을 이용해 실제 귀와 동일한 모양의 인공 귀도 제작하고 있다. 3D 프린터로 만든 간, 콩팥 등의 바이오 프린팅 소재도 개발돼 상용화 단계에 이르렀다. 스웨덴에서는 3D 바이오 프린터로 줄기세포를 찍어 완전한 연골조직을 제작하는데 성공했다. 이처럼 3D 프린터로 인공장기를 제작하는 기술을 '3D 바이오 프린팅'이라고 한다.

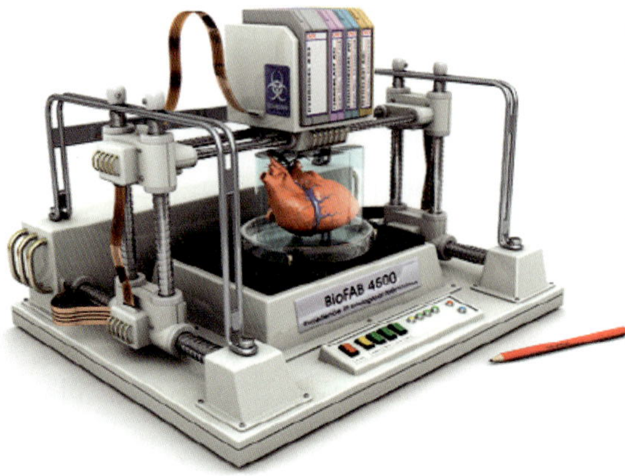

3D 바이오 프린팅 기술은 3D 프린팅 기술을 기반으로 환자 맞춤형 생체 이식이 가능한 인공 조직 또는 장기를 제작하는 기술이다. 세포 단위에서 인체와 유사한 3차원 환경을 제공, 다양한 기능을 가지는 인공 조직을 만들어낼 수 있다.

자동차와 우주항공 산업도 실제 제품을 생산하기 위해 3D 프린팅을 활용하고 있는 분야다. 자동차 산업에서는 대시보드, 바디패널 및 부품의 시제품 생산에 3D프린터를 사용하고 있다.[3] 고급 스포츠카 람보르기니는 아벤타도르 시제품 제작에 3D 프린터를 사용해 4개월에 걸쳐 4만 달러가 소요되는 기존 작업을 20일 이내에 3천 달러만 들여 제작함으로써 시간과 비용을 크게 줄였다. 최근에는 3D 프린터를 이용해 자동차의 컨셉트카(Concept Car)[4]를 만드는 업체도 생겨나고 있다. 자동차 문틀의 소재를 알루미늄에서 3D 프린팅으로 만든 탄소봉으로 바꾸어 무게를 90%까지 낮춘 사례도 있다. 앞에서 언급한 것처럼 GE는 항공기의 엔진과 같

3 대시보드(Dashboard)란 운전석과 조수석 정면에 있는 운전에 필요한 각종 계기들이 달린 부분이다. 바디패널(Body Panels)은 자동차의 바디를 형성하기 위해 조립되는 금속철판이나 플라스틱 재질의 판재를 의미한다.

4 자동차 업체가 향후 소비자의 니즈에 맞추어 자사의 차세대 제품에 적용될 디자인 코드나 신기술을 선보이는 일종의 선전용 차량(Show Car)을 의미한다. 대부분 모터쇼에서 해당 업체의 미래 자동차에 대한 비전을 보여주기 위해 전시된다.

은 고부가가치 부품 제작에 이미 3D 프린팅을 활용하고 있다.

교육분야에서는 학생들의 이해력과 창의력을 향상시키기 위해 3D 프린팅을 활용한다. 학생들이 직접 설계하고 제작하는 과정에서 많은 것을 배울 수 있기 때문이다. 시각장애 학생들을 위한 교재인 3차원 입체 점자책을 제작하기 위해 3D 프린팅 기술이 유용하게 사용되기도 한다. 그림을 넣기 어려웠던 기존의 점자책에 3차원 형태의 촉각 교재를 포함시키는 것이 대표적인 사례다. 3차원 입체 교구는 고인돌, 석굴암, 첨성대 등의 유물 뿐만 아니라 꽃의 성장과정과 빛의 굴절 등에 이르기까지 다양한 그림들을 입체적으로 표현해 시각장애인들의 교육효과를 크게 제고하고 있다.

주택건설분야에서도 3D 프린팅을 도입하고 있다. 집채만한 3D 프린터를 사용하면 소형주택이나 가구를 불과 몇시간 안에 출력할 수 있다. 러시아 건축 회사의 3D 전문가들은 현장에서 모바일 프린터를 사용해 24시간 만에 $38m^2$ 규모의 단독주택을 완성했다. 이들은 벽을 먼저 프린

3D 프린팅 기술로 만든 전기차 스트라티는 40개 부품 제작에 44시간이 소요되었고 디자인에서 완성까지 총 7일이 걸렸다. 러시아 건축회사가 3D 프린팅으로 제작한 주택은 24시간 만에 지어진 것이다.

트한 다음 페인트칠을 하였는데, 다른 곳에서 프린팅을 한 다음 현장에 가지고 와서 조립한 것이 아니라 현장에서 모바일 3D 프린터로 직접 집을 짓는 방식을 사용했다. 네덜란드의 암스테르담에 있는 건축 회사는 3년에 걸친 프로젝트를 통해 3D 프린팅 운하 주택[5]을 신축했다. 이 회사는 모바일 3D 프린터로 각 방을 먼저 출력한 후 조립을 통해 운하 주택을 완성했다.

3D 프린팅 기술은 우주선 로켓을 제작하는 데에도 사용되고 있다. 세계에서 가장 큰 3D 프린터를 보유하고 있는 '렐러티버티 스페이스(Relativity Space)'는 최근 미 항공우주국 나사(NASA)와 함께 달에 쏘아 올릴 우주선 로켓 엔진을 3D 프린터로 제작했다. 이 회사는 9m 높이의 대형 3D 프린터 6대를 활용해 로켓 엔진을 제작한다. 3D 프린팅 기술로 이전에 로켓 제작에 필요했던 수십만 개 부품을 100개 이하로 줄였으며 개발 기간도 1/10 이상 단축했다. 렐러티버티는 달 우주선 뿐 아니라 화성에 보낼 우주선의 로켓 엔진도 3D 프린터로 인쇄할 계획이다.

3D 프린팅이 가져올 제조업의 미래 모습

3D 프린팅이 미래의 제조업을 어떤 모습으로 변화시킬까? 3D 프린팅이 일반 제조업에 광범위하게 확산되면 다품종 소량

5 운하 주택은 17세기 네덜란드의 황금시대를 대표하는 암스테르담의 상징이다. 바닥면적이 36m^{2}이며 높이가 15m인 운하 주택을 건설하기 위해 대형 모바일 프린터(크기 2m×2m×3.5m)가 사용되었다.

생산이 보편화되고, 고객맞춤형 생산이 크게 늘어날 것이라는 것은 쉽게 예측할 수 있다. 이는 별도의 금형 제작이 필요 없고 디자인을 쉽게 수정할 수 있기 때문에 가능하다. 따라서 미래에는 제품을 미리 만들어두고 판매하는 방식보다는 주문형 제작 방식이 확대될 가능성이 크다.[6]

크리스 앤더슨[7]은 그의 저서 『메이커스』에서 1980년대에 PC가 온라인 분야에서 소통의 민주화를 몰고 왔듯이, 미래에는 3D 프린팅 기술이 제조의 민주화를 가져올 것이라고 역설하고 있다. 과거에는 뛰어난 아이디어가 있어도 이를 만들어줄 제조업체를 만나지 못하면 아이디어를 현실화하는게 불가능했다. 미래에는 특별한 기술이나 대형 설비가 없어도, 설계도만 있으면 누구든지 3D 프린터를 이용해 복잡한 물건을 만들어낼 수 있게 된다. 다양한 형태의 'DIY(Do-It-Yourself)' 프로젝트를 통해 과거에는 꿈꾸지 못했던 제품들을 스스로 만들고 이를 바탕으로 창업하는 것이 훨씬 용이해 진 것이다.

전자상거래를 포함한 유통시장도 변할 수 있다. 고객이 디자인 파일을 온라인으로 구입하면 3D 프린터를 통해 바로 제품을 제작할 수 있기 때문이다. 3D 프린터로 장난감, 옷, 액세서리, 신발, 전화기 케이스 등 소매점에서 구입할 수 있는 여러가지 물건을 맞춤형으로 만들어낼 수 있게 되면 기존의 유통구조가 변화할 수 밖에 없다. 앞으로는 3D 프린팅을 통

6 3D 프린팅이 기존의 소품종 대량생산을 모두 대체할 수는 없다. 3D 프린팅의 보급에도 불구하고 소품종 대량생산이 적합한 분야도 많기 때문이다. 다품종 소량생산방식과 소품종 대량생산방식은 서로 대체하는 관계가 아니라 상호 보완하며 발전하는 형태가 될 것이다.

7 크리스 앤더슨은 '롱테일(The Long Tail)'과 '프리코노믹스(Freeconomics: 공짜 경제학)' 이론의 창시자다. 그가 2013년 출간한 『메이커스 (Makers)』는 제조업과 디지털 기술의 융합으로 세상이 앞으로 어떻게 바뀔지를 분석하고 있다.

해 손쉽게 제품을 복제할 수 있기 때문에 디지털 도면에 대한 저작권 관리가 더욱 중요한 이슈가 될 것으로 보인다.

'4D 프린팅'이라는 차세대 인쇄 방식도 출현하고 있다. 4D 프린팅은 시간과 환경이 변하면 다른 모양으로 바뀌는 제품을 만들어 내는 기술이다. 형상기억합금[8]과 같은 신소재를 사용해 프린팅 하면, 인쇄된 제품의 형상이 환경 변화에 따라 변형된다. 기존의 3차원 입체(3D)에 시간이라는 차원이 추가되었기 때문에 4D라는 명칭이 붙었다. 4D 프린터로 찍어낸 제품은 인간의 개입없이 열이나 진동, 중력, 공기 등 환경의 변화나 에너지원의 자극을 받으면 다른 제품으로 변형된다. 형상 변화를 일으키는 조건과 변화하는 모양은 재료 안에 미리 프로그램 해두는 것이 가능하다. 4D 프린터는 소재산업, 항공우주, 자동차, 의류, 건설, 국방, 헬스케어 등 광범위한 분야에서 활용될 것으로 보인다.

생물학과 전자공학이 결합한 바이오닉스

인간이 동물과 구별되는 이유는 손재주와 언어, 그리고 계산을 할 수 있는 고도의 능력이 있기 때문이다. 인간은 진화를 통해 이러한 능력을 발전시켰는데 이는 바로 인간이 가진 뇌 덕분이다. 인간의 뇌는 약 1,500그램으로 몸무게의 2% 밖에 되지 않지만 인체 칼로리

8 형성기억합금(Shape Memory Alloy)이란 다른 모양으로 변화시키더라도 온도와 같은 환경의 변화를 주면 다시 변형 전의 모양으로 되돌아 가는 성질을 가진 합금이다.

의 20%와 혈액의 1/4을 사용하는 매우 복잡한 신체기관이다. 뇌 때문에 우리 인류는 지구를 장악하게 되었고, 달 표면을 산책할 수 있을 뿐 아니라, 절묘한 음악과 미술을 창조해 낼 수 있다.

인간이 뇌에 대해 연구한 기록은 고대 그리스 시대까지 거슬러 올라가지만 사람의 뇌가 1,000억 개 이상의 뉴런(Neuron)으로 구성되었다는 것은 20세기에 와서 밝혀진 사실이다. 인간의 뇌가 전기 펄스로 표현되는 정보를 모아서 계산하고 그 답을 다음 뉴런에 전달하는 전기 회로망이라는 것이 알려지면서 '뇌와 컴퓨터의 연결'은 공상과학소설과 SF영화에 자주 등장하는 소재가 되었다. 인간의 뇌가 컴퓨터와 연결되어 정보를 다운로드 받고, 이미지나 음성같은 외부 자극을 감각기관을 거치지 않고 직접 뇌로 전달해 먹지 않고도 맛을 느끼고, 보지 않고도 봤다고 느낄 수 있게 한다는 설정은 SF영화와 소설의 단골 소재였다.

20세기 말에 등장한 영화 '매트릭스'에서 주인공 네오는 머리 뒤에 접속된 랜 케이블로 뇌와 컴퓨터를 연결해 고도의 무술기법이나 헬기 조종법을 다운로드 받아 순식간에 배운다. 2014년 개봉한 영화 '트랜센던스'는 인간의 뇌에 있는 정보를 통째로 컴퓨터로 다운로드 받는 것이 가능하다는 설정을 하고 있다. 테러 단체의 공격을 받은 천재과학자의 뇌를 그가 죽기 전에 컴퓨터에 업로드시키고, 이를 온라인에 접속해 이미 사망한 과학자의 힘을 전 세계로 넓혀 나간다. 프랑스의 SF 소설가 베르나르 베르베르가 2001년 출간한 장편소설 『뇌』(원제는 L'ultime Secret)에서는 평범한 은행원이 교통사고로 눈과 귀, 그리고 뇌를 제외한 모든 신경 체계가 마비되자, 식물인간의 뇌에 전극을 이식해 컴퓨터로 인간과 소통하는 장면이 나온다.

인간의 뇌가 컴퓨터와 연결된다는 설정은 더 이상 SF영화나 소설이 아닌 현실이 되고 있다. 테슬라의 최고경영자인 일론 머스크(Elon Musk)는 인간의 실제 두뇌와 컴퓨터를 물리적으로 연결하는 새로운 형태의 기술을 개발하기 위해 뉴럴링크(Neuralink)라는 벤처기업을 설립했다.[9] 뉴럴링크는 인간의 뇌에 뉴럴 레이스(Neural Lace)라 불리는 칩을 이식하고, 인간의 뇌신경과 컴퓨터 칩을 연결하는 것을 사업 목표로 하고 있다. 뉴럴 레이스는 초소형 칩으로, 인간의 뇌에 이식되어 사람의 생각을 업로드하거나 다운로드할 수 있게 한다. 즉 사람의 생각이 컴퓨터에 저장될 수 있고, 컴퓨터 정보가 사람의 뇌에 전송될 수 있다는 의미다.

바이오닉스와 뇌-기계 인터페이스

바이오닉스(Bionics)란 생물학(Biology)과 전자공학(Electronics)의 합성어로 생체공학이라고도 불린다. 1958년 미국 항공우주국 나사의 잭 스틸이 인간과 기계의 결합이라는 의미로 처음 사용했다. 바이오닉스는 인간의 장애를 극복하기 위한 작업에서 시작되었다. 걷지 못하는 사람을 걷게 하고, 보지 못하는 사람을 보게 하며, 듣지 못하는 사람을 듣게 하는 것이 바이오닉스의 목표다. 바이오닉스의 대표적인 예

9 일론 머스크가 100% 단독 투자해 설립한 벤처기업으로, 2016년 7월 캘리포니아 주정부에 의학연구 법인으로 등록을 마쳤다. 인간의 두뇌 피질에 초소형 칩인 뉴럴 레이스를 이식해 사람의 뇌와 컴퓨터를 연결하는 기술을 활용하는 기업이다.

가 1970년대 방영된 TV 드라마인 '6백만불의 사나이'다. 드라마의 주인공 스티브 오스틴은 사고로 한쪽 팔과 두 다리를 잃고 눈까지 실명한다. 하지만 인공 팔과 다리, 그리고 눈을 통해 초인적인 능력을 가지고 새로운 삶을 살게 된다. 이처럼 인간의 장애를 극복하고 한계를 뛰어넘게 하는 바이오닉스의 미래는 곧 인간의 미래라고 해도 과언이 아니다. 기계와 결합해 더 큰 힘을 내고, 새로운 피부와 장기를 만들어내는 기술이 가능하게 된다면 인간은 사이보그[10]에 한층 더 다가가게 된다. 바이오닉스 가운데 최근에 가장 각광받는 분야가 뇌와 컴퓨터를 연결해 인간의 능력을 증강시키는 '뇌-기계 인터페이스(Brain Machine Interface, 줄여서 BMI)' 기술이다.

뇌-기계 인터페이스란 인간의 두뇌가 보내는 신호를 기계 제어 명령으로 변환한 후 신체에 부착된 보조기기(예를 들면 인공으로 만든 로봇 팔)가 움직이도록 신호를 보내는 기술이다. BMI는 인간의 두뇌가 작동하는 원리를 그대로 활용한다. 눈앞에 맛있는 과자가 있으면 우리의 뇌가 손을 뻗어 과자를 집어 들도록 운동 신호를 보낸다. 신경세포들은 우리 몸 곳곳에 연결된 말초 운동 신경계를 통해 운동 신호를 전달하고, 신호를 받은 근육은 수축과 이완을 통해 팔을 움직이게 된다. BMI는 이들 신경세포의 정확한 위치와 운동 신호를 발생시키는 조건, 주고받는 신호의 세기 등을 분석하고 활용하는 기술이다. 즉, 칩이나 센서를 통해 뇌의 신호를 입력 받아 컴퓨터에 전송하면, 컴퓨터는 이를 해석해 로봇 팔이나 다

10 사이보그(Cyborg)는 '인공두뇌학'을 뜻하는 사이버네틱스(Cybernetics)와 생물(Organism)의 합성어로, 뇌를 제외한 모든 신체를 다른 기계로 대체한 개조인간(改造人間)을 뜻한다.

리에 명령을 전달하므로, 생각만으로 로봇 팔을 제어할 수 있게 된다.

뇌파로 기계를 움직이는 기술을 실현하려면 먼저 뇌파를 정확히 측정할 수 있어야 한다. 뇌파 측정을 위해서는 비침습형(Non-invasive)과 침습형(Invasive)이라는 두가지 BMI 방식이 사용된다. 비침습형은 두개골 위에 센서를 부착해 뇌파를 측정하는 반면, 침습형은 특정 뇌 부위에 전극을 삽입해 뇌파를 측정한다. 비침습용 BMI는 뇌의 활동 상태에 따라 주파수가 다르게 발생하는 뇌파의 특성을 이용한다. 머리에 띠처럼 두른 장치로 뇌파를 모아 컴퓨터에 보내면 컴퓨터가 뇌파를 분석해 적절한 대응을 하게 된다. 비디오게임, 골프와 같은 스포츠와 수학교육 분야에서 활용하고 있는데, 비침습형 BMI는 뇌파 측정이 정확하지 않다는 단점이 있다.

침습형 BMI는 뇌의 특정 부위에 미세전극이나 반도체 칩을 심어 뉴런 신호를 포착하는 방법이므로, 수술을 통해 뇌에 직접 반도체 칩을 심어야 한다. 미국 오하이오 주립대는 최근 전신 마비 상태의 환자의 뇌에 뉴로브리지 칩(Neurobridge Chip)이라는 전자 칩을 심어 본인의 생각만으로 손을 들어 올리고 주먹을 폈다 쥐는 실험에 성공했다. 환자의 뇌 특정부위에 삽입된 칩이 머리 속 생각을 감지하고, 이를 컴퓨터 신호로 변환해 환자 팔에 매달린 전극 장치에 전달하면 팔 근육에 전기 자극이 가해져 환자 생각대로 팔이 움직인다. 이 기술은 환자가 물컵을 들어 올리거나 숟가락을 집고, 전화기를 들어 귀에 갖다 될 수 있는 수준까지 발달했다.

뇌에 인공지능 칩을 이식하면 현재 완치가 불가능하다고 알려진 간질, 우울증, 알츠하이머 등 뇌 질환을 예방하거나 치료하는 길이 열릴 수 있다. 더 나아가 인간의 뇌에 이식된 칩으로 사람의 생각을 업로드하거나 다운로드 할 수 있게 되면 공상과학 영화에나 나올 듯한 장면들이 현실에서 가능해진다. 사람의 생각이 컴퓨터에 저장될 수 있고 컴퓨터의 정보가 사람의 뇌에 전송될 수 있기 때문이다. 인간 두뇌에 삽입하는 칩이 개발되면 가상현실 체험을 위한 헤드마운트나 구글안경같은 보조기구없이 가상현실 이미지를 인간의 두뇌에 직접 투사할 수도 있다. 영화 매트릭스에서 프로그램을 이용해 인간 뇌세포에 각종 데이터를 입출력하는 것이 현실화되는 셈이다.

일론 머스크가 설립한 뉴럴링크는 인간의 뇌에 초소형 칩을 이식해, 인간의 뇌신경(뉴로)과 컴퓨터 칩을 연결(링크)하는 BMI 기술을 사업화하는 것을 목표로 하고 있다. 인간이 스마트폰이나 컴퓨터 자판을 두드리는 속도로는 인공지능 컴퓨터의 빛처럼 빠른 정보처리 속도를 당해낼 수 없기 때문에 궁극적으로 AI기능을 뇌에 통합해야만 인공지능과 맞설 수 있다는 것이 일론 머스크의 주장이다. 구글의 알파고는 이미 인간 프로기사들이 넘볼 수 없는 수준으로 진화했기에 두뇌에 전극을 꽂아 슈퍼컴퓨터와 실시간으로 정보를 주고받을 수 있도록 해야 미래에 알파고와 같은 인공지능과 겨룰 수 있다는 논리다.

생체 인식을 위한 바이오메트릭스

생명과학과 전자공학의 융합을 뜻하는 바이오닉스 산업에서 최근 각광을 받고 있는 분야가 생체인식을 위한 바이오메트릭스(Biometrics)다. 2002년에 개봉한 영화 '마이너리티 리포트'를 보면 주인공이 거리를 지날 때마다 전광판에 붙은 개인식별기가 그의 홍채 정보를 읽어서 신원을 파악한다. 주민등록증이나 운전면허증과 같은 신분증은 아예 필요가 없다. 개인 식별뿐 아니라 문의 잠금 장치 해제도, 심지어는 지하철 요금 지불도 홍채가 가진 생체인식 정보를 사용한다. 1999년에 개봉한 국내 영화 '쉬리'에서도 주인공이 국가기관을 출입하기 위해 손 등의 정맥을 열쇠 대신 사용하는 장면이 나온다.

생체인식 기술은 인간의 특정 생체 정보나 행동 특징 정보를 자동화된 장치로 추출해 본인 여부를 판별하는 기술이다. 패스워드는 기억을 못할 수도 있고 다양한 사이트의 비밀번호를 관리해야하는 불편함이 있을 뿐 아니라 보안에도 취약하다. IC카드나 USB에 저장된 공인인증서와 같이 소지하는 인증 수단은 휴대가 불편하고 분실의 우려도 있다. 하지만 생체정보는 사람 자체가 인증 정보의 역할을 하므로, 분실이나 휴대의 불편함이 없으며 변경이나 위조가 어렵다. 비밀번호를 일일이 기억할 필요도 없다. 이러한 장점 때문에 개인의 신원파악이나 인증을 위해 생체인식 기술을 활용하는 분야가 점점 확대되는 추세다. 애플의 아이폰은 지문인식 센서를 탑재하고 있으며, 삼성전자의 갤럭시 스마트폰도 지문인식 뿐만 아니라 홍채인식 기술을 추가해 핸드폰의 보안을 강화하고 있다. 특히 우리나라의 경우 2015년 3월부터 공인인증서 사용 의무가 폐지되면서 인터넷 뱅킹이나 온라인 쇼핑 등에서 본인 인증수단으로 생체인식 기술을 도입하는 업체가 늘어나고 있다.

생체인식은 지문인식, 홍채인식, 정맥인식, 얼굴인식, 음성인식, 행동인식 등 다양한 기술을 사용한다. 인간의 지문은 개인마다 다르고 평생 변하지 않는다. 두 사람의 지문이 우연히 같을 확률은 약 870억분의 1에

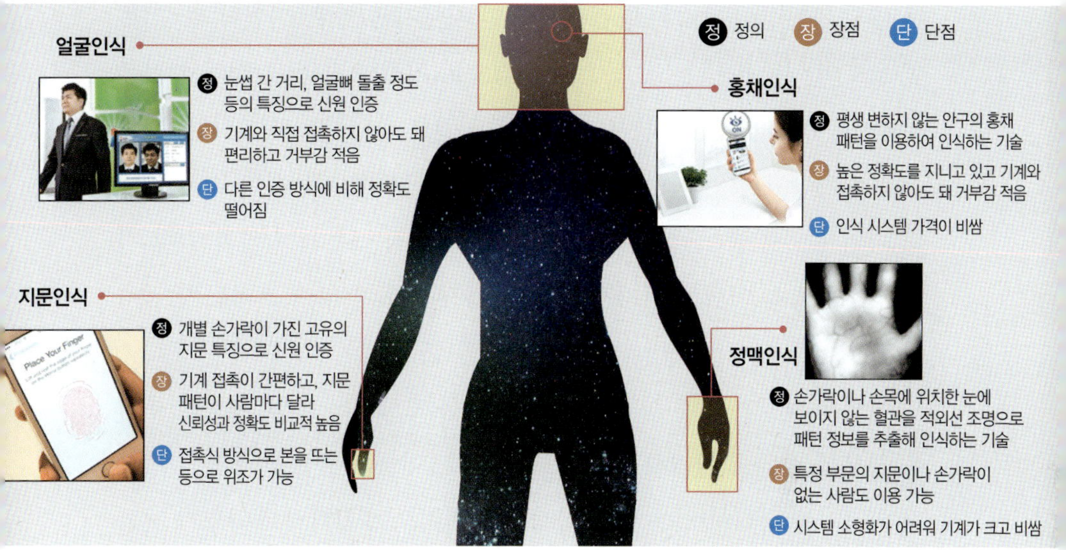

지문, 홍채, 정맥, 얼굴 등 인간의 생체 정보를 이용해 사용자를 식별하는 생체인증 기술은 각각 장점과 단점을 가지고 있다 (출처: 에스원).

불과하다. 일란성 쌍둥이도 지문이 같지 않기 때문에 DNA 감정보다 지문이 더 정확하게 쌍둥이를 구별할 수 있다. 이러한 특성 때문에 지문인식은 생체인식 기술 가운데 가장 먼저 상용화된 기술이다. 지문인식은 전용 센서를 활용해 지문의 디지털 영상을 획득한 후 인증에 사용하는 기술로 오작동 비율이 낮고 응답 속도가 빠르다는 장점이 있다. 다만 다한증이나 메마른 피부, 훼손된 지문 등은 인식에 문제가 생길 수 있고, 위조와 복사 등 악용 가능성이 단점으로 지적된다.

홍채 인식은 홍채의 고해상도 이미지 패턴을 적외선으로 촬영하고, 디지털 변환 및 수학적 처리를 통해 개인의 고유한 특징을 추출하는 기술이다. 외상 등으로 손상되지 않는 한 평생 이용이 가능하고, 오인율이나 복제 가능성이 낮다는 장점이 있지만 사용자의 거부감, 인식 거리, 주변 조도의 영향을 받는 점 등은 한계점으로 지적되고 있다. 정맥 인식은 적외선을 통한 혈관 투사 잔영을 통해 신원을 확인하는 방식이다. 지문이나 손가락이 없는 사람도 이용이 가능하며, 변형 가능성이 적고 복제도 거의 불가능하지만 정맥 분포 추출이 상대적으로 쉽지 않아 인식 기기의 소형화가 어렵고 따라서 시스템 투자 비용이 많이 든다는 단점이 있다.

이외에 얼굴인식, 음성인식, 행동인식 등 모양이나 음성, 행동의 특성을 사용해 신원을 파악하는 기술도 있는데, 이들 기술은 사용자의 거부감이 적다는 장점이 있는 반면 아직은 상대적으로 인식의 정확도가 낮고 위조나 악용의 위험이 많아 제한적으로 사용되고 있다. 하지만 이 가운데 얼굴인식(또는 안면인식)을 사용하는 생체인증 기술이 최근 빠르게 발달하면서 건물 출입은 물론 스마트폰 인증을 위한 중요한 수단으로 부상하고 있다. 2020년 현재 전 세계에서 10억 대가 넘는 스마트폰이 얼굴인식 기능을 사용해 스마트폰 잠금 해제를 하고 있다. 2020년에 개최된 국제전자박람회(CES)에서는 얼굴인식을 하는 순간 당사자의 감정(슬픔이나 기쁨 등)까지 파악할 수 있는 시스템이 소개되었다. 인공지능과 데이터베이스를 사용해 신원 파악은 물론 감정까지 분석하는 수준에 도달한 것이다. 뿐만 아니라 2020년에 코로나19 바이러스가 전 세계를 강타하자 사람들이 마스크를 착용한 상태에서도 안면 인식을 할 수 있는 기술이 상용화되었다. 코로나 바이러스로 사회적 거리 두기의 필요성이 크게 늘어나면서 얼굴인식 기술을 활용하는 생체인증 기술이 빠르게 발전한 결과다.

생체인식 기술의 활용 분야는 아주 다양하다. 금융기관의 지불이나

분야	생체인식 기술 적용 사례
금융	ATM, 모바일 뱅킹, 증권 거래, 지불 및 결제수단 등
컴퓨터 보안	전자상거래, 정보보안, 생체로그인 (PC 등), 핸드폰 등 기기 사용자 인증
통신	콜센터, 인터넷폰 및 전화카드
출입관리	공항 (출입국 심사, 불법 입국자 확인 등), 기업 (출입통제, 근태관리 등)
의료복지	환자 신분확인, 기록 관리, 원격진료, 무인전자처방전 등
공공분야	범죄자 식별 (지문대조, 성분 분석), 전자주민증, 선거관리 등
검역	안면인식을 통한 감염자 식별
엔터테인먼트	얼굴인식을 통한 인물 사진 분류 및 관리, 닮은 사람 찾기 등

지문인식, 홍채인식, 얼굴인식과 같이 생체정보를 인증에 활용하는 생체인식기술(Biometrics)은 금융, 보안, 의료 등 다양한 산업에서 이미 활용되고 있다.[11]

결제, 전자상거래, 스마트폰의 사용자 인증, 공항의 출입국 심사, 의료기관의 환자 신분확인, 그리고 공공기관의 범죄자 식별 등 다양한 분야에서 생체인식 기술이 이미 활용되고 있다. 앞으로 사물인터넷, 핀테크, 헬스케어 등의 서비스가 확대되면 개인 인증을 위한 생체인식 기술의 필요성은 더욱 높아질 수밖에 없다.

얼굴인식 기술을 인증수단으로 사용하는 사례가 늘어나면서 개인의 사생활 침해에 대한 우려도 커지고 있다. 중국의 선전과 상하이 같은 도시에서는 횡단보도 앞에 안면 인식 시스템을 설치하고 무단횡단자의 신원을 파악해 인터넷에 공개하고 있다. 얼굴인식 기술로 하루 평균 무단횡단 위반 건수는 1/10로 줄었지만 사생활 침해와 정부가 이들 정보를 이용해 국민을 통제할 수 있다는 우려가 확산되고 있다. 중국은 얼굴인

11 "생체인증 시장의 성장 및 전망" (정보통신정책연구원, 2019년 9월) 보고서에서 발췌한 내용이다.

식 기술분야에서 세계 최고 수준의 기술을 자랑하고 있다. 13억 인구의 얼굴인식 데이터베이스를 구축해 범죄자 추적에 활용한다는 것이 중국 정부의 구상이다. 전면적인 얼굴인식 시스템이 범죄자 색출에는 도움이 되겠지만, 정부가 국민을 통제하는 수단으로 오용할 경우 조지 오웰의 소설(1984년)에 등장하는 '빅 브라더'와 같은 사회를 만들 위험이 커진다. 최근 중동의 두바이 정부도 보안 강화를 위해 대중교통에 안면 인식 시스템을 도입하면서 강력한 비판에 직면하고 있다. 생체인증 기술, 특히 얼굴인식 기술의 도입은 개인의 사생활 보호나 정부에 의한 오용 방지 등을 위한 제도적 장치와 함께 고려되어야 한다.

13

블록체인과 가상현실

거래의 신뢰성을 보장하는 블록체인

비트코인(Bitcoin)은 블록체인(Block Chain) 기술을 기반으로 하는 온라인 암호화폐다. 비트코인은 2008년 10월 사토시 나카모토라는 가명을 사용하는 프로그래머가 발표한 한편의 논문에서 시작됐다.[1] 비트코인은 2009년 1월부터 일반 화폐와 다르게 중앙은행과 같은 중개기관 없이 P2P 방식[2]으로 사용자간에 자유롭게 거래할 수 있는 암호화폐로 발행되기 시작했다.

비트코인은 가상화폐(Virtual Currency) 또는 암호화폐(Cryptocurrency)라고 부르는데, 가상화폐보다는 암호화폐라는 표현이 더 정확하다. 암호화폐라는 용어는 전산과 통신분야에서 쓰이는 암호화 기법을 폭넓게 활용해 거래의 신뢰성을 보장하는 디지털 결제 수단이라는 의미를 담고 있다. 기술적 기반이 암호학(Cryptography)임을 강조하는 명칭이다. 반면 가상화폐는 지폐나 동전 같은 물리적 실체없이 네트워크로 연결된 가상공간에서 사용되는 전자적 결제수단을 의미한다. 가상화폐는 비트코인뿐만 아니라 카카오페이, 삼성페이, 애플페이 등 전자지급서비스나 전자 상품권

1 사토시 나카모토(Satoshi Nakamoto)가 2008년 10월 학술지에 게재한 논문의 제목은 "Bitcoin: A Peer-to-Peer Electronic Cash System"이다.

2 P2P(Peer-to-Peer)는 기존의 서버(중앙 장치)를 통해 사용자간에 정보교환을 하는 방식이 아니라, 네트워크로 연결된 개인들이 중앙 서버의 개입없이 직접 정보와 자료를 공유하는 방식을 뜻한다.

등을 모두 포함하는 개념이다. 따라서 비트코인은 가상화폐라기보다는 암호화폐라고 부르는 게 더 정확하다.

비트코인 창시자는 2008년 글로벌 금융위기 이후 각 국가가 정부정책에 따라 자국 통화량 발행을 인위적으로 확대하는 것이 불합리하다는 생각에 암호화폐를 설계했다. 한정된 수량의 비트코인을 만들어 두고, 설계자가 디자인한 알고리즘에 따라 기존 거래의 유효성을 검증하는 연산작업을 통해 비트코인을 채굴할 수 있도록 한 것이다. 채굴된 비트코인 거래정보는 암호화한 후 블록체인이라는 공개된 분산원장(元帳)에 기록해 둔다. 보안성 때문에 경제적인 가치를 담보할 수 있고, 물건이나 서비스의 지급수단으로 사용될 수만 있다면 궁극적으로 기존 화폐를 대체할 수 있다는 것이 비트코인 아이디어다.

비트코인은 온라인 결제 플랫폼인 페이팔[3] 등과는 다르다. 페이팔은 아마존과 같이 전 세계를 대상으로 하는 인터넷 쇼핑몰들이 각국 통화나 거래은행에 관계없이 결제할 수 있도록 도와주는 서비스다. 이보다 앞서 개발된 인터넷 뱅킹도 이미 보편적인 결제수단으로 자리잡았다. 하지만 페이팔이나 인터넷 쇼핑몰에서 거래되는 가상화폐는 모두 누군가가 중앙에서 거래를 매개하고 통제하는 시스템이다. 비트코인은 중앙에서 통제하는 제3자 없이 거래 당사자들이 직접 관리하는 통화시스템을 구축해 국경에 제약 받지 않고 수수료도 거의 없는 가상화폐를 만든다는 비

3 페이팔(PayPal)은 인터넷을 이용한 결제서비스로, 페이팔 계좌 간에 또는 신용카드로 송금, 입금, 청구를 할 수 있도록 해준다. 거래 당사자간에 신용카드번호나 계좌번호를 알려주지 않아도 되기 때문에 온라인상에서 안전한 결제시스템 역할을 하고 있다.

전을 가지고 고안한 것이다.

비트코인과 같은 암호화폐를 안전하게 저장하고 사용하기 위해 고안된 보안기술이 바로 블록체인이다. 블록체인은 금융거래 시 발생할 수 있는 이중 지불 방지 및 위·변조가 불가능한 기술로 암호화폐뿐만 아니라 스마트 거래 등을 위한 인프라로 활용될 수 있는 기술이다. 따라서 비트코인은 블록체인의 다양한 응용분야 가운데 한가지 사례에 불과하다. 4차산업혁명시대에는 암호화폐 그 자체보다 다양한 분야에서 기존의 거래 개념을 혁신하며 새로운 패러다임을 제시할 블록체인 기술이 더 중요해질 것으로 보인다.

블록체인이란 무엇인가

블록체인은 공공거래장부, 또는 분산장부(Distributed Ledger)라고 불린다. 블록체인은 네트워크 내의 모든 참여자가 공동으로 거래정보를 검증, 기록, 보관함으로써 은행과 같은 공인된 제3자가 없어도 거래 기록의 신뢰성을 확보하는 기술이다. 은행을 포함한 금융회사들은 거래 장부를 안전하게 기록하고 관리하기 위해 접근성을 제한하는 보안 방법을 사용해 왔다. 거래 장부를 보관하는 서버는 아무나 접근할 수 없는 건물 깊숙한 곳에 두고 각종 보안 프로그램과 장비를 설치한다. 24시간 경비를 서고 서버를 관리해야 함은 물론 컴퓨터 접속을 통제하기 위해 강력한 보안 프로그램을 설치해야 하므로 상당히 많은 비용이 발생한다. 반면 블록체인은 중요한 정보를 깊숙이 숨겨야 한다는 전통적인

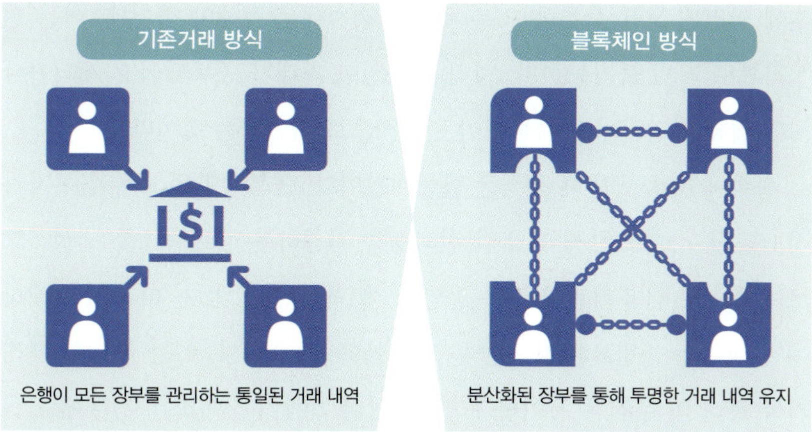

블록체인은 은행과 같은 공인된 제3자가 없어도 거래 기록의 신뢰성을 확보하는 기술이다. 거래정보를 중앙에 보관하기 보다는 모든 사람이 공유하게 함으로써 거래 내역의 신뢰를 담보한다.

보안 상식을 뒤엎고, 오히려 모든 사람이 정보를 공유하게 함으로써 거래내역을 조작하지 못하게 막는 방법을 사용한다.

블록체인은 어떻게 위·변조를 막고 거래의 신뢰성을 확보할까? 블록체인은 10분 단위로 거래 기록을 담은 블록(Block)을 생성하고, 모든 구성원들이 블록을 검사한다. 만일 숫자가 잘못 적히거나 거래내역이 누락된 장부가 있다면, 다른 사람이 가지고 있는 정확한 장부(블록)를 복제해서 오류가 있는 부분을 대체한다. 참여자들이 거래 정보의 유효성을 상호검증하는 셈이다. 이렇게 해서 유효성이 확인된 블록은 이전에 만들어진 블록들에 연결되는데 이 때문에 'Chain'이란 단어가 사용되는 것이다. 이 과정은 매 10분마다 반복된다. 2009년 1월 3일 사토시 나카모토가 첫 블럭을 만든 이후 지금까지 모든 비트코인 거래내역은 블록체인 안에 기록되어 있다. 특정 블록에 담긴 거래 기록을 조작하기 위해서는 그 블록 이후에 연결된 모든 블록을 10분 내에 한꺼번에 수정해야 하는데, 이는 현실적으로 거의 불가능하다. 따라서 동일한 거래가 중복되어 기재되거나 허위 거래가 만들어질 가능성이 원천적으로 차단되는 것이다.

블록체인의 첫 번째 특성은 탈중개성이다. 블록체인은 모든 참여자가 정보를 공유하고 함께 거래의 신뢰성을 검증하는 네트워크를 구성하므로 은행이나 금융기관과 같은 공인된 제3자가 필요 없다. 따라서 거래상에 발생하는 불필요한 비용들을 최소화할 수 있으며, 이는 복잡한 거래 기록 관리 및 추적을 용이하게 한다. 여러 기관이 참여하는 경우에도 시스템 통합에 따른 복잡한 프로세스가 필요 없어 큰 비용이 들지 않는다. 블록체인이 금융거래를 위해 사용될 경우 수수료가 없어지거나 낮아져

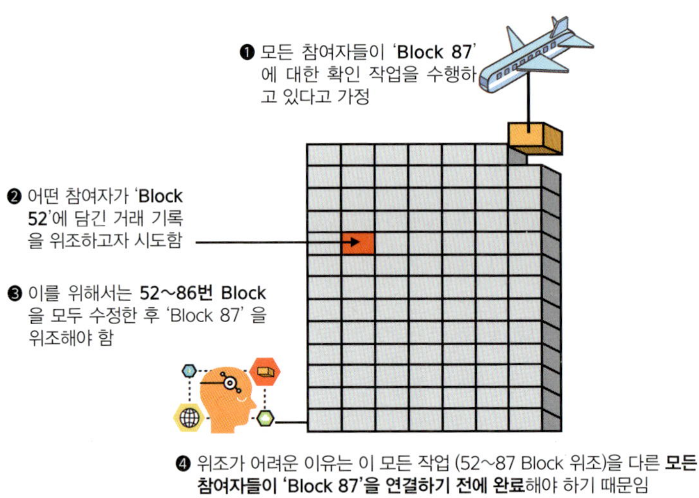

블록체인은 매 10분 마다 거래기록을 블록으로 만들어 서로 연결한다. 특정 블록에 포함된 거래 기록을 위·변조하기 위해서는 10분 안에 그 블록 이후에 만들어진 모든 블록에 들어 있는 데이터까지 함께 수정해야 하므로 실제로 정보의 위·변조가 불가능하다.

금융비용이 절감될 수 있는 이유가 여기에 있다.

블록체인의 두 번째 특성은 강력한 보안성이다. 블록체인을 도입하면 중앙 데이터베이스에 모든 자료를 저장하는 것보다 상대적으로 안전하다. 모든 거래 데이터를 한곳에 보관하고 관리한다면 해커들이 단 하나의 데이터베이스만 침입하는 것으로 치명적인 피해를 줄 수 있다. 하지만 블록체인처럼 분산된 거래 장부에 침입하는 것은 현실적으로 매우 어렵다. 블록체인 기반의 네트워크를 해킹하는 것은 사실상 불가능에 가까우며, 일부 시스템에 오류나 성능저하가 발생하더라도 전체 네트워크가 타격을 입을 가능성도 적다.

마지막으로, 블록체인은 공개성이라는 특징을 가지고 있어서 투명성이 높다. 모든 참여자들이 장부를 공유하고 있기 때문에 기본적으로 모든 거래 기록이 공개될 수 있어 투명성이 높아진다. 금융거래와 회계 관리와 같이 투명성이 중요한 분야에서 블록체인의 활용 가능성이 높은 건 이 때문이다.

국내에서는 2017년부터 지난 4년간 빗썸, 코인레일과 같은 암호화폐 거래소에서 총 8건의 해킹사건이 발생해 1,200억 원이 넘는 피해를 보았다. 2019년 5월 중국의 암호화폐 거래소인 바이낸스가 4,700만 달러(517억 원) 규모의 암호화폐를 분실했고, 2019년 7월에는 일본의 암호화폐 거래소인 비트포인트가 해킹사건으로 2,800만 달러(308억 원)의 암호화폐를 잃었다. 뉴스를 접한 많은 사람들이 "블록체인은 보안성과 안정성이 뛰어난 것으로 알고 있는데 왜 암호화폐 거래소가 해킹을 당할까?"라는 의문을 제기하고 있다. 이 질문에 대한 답은 블록체인 자체의 문제가 아니라 암호화폐 거래소들이 사용하고 있는 거래 시스템에 있다. 거래소들이 암호화폐를 거래하는 시스템은 블록체인 기반이 아니다. 암호화폐를 채굴하는 과정은 블록체인 기술이 활용되지만, 이렇게 생성된 암호화폐를 사고파는 거래시스템은 '중앙집중식' 시스템을 사용하는데, 이 시스템이 보안에 취약해서 생기는 문제다. 탈중개성이라는 블록체인 기술이 아닌 '중앙집중식' 거래시스템을 사용하기 때문에 거래소의 시스템 보안 수준에 따라 해킹이 가능한 것이다. 블록체인 기술 자체는 위·변조가 거의 불가능하지만 이를 활용하는 시스템을 설계하는 과정에서 안정성이나 보안성에 문제가 생길 수 있음을 인식해야 한다.

블록체인의 부산물로 만들어지는 대표적인 암호화폐가 비트코인이다. 새로운 블록이 만들어지는 매 10분마다 일정한 개수의 비트코인이 발행되기 때문이다. 비트코인의 가격은 2020년 12월에 22,200 달러를 넘어섰는데, 이는 2017년에 기록했던 19,500 달러를 훨씬 초과하는 가치다. 암호화폐인 비트코인의 가격이 왜 이렇게 유동적이며, 가치가 오르는 것일까? 첫째 불법 화폐 취급을 받아 오던 비트코인이 2020년에 들어와 조금씩 제도권으로 들어오기 시작했기 때문이다. 미국의 온라인 결제 업체인 페이팔이 암호화폐를 거래하는 서비스를 시작했으며, 신용카드 업체 비자도 미국 달러화에 연동된 암호화폐 결제 시스템을 도입하고 있다. 세계 각국 정부와 중앙은행이 디지털 가상화폐를 추진하고 있는 것도 비트코인에 대한 인식을 바꾸는 계기가 되고 있다. 중국은 광동성을 비롯한 일부 지역에서 디지털 위안화 사용을 실험하고 있다. 유럽중앙은행은 디지털 유로 발행을 검토 중이며 미국 연방준비위원회도 가상 화폐 기술을 실험하는 중이다.

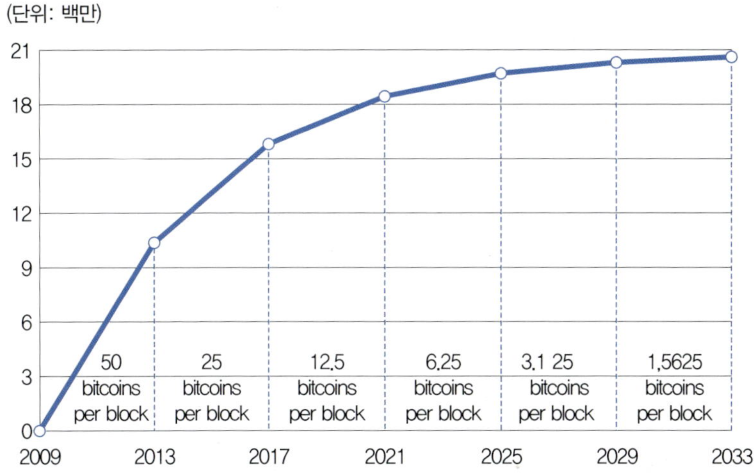

비트코인은 총 발행양이 2,100만 개로 정해져 있으며, '반감기(半減期)'로 인해 시간이 지날수록 공급량이 줄어드는 특징을 가지고 있다. 매 10분마다 블록이 만들어질 때 50개씩 발행되던 비트코인의 수는 총 발행양의 절반인 1,050만 개가 넘어선 2013년부터는 25개로 줄어들었고, 전체 발행양의 3/4인 1,575만 개를 넘어선 2017년 이후에는 다시 12.5개로 축소되었다. 2021년 이후에는 비트코인 발행양이 다시 6.25개로 반감되어 암호화폐의 희소성은 점차 커질 수밖에 없다.

비트코인이 가지고 있는 희소성도 암호화폐의 가치를 증가시키는 요인이 되고 있다. 비트코인을 고안한 사토시 나카모토는 2008년 금융위기 당시 경제회복을 위해 각국 정부가 무차별적으로 통화를 발행하는 행태를 비판하며 비트코인을 설계했음을 이미 앞에서 설명한 바 있다. 그는 암호화폐의 총 공급량을 미리 설정해 두고, 시간이 지날수록 발행되는 비트코인의 양이 점점 줄어들도록 디자인 했다. 전체 공급량(2,100만 개)의 절반이 발행된 2013년부터는 매 10분마다 만들어지는 비트코인의 수가 50개에서 25개로 줄어들었고, 다시 남아 있는 공급량의 절반(1,050만 개의 절반인 525만 개)이 추가로 공급된 2017년부터는 비트코인 발행 개수가 25개에서 12.5개로 축소되었다. 이런 식으로 진행되면 2021년 이후에는 매 10분마다 공급되는 암호화폐의 수는 다시 6.25개로 반감된다. 암호화폐의 전체 공급량을 미리 설정해 두고, 발행되는 비트코인 수가 점점 줄어들도록 설계한 방식 때문에 화폐 공급량은 시간이 지날수록 줄어들 수 밖에 없으며, 이러한 희소성이 비트코인의 가격 상승에 큰 역할을 하고 있는 샘이다.

블록체인의 응용 분야

탈중개성, 보안성, 그리고 투명성이 높다는 특성때문에 블록체인 기술은 비트코인과 같은 암호화폐뿐만 아니라 다양한 분야에서 활용될 수 있다. 블록체인은 공유원장기술을 핵심으로 하므로 생산-제조-유통-거래의 모든 단계에서 발생하는 정보를 기록할 수 있으며 특히 보안에 강하다는 장점때문에 정보의 신뢰성을 제고할 수 있어 응용 분야가 무궁무진하다.

블록체인 활용이 기대되는 분야 가운데 대표적인 것이 스마트 계약이다. 블록체인 플랫폼을 통해 일정조건을 만족시키면 자동으로 거래가 실행되도록 프로그래밍하는 것으로, 소유권 이전이나 상속과 증여 등에도 활용될 수 있다. 스마트 계약을 부동산 임대에 적용하는 벤처기업도 이미 설립되어 운영 중이다. 이 기업은 부동산 보증금과 임대료 지불이 확인되면 스마트폰을 이용해 건물에 부착된 스마트 도어락를 열수 있도록 해준다.

블록체인은 투명하고 위·변조가 불가능한 공공장부라는 특성때문에 다양한 기록을 관리하기에 효율적인 기술이다. 블록체인을 이용해 다이아몬드 유통과정을 기록함으로써 다이아몬드의 진위여부를 가리고 불법거래를 방지하는 서비스도 이미 출현했다. 40가지의 척도를 사용해 다이아몬드의 디지털 지문을 만들면, 해당 다이아몬드의 소유 이전 경로가 블록체인에 기록되고 이를 통해 인증을 받는다. 이 정보는 아무도 변경할 수 없으므로 특정 다이아몬드의 합법적인 출처가 밝혀지지 않는다면 블러드 다이아몬드이거나 장물이라고 의심할 수 있는 것이다.

IBM은 월마트, 네슬레, 유니레버 등 글로벌 제조 및 유통기업들과 컨소시엄을 구성하고, 소비자들에게 오염된 식품이 전달되지 못하도록 제품 이력을 추적하는데 블록체인을 활용하고 있다. 예를 들어 돼지고기가 생산되는 모든 과정에 사물인터넷을 설치하고, 관련 정보를 실시간으로 업데이트해 네트워크에 참여한 사람은 누구든지 돼지고기의 생산, 유통과정을 투명하게 확인할 수 있도록 하는 것이다. 소매점들이 매장에서 판매되는 제품의 유통기한을 보다 효율적으로 관리함으로써 식품의 신뢰성을 제고하고 신선 식품과 관련된 안전장치를 마련하는 것이 목적이다.

한때 필름시장의 최강자였던 코닥은 코닥원(KODAK One)이라고 불리는 블록체인 사진 거래 플랫폼을 만들고, 플랫폼 내에서 사용될 암호화폐인 코닥코인(KODAK Coin)을 발행했다. 사진작가가 사진을 등록하면 저작권 정보가 입력된 블록(데이터)이 형성되고, 이 사진의 구매를 원하는 소비자가 사진을 다운로드하면 스마트 계약에 따라 사진작가에게 즉시 코닥코인으로 저작권료가 지불된다. 소비자와 사진작가가 거래 정보를 담은 장부를 분산하여 소유하며, 다른 고객이 사진을 구매하면 자동적으로 거래 정보가 업데이트되는 방식이다. 저작권 보호가 필요한 디지털 콘텐츠(사진뿐만 아니라 음악, 동영상, 이북 등)의 유통과 관리 등을 위해서도 활용이 가능하다.

선거를 위해서도 블록체인 기술이 활용되고 있다. 온라인 투표는 기존 투표 방식이 가지고 있는 공간적, 시간적 한계를 극복할 수 있어 투표소를 방문하지 못하는 유권자의 투표 참여율을 높일 수 있다. 또한 개표의 정확성과 신속성이 향상돼 투표 관리에 투입되는 인력과 시간을 단축시킨다. 이러한 장점에도 불구하고 해킹으로 발생되는 보안문제와 부정 및 대리 투표로 인한 신뢰성의 문제가 온라인 투표 확산의 걸림돌이었다. 온라인 선거의 단점을 보완하기 위해 블록체인을 선거에 활용하는 사례가 늘어나고 있다. 스페인의 신생 정당인 포데모스(Podemos)는 시민 참여율을 높이고 공정한 투표를 실현하기 위해 블록체인을 적용한 아고라 투표를 도입했다. 새로운 시스템에 힘입어 포데모스는 창당 100일 만에 유럽 의회선거에서 120만 표를 득표하며 5석이나 확보하는 성공을 거두었다. 국내 중앙선거관리위원회도 기존의 온라인 투표 시스템에 블록체인을 적용하는 새로운 시스템 개발을 검토하고 있다.[4]

4 중앙선거관리위원회가 2013년에 도입한 케이-보팅(K-Voting, 온라인 선거 시스템)은 그동안 학교, 공동주택, 기업 등의 대표자 선출이나 안건 투표 등에 주로 이용돼 왔으나, 최근에는 정당 경선과 대학총장 선거 같은 공공성이 높은 영역으로 확대되면서 더 높은 수준의 보안성이 요구돼 왔다. 중앙선거관리위원회가 블록체인 도입을 검토하게 된 배경이다.

영화가 아닌 현실이 되고 있는 가상현실

가상현실(Virtual Reality)은 컴퓨터 기술로 사용자의 오감을 자극해 실제와 유사한 시·공간적 체험을 가능케하는 기술을 의미한다. 즉, 특정 상황을 실제로 겪지 않고도 유사한 경험을 가상의 세계에서 체험하도록 하는 것이 가상현실의 핵심이다. 가상현실이라는 용어는 1938년 프랑스의 극작가였던 앙토냉 아르토가 집필한『잔혹연극론』에서 처음 사용되었다. 그는 연극이 공연되는 극장을 '가상현실 공간'이라고 표현했다. 연극은 현실이지만 또 다른 의미에서는 현실이 아니며 관객들을 강하게 매료시키고 몰입 시킨다는 의미로 이 용어를 사용했다.

가상현실 기술이 현실에서 실제로 사용된 것은 1940년대 미 공군이 개발했던 비행 시뮬레이터다. 실제 비행기로 조종훈련을 하는 것보다는 시뮬레이터를 사용하는 것이 비용과 안전 두 측면에서 모두 도움이 되기 때문이다. 시뮬레이터의 조종석은 실물 항공기의 조종석과 동일하게 디자인되어 있어 실습자가 조종간이나 레버를 움직이면 발동기의 출력이나 날개의 각도, 고도와 속도 등이 계기판에 나타나므로 실제 비행기를 타지 않고도 조종사 훈련이 가능했다. 이후 가상현실 기술은 1980년대에 워게임과 같은 군사분야에서 일부 도입되었고, 1990년대 후반에는 '매트릭스'나 '데몰리션 맨'과 같은 할리우드 영화의 주요 소재로 등장하기도 했다.

영화 속에서나 가능하리라고 생각했던 가상현실 기술이 점점 현실화되고 있다. 2014년에 글로벌 소셜네트워크 기업인 페이스북이 가상현실 전문기업인 오큘러스를 20억 달러(2조 2,000억 원)에 인수하면서 가상현실은 이제 전 세계인들이 경험할 수 있는 기술이라는 기대가 커지고 있다. 스티븐 스필버그 감독의 최근 영화 '레디 플레이어 원'[5]에 나오는 가상현실의 시대적 배경은 2045년이지만 전문가들은 영화의 소재가 되는 가상현실 기술들이 2030년경이면 완성될 것으로 전망하고 있다.

가상현실을 제대로 구현하기 위해서는 몰입감(Immersion), 상호작용(Interaction), 그리고 가상이미지(Imagination)라는 세가지 요소가 필수적이다. 몰입감을 위해서는 다양한 디스플레이 기술이 개발되고 있으며, 최근에는 시각 뿐만 아니라 청각 등 다른 감각을 자극해 몰입감을 증가시키는 기술로 진화되고 있다. 가상현실에서 기계와 사람간의 상호작용은 마우스나 키보드와 같은 기존의 입력장치를 벗어나 햅틱기술[6]처럼 센서로 사용자의 손가락 움직임을 인식하고 추적하는 방향으로 발전하고 있다. 별다른 장치 없이 동작 자체를 카메라가 인식하는 소프트웨어도 개발되고 있어 조만간 야간 비행기 안에서 헤드셋을 낀 채 허공을 휘저으며 업무를 보는 승객을 보게 될지도 모른다. 마지막으로 가상이미지는 가상현실 콘텐츠를 의미하는데, 360도 카메라로 촬영한 영상이나 게임엔진에서 사용하는 3D 컴퓨터 그래픽 등이 가상이미지에 해당한다. 기기와의 상호작용을 통해 사용자가 몰입할 수 있는 가상이미지가 있어야

5 레디 플레이어 원(Ready Player One)은 '오아시스'라 불리는 가상현실 게임이 지배하는 2045년의 미래 세계를 배경으로 하고 있다. 가상현실 속에 숨겨진 이스터 에그(부활절 계란)를 찾는 모험을 그린 블록버스터 영화다.

6 햅틱(Haptic)은 '만지다, 잡다'라는 뜻의 고대 그리스어(Haptesthai)에서 유래된 단어로 '촉감'을 의미한다. 햅틱 기술은 가상세계에서 촉각과 힘, 운동감 등을 느끼게 하는 기술이다. 예를 들어 햅틱 글로브를 착용하면 허공에서 마치 자판기나 마우스를 클릭하는 것처럼 촉각을 느낄 수 있다.

가상현실의 구현이 가능하다.

가상현실 디바이스와 글로벌 경쟁

가상현실 산업은 디스플레이와 입력 장치와 같은 하드웨어를 적절히 융합하고 다양한 콘텐츠 제작기법으로 창의적인 가상현실 콘텐츠를 제작해 사용자 경험을 극대화해야 성공할 수 있다. 가상현실에서 가장 중요한 디바이스는 머리에 착용하는 디스플레이 장치인 HMD(Head Mounted Display)다. 대부분의 HMD는 LCD(Liquid Crystal Display) 또는 OLED(Organic Light Emitting Diode) 기술을 사용하고 있는데, 반응속도, 전력소모, 그리고 소형화의 측면에서 OLED가 LCD보다 뛰어나다. 현재 상용화되어 있는 HMD 장비는 스마트폰 거치형 HMD, 자체 컴퓨팅 파워를 내장한 독립형 HMD, 그리고 PC나 게임 콘솔 장치에 연결하는 유선형 HMD로 나눌 수 있다.

스마트폰 거치형 HMD는 디스플레이 장치로 스마트폰을 사용한다. HMD를 컴퓨터와 연결하는 선이 없어 HMD 착용 후 활동에 제약이 적으며 가격이 저렴하다는 장점이 있다. 대표적인 스마트폰 거치형 HMD로는 구글의 카드보드(Cardboard), 그리고 삼성 기어브이알(GearVR)을 들 수 있다. 이들 스마트폰 거치형 HMD는 스마트폰 해상도에 따라 화질이 좌우되고 상대적으로 몰입도가 떨어진다는 단점이 있지만 비용이 적게 드는 보급형 HMD라고 볼 수 있다. 구글 카드보드는 종이로 만든 골판지 재질을 사용하고 시야각을 확보하기 위한 렌즈를 포함하고 있는데 가격이 15달러 정도로 아주 저렴하다.

독립형 HMD는 자체 프로세서와 디스플레이를 탑재하고 있을 뿐 아니라 추가적인 센서를 장착해 가상현실에 최적화한 HMD 장비다. 무선으로 HMD를 사용하므로 편리하지만 내장된 배터리를 통해 전원이 공급되므로 사용시간에 제약이 있다는 단점이 있다. 반면 가상현실에 특화된 디스플레이와 센서를 사용하므로 스마트폰 거치형 HMD보다 높은 몰입감을 제공한다. 페이스북의 오큘러스 퀘스트(Oculus Quest)와 HTC의 바이브 포커스(Vive Focus)가 독립형 HMD를 대표하는 제품이다. 별도의 PC나 고성능 스마트폰 없이 가상현실 콘텐츠를 경험할 수 있도록 만든 HMD다.

유선 HMD는 자체 프로세서를 가지고 있지 않기 때문에 PC나 게임 콘솔 등에서 입체 영상을 위한 3D 연산 등을 처리한 후 유선으로 디스플레이 장치가 탑재된 HMD로 전송한다. PC나 게임 콘솔과 연결된 유선 때문에 HMD 착용 후 움직임에 제약이 있지만, PC나 콘솔의 높은 연산 능력을 사용할 수 있다. 따라서 현실감을 높이기 위해 계산양이 많은 가상현실 콘텐츠의 구현에 유리하며, 전원을 유선으로 공급받으므로 사용시간에 제한이 없다는 장점을 가지고 있다. 반면 3가지 분류의 HMD 가운데 가장 가격대가 높은 편이다. HTC의 바이브 프로(Vive Pro)나 파이맥스(Pimax)의 Pimax 8K 등이 대표적인 유선 HMD 제품에 해당한다.

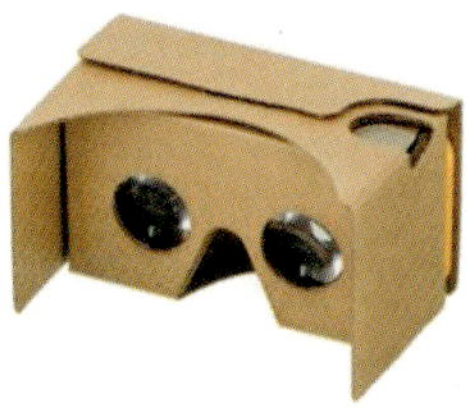
구글 카드보드

오큘러스 퀘스트

바이브 프로

오큘러스 터치

센소 글로브

버툭스 옴니

구글 카드보드는 스마트폰 거치형 HMD, 오큘러스 퀘스트는 독립형 HMD, 바이브 프로는 유선 HMD를 대표하는 디바이스다. 손의 움직임을 인식하는 오큘러스 터치(컨트롤러), 장갑형태의 센소 글로브(핸드 트래커), 발의 움직임을 인식하는 버툭스 옴니(트래드 밀)는 가상현실을 위한 중요한 입력 장치다.

HMD 뿐만 아니라 입력 장치도 가상현실을 위한 중요한 디바이스다. 현실감을 높이기 위해서는 실시간 상호작용이 가능해야 하는데, 이를 위해서는 사용자의 손과 발, 그리고 시선 등의 움직임을 추적하는 입력장치가 필수적이다. 가상현실을 위한 입력장치에는 변형한 게임 컨트롤러(Game Controller), 손의 움직임을 추적하는 핸드 트래커(Hand Tracker), 발의 움직임을 인식할 수 있는 트레드밀(Treadmill), 그리고 뇌파/시선 등 다른 신체 부분의 움직임을 추적하는 장치가 있다.

게임을 위해 개발된 컨트롤러(Controller)를 가상현실 환경에서 사용할 수 있도록 변형한 컨트롤러는 사용자가 양손에 착용할 수 있도록 한 쌍으로 구성되어 있다. 오큘러스가 만든 오큘러스 터치(Oculus Touch)와 HTC의 바이브(Vive)가 대표적인 가상현실용 컨트롤러에 해당한다. 이들 컨트롤러는 사용자의 움직임을 적외선 센서와 자이로 센서[7]로 측정하고 이를 유무선 네트워크를 통해 독립형 HMD나 PC로 전송한다. 사용자는 손의 위치를 추적할 수 있는 컨트롤러에 장착된 다양한 버튼을 사용해 상호작용을 수행할 수 있다.

핸드 트래커(Hand Tracker)는 게임 컨트롤러로는 처리할 수 없는 세밀한 손동작을 입력할 수 있는 장치다. 핸드 트래커는 몸에 착용하는 형태와 적외선 카메라를 이용해 손가락의 움직임을 추적하는 비착용형 두 가지가 있다. 대표적인 착용형 핸드 트래커 장치인 센소 글로브(Senso Glove)는 장갑 형태의 입력장치를 사용하는데, 플렉스(Flex) 센서[8]를 이용해 각 손가락의 움직임을 파악하고 장갑에 내장된 자이로 센서로 사용자 손의 위치를 추적한다. 손가락마다 햅틱 장치가 달려 있어 즉각적인 햅틱 피드백을 전달할 수 있다. 적외선 센서를 사용해 손가락의 움직임을 인식하는 비착용형 핸드 트래커 제품에는 립모션(Leap Motion)[9]이 있다.

트레드밀(Treadmill)은 전용 신발을 착용하고 지지대 위에 올라서서 걷

7 자이로(Gyro)는 라틴어로 '회전하는 것'이라는 의미다. 자이로 센서는 가속도 센서와 함께 동작인식을 위해 핵심적인 역할을 한다. 회전하는 물체의 회전각을 인식하는 센서가 자이로 센서다.

8 플렉스 센서(Flex Sensor)는 구부림의 양을 측정하는 기술이다. 손가락의 구부림 정도에 따라 센서에 흐르는 전류의 저항값이 달라지므로, 이 값을 통해 손가락의 구부림 각도를 계산해 낼 수 있다.

9 립모션(Leap Motion)은 적외선 카메라를 사용해 손의 움직임을 추적하고, 추적된 정보를 사용해 컴퓨터로 3D 지도를 그림으로써 손의 움직임을 인식한다.

거나 뛰면 사용자의 움직임을 인식하는 장치다. 오큘러스의 HMD 장치와 함께 사용되는 버툭스 옴니(Virtuix Omni)가 대표적인 가상현실용 트레드밀 장치인데, 전용 신발 바닥에 있는 롤러의 움직임을 통해 사용자의 움직임과 방향을 인식한다. 360도 전 방향으로 제자리에서 걷거나 뛸 수 있는데, 허리에 있는 지지대가 안정적으로 가상현실 기기를 사용할 수 있도록 해 준다. 사용자의 손과 발이 아닌 뇌파나 시선을 추적하는 입력장치도 있다. HTC의 바이브 HMD에 부착해서 사용하는 뉴러블(Neurable)은 사용자의 뇌파신호를 감지해 가상현실에 반영한다. 포브 브이알(Fove VR)은 복수의 적외선 센서를 HMD에 장착해 양쪽 눈의 홍채 위치를 파악하는 아이트래킹 기술을 사용한다.

가상현실을 위한 콘텐츠를 제공하는 서비스 플랫폼에서도 글로벌 ICT 기업들의 경쟁은 치열하다. 구글은 구글 플레이를 통해 가상현실용 앱을 제공하고 있고, 유튜브도 360도 동영상 콘텐츠를 서비스하고 있다. 구글은 자사의 보급형 HMD인 카드보드를 사용해 스마트폰으로 가상현실을 체험할 수 있도록 콘텐츠를 서비스하고 있다. 페이스북도 360도 동영상 콘텐츠를 제공하고 있을 뿐 아니라 자회사인 오큘러스의 앱스토어에서 액션, 뮤직, 스포츠, 라이프스타일 등 주제별 채널을 통해 다양한 가상현실 콘텐츠를 제공하고 있다. 애플은 자사의 서비스 플랫폼인 앱스토어와 아이폰을 활용하는 독자적인 가상현실 생태계를 구축하기 위해 노력하고 있으며, 아마존도 가상현실 앱을 손쉽게 구축하고 이를 스마트폰과 HMD, 웹 브라우저 등에서 구동할 수 있도록 지원하는 아마존 수메리안(Sumerian)을 출시했다. 이처럼 글로벌 ICT 기업들이 가상현실을 위한 생태계에 경쟁적으로 뛰어드는 이유는 그동안 기술적인 제약으로 현실에서 적용하기 쉽지 않았던 가상현실 기술이 조만간 실생활에서 사용될 수 있는 수준으로 발전할 것이라는 기대 때문이다.

가상현실의 응용 분야

가상현실 기술을 가장 적극적으로 도입하고 있는 분야는 게임과 영화, 그리고 테마파크와 같은 엔터테인먼트 산업이다. HMD를 착용한 상태에서 고개를 움직이는 동작이 센서를 통해 게임에 반영되는 가상현실 게임이 이미 나와 있고, HMD를 착용한 관람자들이 영화 속으로 들어가 모든 등장인물의 시점에서 사물을 바라볼 수 있는 가상현실 응용 프로그램도 개발되고 있다. 가상현실 기기를 통해 놀이기구의 몰입감을 높이거나 가상현실 기술만을 사용하는 새로운 형태의 테마파크도 출현하고 있다.

광고 업체나 마케팅 기업은 가상현실 기술이 브랜드와 상품에 대한 고객 경험을 극대화해 줄 것으로 기대하고 있다. 소비자들이 영상을 360도로 조종하며 실제 제품을 보는 듯한 체험을 할 수 있어 광고효과를 크게 늘릴 수 있기 때문이다. 고객이 구매에 앞서 가상세계에서 제품을 실제 사용해 보고 테스트해 볼 수 있다면 쇼핑 경험을 극대화할 수 있을 뿐 아니라 주문 제품인 경우 고객 편의성도 늘어난다. 예를 들어 실제 인테리어 공간과 유사하게 만들어진 가상현실에서 디자인의 변경이 공간의 이미지를 어떻게 바꿀지를 미리 체험할 수 있다면 가구의 선택이나 인테리어 설계 주문이 편리해진다.

관광지나 문화공연장에 실제 가보지 않고도 가상세계에서 실제 가본 것과 같은 체험을 할 수 있으므로 관광과 문화분야도 가상현실을 크게 주목하고 있는 산업이다. 누구나 정보에 쉽게 접근할 수 있도록 하는 인터넷이 정보의 평등화를 가져온 것처럼, 가상현실은 문화의 평등화를 위한 도구가 될 수 있다. 루브르 박물관이나 브로드웨이에 갈 수 없는 사람들이 가상현실에서 세계 최고 수준의 예술작품과 뮤지컬을 현장에서 즐기는 것과 같은 경험을 할 수 있다. 히말라야를 오르고 싶은 심장질환자에게 산 정상의 만년설을 느껴볼 수 있게 하고, 몸이 불편한 사람들이 패러글라이딩을 타고 하늘을 나는 자유로움이 어떤 느낌인지를 체험할 수 있도록 하는 것이 가상현실 기술이다.

교육분야에서도 가상현실은 최고의 학습 도구가 될 수 있다. 인체에 대한 교육 시간에 인체 내부의 장기 모습들을 전체적인 그림으로만 학습하는 것이 아니라 혈관을 타고 몸 안을 이동하면서 공부하면 훨씬 효과적인 교육이 될 수 있다. 의과대학에서는 가상현실을 통해 실제 수술을 하는 것처럼 훈련을 받기도 한다. 역사시간에는 500년 전 한양의 모습을 직접 보면서 걷거나 임진왜란 당시 직접 거북선에 올라타 전쟁을 치르는 경험을 하면서 역사공부를 할 수도 있다. 자동차 운전 교육에 가상현실을 적용하면 경제적 또는 인적 피해 없이 교통사고를 직접 당하는 체험을 통해 안전운전에 대한 교육을 강화시킬 수도 있다.

제조나 건축과 같은 산업분야에서도 가상현실이 유용하게 사용된다. 디자이너와 엔지니어들이 여러 모델의 자동차를 만들지 않고서도 새로 디자인한 자동차가 어떤 모습이며, 어떻게 작동할 것인지 가상현실에서 테스트해 볼 수 있다. 공장에서 생산에 참여하는 여러 관계자들이 신제품의 조립 공정을 가상현실을 통해 미리 체험할 수 있다면, 생산성, 스케줄링 등을 사전에 분석할 수 있어 보다 효율적인 생산공정의 설계가 가능해진다. 건축분야에서는 건물을 짓기 전 가상 투어를 통해 디자인과 재질, 조명 배치 등 건축주가 원하는 형태의 설계를 구현하는데 가상현실이 유용한 도구가 되고 있다.

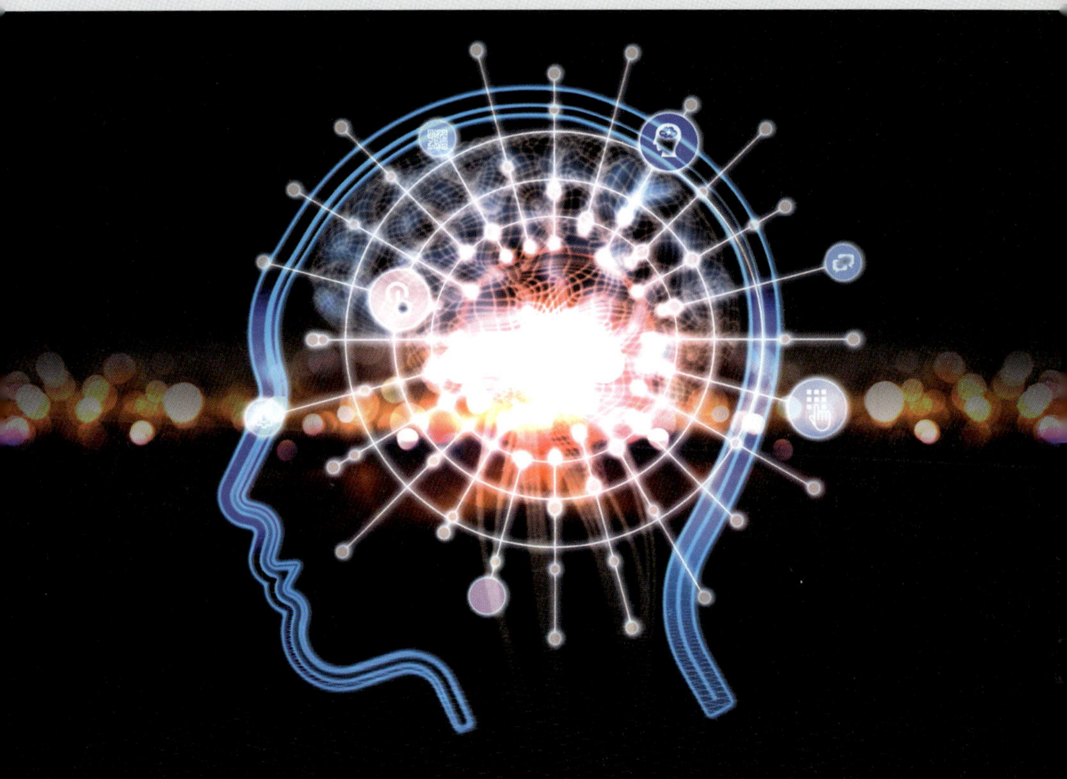

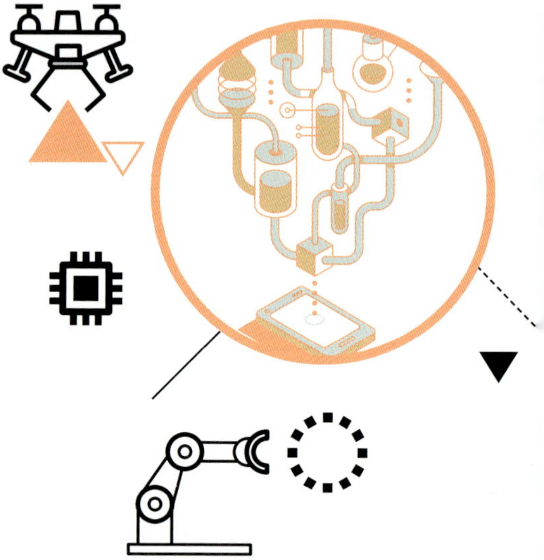

“ 변화를 탐구하고 변화에 대응하며,
변화를 기회로 이용하는 기업만이 살아남을 수 있으며,
진정한 기업가 정신만이 21세기의 생존전략이다. ”

– 피터 드러거(Peter Drucker), 『혁신과 기업가 정신(Innovation and Entrepreneurship)』, 1985. –

제3부

4차산업혁명과 디지털 트랜스포메이션

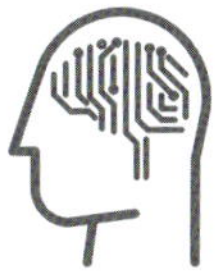

14

신기술과 디지털 트랜스포메이션의 세 가지 영역

디지털 트랜스포메이션을 요구하는 4차산업혁명

디지털 트랜스포메이션은 ICT 기술을 적용해 경쟁력을 강화하는 일련의 기업활동을 의미하며, 업무 최적화, 고객 소통, 그리고 제품 혁신이라는 세 영역에서 진행된다. 브로드밴드 인터넷의 확대와 모바일 기술의 발전, MP3와 같은 디지털 변환 기술, 그리고 ERP 등 SW 기술의 발전에 힘입어 지난 20년간 많은 산업에서 디지털 트랜스포메이션이 진행돼 왔다. 4차산업혁명은 지금까지 디지털 트랜스포메이션을 가능하게 했던 이러한 기술들과는 차원이 다른 새로운 기술들을 쏟아내고 있다. 4차산업혁명의 대표적인 기술은 최근에 새로이 개발된 것도 있지만, 이전부터 존재해왔던 기술도 상용화가 가능한 수준에 이르고 있다. 기업이 혁신을 위해 선택할 수 있는 기술의 종류와 폭이 그만큼 늘어나고 있는 셈이다. 본 장에서는 4차산업혁명을 대표하는 기술이 디지털 트랜스포메이션을 위해 어떻게 활용될 수 있는지 살펴보고자 한다.

여기서 소개하는 신기술의 활용 사례는 대부분 이제 막 상용화를 시작했거나 아직 테스트 단계에 있는 것들이다. 대부분의 ICT 기술은 초기 단계에 캐즘(Chasm)[1]을 경험한다. 이들 신기술 응용 사례 가운데 테스트

1 캐즘(Chasm)은 원래 지질학 용어로 크게 단절된 구간을 의미한다. 1991년 제프리 무어 박사가 벤처업계의 성장과정을 설명하면서 이 용어를 처음 사용했다. 신기술이 개발된 후 대중적으로 보급되기 이전에 수요가 정체되는 현상을 표현하는 경제 용어다. 캐즘을 극복하는 기술은 대중적으로 널리 사용될 수 있지만, 그렇지 못한 기술은 확산되지 않고 사장될 가능성이 높다.

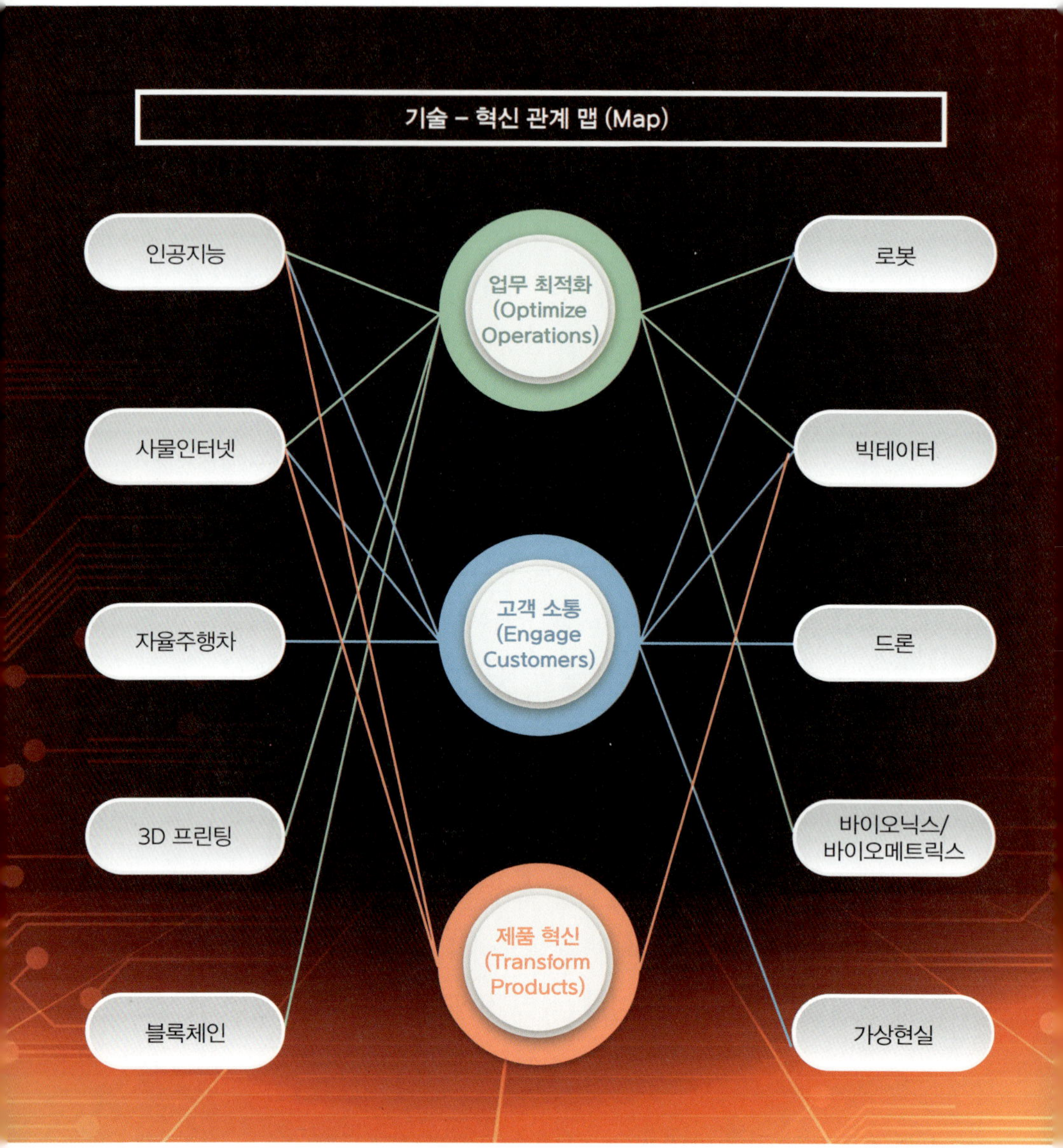

4차산업혁명을 대표하는 신기술은 디지털 트랜스포메이션의 세 가지 영역인 업무 최적화, 고객 소통, 그리고 제품 혁신을 위해 사용될 수 있다. '기술–혁신 관계 맵(Map)'은 디지털 트랜스포메이션의 개별 영역 혁신을 위해 사용될 수 있는 기술을 표시한 것이다.

수준에서 끝나거나 캐즘의 벽을 넘지못해 사장되는 것들도 있을 것이다. 반면 콘텐츠 산업에서 보았듯이 신기술의 적용이 시장에서 경쟁의 룰을 바꾸고 산업구조를 바꾸는 파괴력을 발휘할 수도 있다.

제2부에서 소개한 4차산업혁명을 대표하는 신기술은 디지털 트랜스포메이션의 세 가지 영역(업무 최적화, 고객 소통, 제품 혁신)을 위해 활용될 수 있는 도구들이다. 이는 4차산업혁명시대에도 디지털 트랜스포메이션의 성패 여부가 디지털 다위니즘의 희생 기업과 시장 재편 기업을 나누는 중요한 변수가 될 수 있음을 의미한다. 신기술이 제공하는 디지털 혁신의 기회를 놓치지 않기 위해 개별 산업에서 진행되고 있는 디지털 트랜스포메이션을 이해하고 경쟁기업보다 먼저 신기술에 투자하는 의사결정이 필요하다.

제조업 업무 최적화를 위한 스마트 팩토리

4차산업혁명의 새로운 기술이 기업 내부 업무 효율을 제고할 수 있는 가장 대표적인 분야가 제조업의 스마트 팩토리다. 스마트 팩토리는 ICT 기술을 활용해 제조 전 과정을 자동화하고 지능화함으로써 최소의 비용과 시간으로 제품을 생산하는 미래형 공장을 뜻한다. 공장 내 설비와 기계에 센서를 설치하고 이들 기기로부터 생성되는 데이터를 실시간으로 수집해 분석하면 생산의 전 공정을 일목요연하게 관리하고 제어할 수 있다. 스마트 팩토리는 생산시설을 무인화하는 공장 자동화와는 다르다. 공장 자동화는 주로 로봇 기술을 응용해 단위 공정별로만 최적화를 이루는 반면 스마트 팩토리는 모든 공정의 데이터를 연계하고 활용함으로써 생산과정 전체를 최적화한다. 공장 내 다양한 기계들이 사물인터넷(IoT)으로 연결되어 자율적으로 데이터를 수집해 분석하고, 이를 기반으로 능률적 의사결정이 실시간으로 이루어지는 제조 환경을 구축함으로써 다품종 복합 생산에 적합한 유연한 제조 시스템을 구현하는 것이 스마트 팩토리의 목적이다.

스마트 팩토리가 출현한 배경은 장기적인 글로벌 경기 침체와 노동원가 및 원자재 비용의 상승으로 제조업 분야의 성장이 한계에 부딪혔기 때문이다. 독일을 비롯한 제조 강국들을 중심으로 4차산업혁명이 제공하는 새로운 기술로 생산라인을 합리적으로 관리하고 최소 비용과 시간을 투자해 고객맞춤형 제품을 생산하기 위해 스마트 팩토리를 도입하기 시작했다.

스마트 팩토리는 로봇, 3D 프린팅, 인공지능, 사물인터넷, 그리고 빅데이터 기술을 주로 활용한다. 로봇 기술은 생산 공정의 자동화를 위해 필수적이다. 3D 프린팅 기술은 다양한 시제품을 신속하게 만들 수 있도록 도움을 준다. 공장내 모든 설비에 센서를 부착해 데이터를 수집하는 사물인터넷을 활용하면 실시간으로 공정 별 운영현황과 자재 현황, 고객의 요구사항 준수 여부 등을 확인할 수 있다. 이를 통해 비용 운영이나 자재관리 등을 효율적으로 수행하면서 생산성을 제고하는 것이 스마트 팩토리가 지향하는 목표다. 각종 센서로부터 수집되는 빅데이터 분석에 인공지능 기술을 함께 사용하면 제품 불량률과 같은 문제점 파악 뿐 아니라 시장의 트렌드를 효과적으로 판단하면서 고객이 원하는 제품의 생산과 공급을 원활히 할 수 있게 된다.

글로벌 스포츠용품 기업인 독일의 아디다스(Adidas)는 사물인터넷, 인공지능, 3D 프린팅과 로봇틱스 등 첨단기술을 활용해 운동화를 생산하는 스피드 팩토리(Speed Factory)를 설립해 운영 중이다. 스피드 팩토리는 전 공정에서 로봇 자동화가 이루어져 연간 100만 켤레의 운동화를 생산한다. 아디다스 스피드 팩토리의 가장 큰 특징은 개인에게 최적화된 제품을 최단 시간에 제조한다는 점이다. 모든 공정이 본사 서버와 인터넷으로 연결되어 고객 트렌드와 수요를 실시간으로 반영할 수 있는 시스템이 구현되어 있다. 아디다스는 신발끈부터 밑창, 뒷굽 등 다양한 옵션 중 소비자가 원하는 것을 선택하면 5시간 내에 제품을 생산해낸다. 공장내 모든 설비에 센서를 부착하고 이들로부터 실시간으로 데이터를 수집하고 제어하는 스마트 팩토리이기에 가능한 생산방식이다.[2]

지멘스(Siemens)가 독일 암베르그(Amberg)에 건설한 디지털 팩토리(Digital Factory)는 빅데이터를 활용해 대부분의 공정을 자동화하고 있다. 자동화 수준이 75%에 달하는 암베르그 공장에서는 1,000여 종류의 제품을 연간 1,200만 개 생산한다. 설계 및 주문 변경이 있는 경우에도 99.7%의 제품을 24시간 내 출시하는 유연성을 가진 스마트 공장이다. ICT 기술과 융합한 기계와 수많은 센서를 통해 얻은 5,000만 개 이상의 데이터를 실시간으로 분석해 패턴을 찾아내며, 패턴 별로 미리 정해진 알고리

2 아디다스는 2020년 4월 유럽과 미국에 위치한 스피드 팩토리 두 곳의 가동을 중단하는 대신 전체 생산의 90%가 이루어지는 아시아 공장을 스피드 팩토리로 전환한다고 밝혔다. 아디다스가 스피드 팩토리에서 생산하는 100만 켤레 규모의 신발은 연간 생산량 4억 켤레에 비하면 미미한 편이다. 스피드 팩토리로 생산속도를 3배 단축하는 데는 성공했지만 3D 프린팅 기술 등의 한계로 스마트 공정을 대량생산으로 연결하는 데는 아직은 한계가 있기 때문이다.

즘에 따라 의사결정을 내린다. 공장에서 생산하는 수만 개의 부품마다 일련번호를 부여해 문제가 발생하면 어느 지점에서 어떤 부품이 잘못됐는지 즉시 확인할 수 있다. 지멘스는 디지털 팩토리 구축으로 공장의 불량률을 0.0012%로 줄였다. 제품 100만 개당 불량품이 12개에 불과한 셈이다. 뿐만 아니라 로봇을 배치해 모듈화된 공장을 신속하게 운용할 수 있어 유연성도 증가했으며, 데이터를 통해 생산라인의 최적화도 함께 실현하고 있다.

제조현장에서 직원들의 교육훈련을 위해 가상현실(VR) 기술을 도입하는 기업도 늘어나고 있다. 최근 롤스로이스는 신규 항공기 엔진을 유지하고 보수하는 교육에 가상현실 시스템을 도입했다. 엔진 설계, 작동, 보수 등을 VR을 활용해 실습하도록 한 시스템이다. 이미 항공기에 탑재돼 있어 격납기에 놓여 있는 엔진을 가상현실에서 강사의 지시에 따라 관찰할 수 있도록 한 것으로, 강사와 질의 응답을 할 수 있어 현장에 있는 것처럼 교육이 가능하다. BMW 그룹도 가상현실 기술을 생산시스템에 적용하고 있다. HMD를 착용한 근로자들이 어떤 위치에 어떠한 부품을 장착해야 하는지 한 번에 알 수 있도록 교육하기 위해 VR을 활용하는 시스템이다.

서비스 산업의 업무 최적화

제조업 뿐만 아니라 서비스 업종도 4차산업혁명 기술을 내무 업무의 최적화를 위해 활용하는 사례가 늘어나고 있다. 금융

서비스업은 데이터 보유량이 많을 뿐만 아니라 데이터도 빠르게 증가한다. 인공지능과 빅데이터 기술을 활용할 수 있는 기회가 그만큼 늘어날 수 밖에 없다. 고객의 빅데이터를 사용해 맞춤형 상품을 개발하고, 보험 사기나 신용카드 도용 등 금융부정 행위를 방지하며, 대출이나 신용카드 발급을 원하는 고객의 신용평가를 위해 빅데이터와 인공지능을 연계해서 사용하고 있다. 글로벌 투자은행인 골드만삭스(Goldman Sachs)는 캔쇼(Kensho)라는 인공지능을 도입해 주식 트레이딩에 활용하고 있으며 씨티그룹(Citigroup)도 IBM의 왓슨을 신용평가에 응용 중이다. 유통산업에서는 신규 점포의 위치 선정이나 매장내 제품의 진열, 그리고 판매 아이템의 선정과 같은 의사결정이 데이터를 기반으로 이루어진다. 점포 입지 선정이나 수요예측, 그리고 소비자 분석 등을 위해 인공지능을 이용한 의사결정 시스템을 만들고 빅데이터를 구축하는 유통기업이 늘어나고 있는 이유다.

유통산업에서는 매장이나 물류센터를 관리하기 위해 로봇을 이용한다. 판매대에 놓인 상품의 재고 여부를 확인해 주는 로봇, 매장 바닥에 쏟아진 물이나 우유 등 위험물을 찾아 직원이나 고객에게 신속하게 알려주는 로봇, 고객들의 온라인 주문 상품을 물류센터의 저장공간에서 찾아 상품 포장을 담당하는 직원에게 전달해 주는 로봇 등이 대표적이다. 미국의 대형 유통업체인 타겟(Target)은 매장 관리용 이동 로봇인 탤리(Tally)를 사용하고 있다. 탤리는 매장 안을 이동하면서 가격표가 제대로 붙어 있는지, 재고가 충분한지, 상품이 제자리에 진열되어 있는지 등을 점검한다. 일반적으로 매장에서 직원이 1만~2만 개의 상품을 점검하는데 일주일에 20~30시간 정도가 소요되는 반면, 탤리는 한 시간에 1만 5천여 개의 품목을 스캔할 수 있다.

유통 기업이 사용하는 물류로봇은 창고나 공장에서 물건을 옮기는 작업을 수행한다. 로봇이 직접 이동해 물건을 원하는 위치까지 이송하거나 로봇팔을 통해 물건을 집어 적재나 집하, 분류, 포장까지 수행한다. 대표적인 물류로봇은 아마존의 물류센터에서 작업하는 키바(Kiva)인데, 오더 피킹(Order Picking)용 로봇이라고도 불린다. 키바는 320kg에 해당하는 선반을 들고 시속 6.4km로 이동할 수 있다. 아마존은 물류센터의 자동화를 위해 이미 13만 대의 물류로봇을 운영하고 있다. 물류센터에서 사람이 움직이는 대신 키바 로봇이 물건이 놓인 선반을 직원 앞에 가져다 주므로 물류 업무의 효율이 20% 이상 높아졌다.

사물인터넷은 보험회사로 하여금 운전자의 습관을 측정하고 분석해 보험료를 차등화하는 보험상품 개발을 가능하게 하고 있다. 미국의 자동차 보험회사 프로그레시브(Progressive)는 차량운행기록 장치인 스냅샷(Snapshot)을 가입자의 차량에 부착한다. 자동차의 주행거리는 물론 주행 속도, 급가속과 급제동 같은 가입자의 운전 성향에 관한 정보를 수집하고 분석해 개별 가입자의 위험도에 따라 차별적인 보험료를 책정함으로써 가입자 만족과 보험사의 수익성 제고를 동시에 달성하고 있다.

사물인터넷의 일종인 RFID[3] 태그를 사용해 물류관리의 혁신을 추진하는 유통 회사도 있다. 사물인터넷 센서를 이용해 전 세계 매장에서 판

3 RFID(Radio Frequency Identification)는 전파를 사용해 ID를 식별하는 기술로 전자태그로도 불린다. 유통산업에서 제품에 부착하는 바코드를 RFID로 대체하면 RFID 리더기로 수많은 제품의 위치를 동시에 파악할 수 있고, RFID칩 내에 정보를 저장해서 스마트폰으로 제품에 대한 정보를 제공하는 것이 가능해 진다.

매되는 정보를 실시간으로 수집해 공급물량을 조절할 수 있고, 모든 상품의 유통과정이 실시간으로 모니터링되므로 재고 수준에 대한 효율적인 관리도 가능하다. 독일 유통기업인 레베(Rewe)는 RFID 솔루션인 스타 시스템을 도입해 4만㎡에 이르는 물류센터내에서 모든 상품의 이력과 실시간 위치를 정확하게 파악함으로써 물류 관리를 최적화하고 있다. 특히 유제품과 육류와 같은 신선식품의 실시간 위치를 추적하는 데이터를 이용한 관리는 상품의 신선도를 유지하고 상품 폐기율을 줄여 물류와 재고 비용을 절감시키고 있다.

사물인터넷은 스마트 선반으로 유통기업의 매장 내 서비스도 변화시키고 있다. 센서 기술을 활용하는 스마트 선반을 도입하면 실시간으로 모든 선반에 있는 제품의 재고 파악이 가능해 선반이 비었을 때 직원이 제품을 채워 놓도록 알려줄 수 있다. 매장내 전자가격표시기[4]가 보편화되면서 실시간으로 가격을 조정하는 것도 가능하다. 프로모션을 위해 할인가격을 제시하거나 실시간으로 파악된 제품의 수요와 공급 데이터에 따라 상품의 가격을 일시적으로 상향 또는 하향조정할 수 있기 때문이다. 미국의 슈퍼마켓 체인 크로거(Kroger)는 크로거 엣지(Krogu Edge)라는 스마트 선반을 운영하고 있다. 스마트 선반에 장착된 전자가격표시기에는 가격, 영양성분 등의 상품정보가 표시되고, 스마트폰을 사용하는 고객에게는 쇼핑리스트에 있는 상품의 위치를 쉽게 파악할 수도 있도록 도

4 전자가격표시기(Electronic Shelf Label, 줄여서 ESL)는 매장 진열대에 붙어있는 종이가격표를 대체하는 디스플레이 기기를 의미한다. 상품가격뿐만 아니라 제품에 대한 정보를 함께 제공할 수 있으며, 서버와 연결해 실시간으로 가격 조정도 할 수 있다.

움을 준다.

인공지능 카메라와 사물인터넷 등을 활용한 무인점포의 증가도 유통업계가 경험하는 변화다. 아마존은 2017년 12월 시애틀 본사 건물에 무인점포인 '아마존고(Amazon Go)'를 개장했다. 아마존고는 소비자가 계산대에 길게 줄을 서서 결제하는 불편을 해결하기 위해 '저스트워크아웃(Just Walk Out)' 기술을 사용한다. 매장 입구에서 아마존고 어플리케이션 앱이 설치된 스마트폰으로 체크인한 후 진열대에 놓인 물건을 집어 들면 천장에 달린 수많은 카메라와 인공지능 센서가 이를 인식해 소비자의 구매목록에 담는다. 쇼핑을 마치고 점포를 나오면 앱에 연동된 신용카드에서 자동으로 결제되고, 영수증은 고객의 이메일로 전송된다. 2020년 말 현재 아마존고 매장은 27개로 늘었다. 아마존은 2017년 인수한 유기농 식료품 체인인 홀푸드(Whole Foods) 매장에도 저스트워크아웃 기술을 적용하기 시작했다.

거래 정보의 위·변조가 불가능한 특성을 가진 블록체인 기술은 수많은 이해 관계자와 소비자 간에 신뢰가 필요한 서비스 업종에서 중요한 역할을 할 수 있다. 금융 서비스 분야에서는 인증, 결제, 해외 송금, 비상장 증권거래, 무역거래 등을 위해 블록체인 기술을 도입하고 있다. 골드만삭스는 증권거래에 사용하기 위한 디지털 통화인 세틀코인(SETLcoin)을 개발했으며, 스탠다드차타드(Standard Chartered), 바클레이즈(Barclays), HSBC와 같은 금융기관들도 블록체인 기술을 적용한 무역금융 시스템을 개발하고 있다. 유통분야에서 블록체인을 사용하면 물류과정에서 문제나 사고 발생시 책임소재를 신속하게 밝힐 수 있다. 세계적인 유통체인인 월마트는 IBM과 파트너십을 맺고 식품 전체의 공급 가치 사슬에 블록체인을 도입하고 있다. 공급자가 소비자에게 식품을 전달하는 각 과정의 단계마다 먹거리의 원산지 정보와 배치 번호, 공장 및 가공 데이터, 운송 세부사항 등 관련 정보를 블록체인에 실시간으로 기록하면 유통과정을 낱낱이 들여다 볼 수 있게 된다. 예를 들어 구입한 돼지고기가 부패해 소비자가 문제를 제기했을 경우 이전에는 수백여 명의 조사관이 2주가량 조사해야 원인을 밝힐 수 있었지만 블록체인 시스템을 사용하면 단 몇 초 만에 문제의 원인을 파악할 수 있게 된다.

금융분야에서는 생체인식 기술이 비밀번호, 보안카드, 그리고 OTP[5] 생성기와 같은 인증시스템을 빠르게 대체하고 있다. 정부가 2015년 3월부터 전자금융거래를 위한 공인인증서 의무화 제도를 폐지하면서 국내 금융기관들도 바이오 인증을 적극적으로 도입하고 있다. 특히 지문인식과 함께 상대적으로 복제가 어렵고 보안성이 높은 홍채인식을 적극적으로 도입해 왔다. 하지만 2020년에 들어와 국내 대부분의 은행들은 홍채인식 서비스를 중단하고 지문인식 서비스에 주력하고 있다. 고객들의 홍채인식 사용률이 예상보다 낮아 삼성전자가 신규 갤럭시 스마트폰부터 홍채인식 기능을 제외하면서 금융권의 바이오 인증은 지문인식이 대표적인 서비스로 자리 잡고 있다. 고객들이 홍채인증보다 사용이 편리한 지문인식을 선택했기 때문이다.

5 OTP(One Time Password)는 고정된 패스워드 대신 무작위로 생성되는 일회용 비밀번호를 이용하는 사용자 인증방식이다.

고객과의 소통을 위한 디지털 혁신

기업이 4차산업혁명을 대표하는 기술을 활용하면 고객과 소통하는 방법을 혁신하고 고객에게 새로운 경험을 제공할 수 있다. 고객과 관련된 빅데이터와 인공지능을 결합하면 이전에는 가능하지 않았던 고객 맞춤형 서비스가 가능하다. 온라인 패션 기업 스티치픽스(Stitch Fix)는 인공지능과 데이터분석 기법을 결합한 개인맞춤 큐레이션 서비스를 제공한다. 스티치픽스에 가입하면 설문조사를 통해 키, 몸무게, 허리둘레, 다리길이, 발 사이즈, 추구하는 패션 스타일, 직업, 패션에 사용하는 연간 예산 규모와 같은 개별 고객의 데이터를 확보한다. 고객이 입력한 데이터를 기반으로 인공지능이 정기적(예를 들면 분기별)으로 5개의 패션제품(의류, 액세서리, 신발 등)을 추천하면 전문 스타일리스트가 최종 결정한 후 고객에게 우편으로 발송한다. 고객은 배송된 제품을 입어 본 후 마음에 들면 구매하고, 원하지 않는 제품은 반품할 수 있다. 배송과 반품은 무료지만 스타일링 비용으로 20달러를 선지불 해야 한다. 예를 들어 분기별로 5개의 패션 제품을 배송 받으면 매 분기 20 달러를 선지급하는데, 미리 지불한 큐레이션 비용 20달러는 구매를 결정한 제품 결제를 위해 사용할 수 있다. 고객이 배송된 5개의 패션제품을 모두 구매하면 추가적인 할인을 제공해 가급적 배송된 제품을 모두 구매하도록 유도한다. 스티치픽스는 인공지능 기술을 활용해 패션과 빅데이터를 결합한 구독서비스인 셈이다.[6]

6 스티치픽스는 업무가 바빠 쇼핑을 하기 어려운 사용자(주로 여성) 340만 명을 고객으로 확

사물인터넷 기술은 유통과정에서 고객에게 제품에 대한 신뢰를 제고하기 위해서도 사용되고 있다. 와인에 부착된 사물인터넷인 NFC[7] 마개를 사용해 고객이 믿고 와인을 구매할 수 있도록 할 수 있다. 고객이 NFC 마개에 스마트폰을 근접시키면 구입하고자 하는 주류 제품의 정품 여부, 원산지, 안주 레시피, 타 구입자들의 리뷰와 같은 정보를 확인할 수 있는 서비스다. 미국의 글로벌 의류전문업체인 에버리데니슨(Avery Dennison)은 자넬라 스마트 제품 플랫폼(Janela Smart Products Platform)을 자사 제품에 부착된 사물인터넷 태그와 연결하고 있다. 제품 구입을 원하는 소비자는 플랫폼을 통해 제조에서부터 배송 시점, 판매 장소와 시간 등에 대한 모든 정보를 파악할 수 있어 진품임을 믿고 구매할 수 있다.

레스토랑에서도 고객을 서빙하는 로봇을 도입하기 시작했다. 비교적 자동화 비율이 낮아 서비스 인력 의존도가 높은 외식 산업에 자동화 기술을 접목해 운영의 효율성을 높이고 고객 만족도를 제고할 수 있는 서빙 로봇이 활용되고 있는 것이다. 베어로보틱스의 자율주행 로봇인 '서비(Servi)'가 대표적인 예다. 자동차를 위한 자율주행 기술을 서빙 로봇에 적용한 것으로, 레이저를 이용하는 센서와 3D 카메라를 통해 좁은 실내에서도 스스로 주행이 가능한 기능을 갖추고 있어 장애물을 자동으로 감

보하고 있다(2020년 현재). 이들 고객은 연간 480 달러 정도의 예산을 스티치픽스 패션 구매에 사용하고 있다. 2017년 나스닥에 상장한 스티치픽스는 3조 원이 넘는 기업가치(2019년 말 기준)를 인정받고 있다. 2019년 스티치픽스는 15억 달러(1조 6,500억 원)의 매출과 3,700만 달러(407억 원)의 영업이익을 기록했다.

7 NFC(Near Field Communication)란 10cm 이내의 가까운 거리에서 무선 데이터를 주고 받을 수 있는 근거리 무선통신기술을 의미한다. 버스나 지하철 탑승 시 사용하는 교통카드가 NFC 기술을 활용한 제품이다.

지하고 회피하며 음식을 운반한다. 고객 테이블에서 음식 서빙은 물론 비어있는 접시를 주방으로 옮기는 기능도 수행할 수 있다. 국내에서 음식 배달 서비스인 배달의 민족을 운영하고 있는 '우아한 형제들'도 서빙 로봇인 '딜리플레이트'를 레스토랑에 제공하고 있다. 종업원이 딜리플레이트 선반에 음식을 놓고 테이블 번호를 누르면 자율주행을 통해 최적의 경로로 음식을 운반하는 로봇이다.

NFC 와인 마개

베어로보틱스 서비(Servi)

4차산업혁명의 신기술은 고객에게 새로운 경험을 제공한다. 와인의 뚜껑에 사물인터넷 칩이 내장된 NFC 마개 덕분에 고객은 스마트폰으로 진품 확인 뿐만 아니라 와인에 대한 구체적인 정보를 확인할 수 있다. 자율주행 기술을 이용하는 서빙 로봇은 레스토랑에서 종업원을 대신해 고객 테이블로 음식을 운반하고, 식사 후 비워진 접시를 다시 주방으로 가져오는 서비스를 제공한다(출처: 각사).

유통과 금융분야에서 챗봇은 이미 고객 소통을 위해 없어서는 안될 도구가 되고 있다. 중국에서 매년 11월 11일은 '광군제'라 불리는 최대 규모의 온라인 쇼핑이 이루어지는 날이다. '1'이라는 숫자가 4개나 있어 배우자나 연인이 없는 싱글들을 위한 쇼핑데이라는 뜻이다. 2020년 광군제

하루 동안 중국내 온라인 쇼핑에서 69조 원 규모의 물건이 판매되었다. 광군제 행사를 주도해 온 알리바바는 타오바오, 티몰, 티몰 글로벌, 알리익스프레스, 카오라 등 자사가 운영하는 온라인 쇼핑 플랫폼에서 '하루 온라인 매출 45조 원'이라는 새로운 신기록을 달성했다. 알리바바가 광군제 당일 처리한 온라인 주문 건수만 13억 개를 넘는다. 1초당 54만 4,000건의 구매가 이루어 진 셈이다. 알리바바는 온라인 쇼핑 고객의 문의에 응답하는 챗봇인 '디엔샤오미(電小秘)'를 운영하는데, 고객이 문의하는 내용의 97%를 응답할 수 있는 로봇이다, 광군제 당일 디엔샤오미는 하루에 400만 건이 넘는 고객 문의에 대해 스스로 응답했다. 모든 상담을 인공지능 챗봇이 대신할 수는 없지만 광군제처럼 단시간에 문의가 급증할 경우 인공지능 챗봇이 큰 도움을 주고 있다.

금융권에서도 하루 24시간 개별 고객을 상대로 1대1 상담을 할 수 있고 고객의 필요를 신속하게 분석할 수 있다는 장점 때문에 챗봇의 도입이 증가하는 추세다. 금융상품의 소개뿐 아니라 판매와 결제 서비스를 위해서도 챗봇을 도입하는 금융기관이 늘어나고 있다. 하나은행은 2020년 9월 AI챗봇 서비스인 '하이(HAI)'를 출시했다. 자연어 처리 기술을 활용하는 하이는 금융 관련 답변뿐 아니라 고객과 자연스럽게 일상 대화를 나눌 수 있을 정도로 대화 수준이 높은 챗봇 서비스다. 하나은행은 모바일 뱅킹 앱인 '하나원큐'에서 고객이 원할 경우 언제든지 하이 챗봇을 사용할 수 있도록 하고 있다. 신한은행도 2020년 5월 음성을 통해 빠르고 정확하게 고객 상담을 지원하는 인공지능 챗봇 서비스를 도입했다. 이 서비스는 고객이 전화 문의를 해 오면 챗봇이 바로 응대해 대기시간 없이 필요한 정보를 바로 안내한다. 2020년에 들어와 코로나 바이러스 사태로 비대면/언택트 서비스가 확산되면서 챗봇은 금융 분야에서 더욱 중요한 도구가 되고 있다.

가상현실 기술은 마케팅 분야에 'VR 마케팅'이라는 새로운 분야를 개척했다. 영국의 다국적 의류 브랜드인 탑샵(Topshop)은 매장에 일반 고객들을 초청해 HMD를 착용하게 한 후 가상세계에서 패션쇼를 관람하게 한다. 고객들은 마치 실제 패션쇼에 참석한 것 같은 생생한 오디오와 비주얼을 경험할 수 있어 마케팅에 큰 도움이 되고 있다. 자동차 회사 볼보(Volvo)는 구글의 카드보드를 이용해 타겟 고객에게 가상으로 신차 시승 체험을 제공한다. 세계적인 호텔체인 메리어트(Marriott)는 혼인신고를 마친 커플들에게 가상으로 하와이 신혼여행 체험기회를 제공하는 마케팅을 시행 중이다. 이외에 건축이나 인테리어 분야에서, 고객이 원하는 디자인을 선택할 수 있도록 도움을 주기 위해 가상현실 기술을 도입하는 업체도 늘어나고 있다.

고객에게 물품을 배송하기 위해 드론을 사용하면서 택배에 소요되는 시간도 줄어들 것으로 보인다. 일본 최대 온라인 쇼핑 기업인 라쿠텐(Rakuten)은 드론을 활용한 배송 서비스 소라라쿠[8]서비스를 시작했다. 소라라쿠는 스마트폰을 통해 고객이 상품을 주문하면 드론이 자율비행으로 주문자에게 상품을 배송하는 서비스다. 라쿠텐은 2019년 도쿄만에 있는 무인도인 사시마 섬을 대상으로 소라라쿠 서비스를 시작했다. 사시마 섬은 바비큐나 낚시 등을 즐기는 관광객이 많이 찾는 곳이다. 고객이 전

8 일본어로 '소라'는 하늘을 뜻한다. 소라라쿠는 '소라'와 회사명 앞 글자인 '라쿠'를 합한 것이다. 라쿠텐은 우리말로 낙천(樂天)이므로 소라라쿠는 '하늘을 즐긴다'는 의미가 된다.

용 앱으로 고기, 음료, 술, 야채 등을 주문하면 드론은 1.5km 가량 떨어진 섬으로 날아가 고객에게 상품을 배송한다. 소라라쿠 서비스에 사용되는 드론은 폭 160cm, 높이 60cm로 최대 5kg의 짐을 실을 수 있다. 아마존이 개발한 배송용 드론인 '프라임 에어'도 2020년 8월 미연방항공청(FAA)의 승인을 받아 서비스 준비를 마쳤다. 프라임 에어를 통해 미국 전역 30분 내 배송 서비스를 제공한다는 제프 베조스 회장의 비전에 한 발 더 다가선 셈이다. 미국의 대형 유통기업인 월마트도 드론 배송 경쟁에 뛰어 들었다. 월마트는 2020년 8월 노스캐롤라이나 주의 페이엣빌 매장에서 식료품과 가정용품의 드론 배송 시범서비스를 시작했다. 월마트의 배송 드론은 이스라엘의 플라이트렉스가 개발한 것으로 3kg의 물품을 최대 10km까지 배송할 수 있다.

고객에게 물품을 전달하는 택배 서비스를 위해 드론이 아닌 자율주행 로봇을 테스트하는 사례도 점차 늘어나고 있다. 아마존은 2019년부터 워싱턴 지역에 배달용 자율주행 로봇인 아마존 스카우트(Amazon Scout)를 투입해 시험 운영 중이다. 아마존 스카우트는 바퀴가 6개인 소형 자율주행 로봇으로, 보행자나 반려동물을 피해 자율주행을 하며, 목적지에 도착하면 주문한 고객을 인식해 자동으로 덮개가 열리는 형태로 서비스를 제공한다. 물류기업인 페덱스도 최근 자율주행 배달 로봇인 '페덱스 세임데이 봇(FedEx SameDay Bot)'을 공개했다. 페덱스의 자율주행 로봇은 인도 또는 노변을 운행하며 패키지를 고객의 집이나 사업체로 배달한다. 글로벌 자동차 메이커인 포드도 택배 배달용 로봇인 '디지트(Digit)'를 출시했다. 인간처럼 두 다리로 보행이 가능한 로봇으로 팔이 있어 자율주행차에서 물품을 꺼내 고객이 원하는 장소에 내려 놓는다. 디지트는 최대 18kg의 물품을 들어서 옮길 수 있는데, 계단을 오르고 내리거나 표면이 고르지 못한 장소에서도 안정적으로 보행하는 게 가능하다.

제품 혁신을 위한 디지털 트랜스포메이션

인공지능, 사물인터넷 그리고 빅데이터 기술은 제품 혁신을 통해 시장에서 산업구조를 바꿀 수 있는 파괴력을 가지고 있다. 마치 음악, 서적, 영화, 신문과 같은 콘텐츠 사업에서 디지털 기술이 시장내 경쟁구도를 완전히 바꾼 것과 유사한 혁신이 가능하다. 사물인터넷과 인공지능, 그리고 빅데이터 기술을 활용해 기존의 제품을 지능화하고 네트워크에 연결한 디지털 혁신 제품을 '스마트 제품'이라 부른다. '스마트 제품'은 기존의 제품에는 없었던 다양한 가치를 고객에게 제공할 수 있다. 제품 혁신으로 창출되는 새로운 가치는 시장에서 경쟁의 룰을 바꾸고 산업구조까지 변경할 수 있다. '스마트 제품'의 출현이 가능한 산업에서는 디지털 트랜스포메이션에서 업무 최적화나 고객 소통보다 제품 혁신 영역이 더욱 중요해질 수 밖에 없다. 경쟁 기업이 디지털 제품 혁신을 통해 시장을 흔드는 상황에서 업무 최적화나 고객 소통만으로는 디지털 다위니즘의 위험에서 벗어나기 어렵기 때문이다.

15

스마트 제품: 지능화되고 네트워크에 연결된 제품

스마트 제품이 새로운 가치를 제공하는 이유

기존의 제품에 컴퓨터 칩과 SW를 내장하고 외부 기기나 기업의 서버에 연결하는 '스마트 제품'의 출현은 기존의 제조업체에게 새로운 기회가 된다. 사물인터넷으로 제품이 지능화되면 이전에는 없었던 기능을 추가함으로써 고객에게 완전히 새로운 가치를 제공할 수 있기 때문이다. 지능화된 제품이 쏟아내는 빅데이터를 분석해서 고객에게 맞춤형 서비스를 제공하면 제조된 제품의 판매 이후에도 지속적으로 서비스를 제공하는 '제조업의 서비스화'도 가능하다. 산업 내에서 경쟁기업이 기존의 제품을 스마트 제품으로 혁신해서 출시할 경우, 디지털 혁신에 제대로 대응하지 못한 다른 기업들은 새로운 위협에 처할 수 있다.

스마트 제품은 물리적 컴포넌트, 스마트 컴포넌트, 그리고 네트워크 컴포넌트의 세 부분으로 구성된다. 물리적 컴포넌트는 사물인터넷 이전의 원래 제품을 의미한다. 즉, 아직 센서나 SW가 장착되지 않은 오리지날 제품이다. 바볼랏의 퓨어 에어로 플레이(Pure Aero Play)라켓을 예로 들면 원래의 테니스 라켓이 여기에 해당한다. 스마트 컴포넌트는 센서, 마이크로프로세서, 데이터 저장장치, 운영체제와 SW를 활용해 기존 제품을 지능화한다. 물리적 컴포넌트에 장착되어 제품의 기능을 향상시키거나 새로운 가치를 만들어 내는 것이 스마트 컴포넌트다. 바볼랏 라켓의 손잡이 안에 설치된 센서와 SW, 그리고 저장장치 등이 여기에 해당한다.

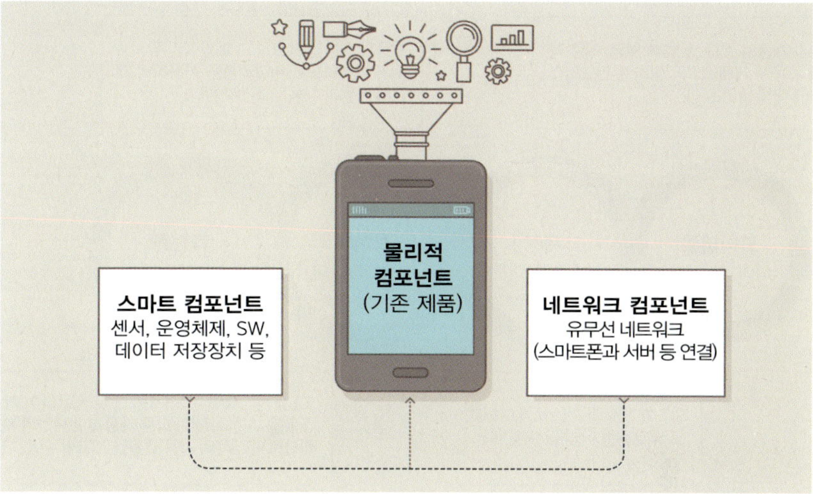

'스마트 제품'은 물리적 컴포넌트, 스마트 컴포넌트, 그리고 네트워크 컴포넌트의 세 부분으로 구성된다.

네트워크 컴포넌트는 스마트 컴포넌트를 외부의 스마트폰이나 기업의 서버에 유무선 네트워크로 연결하는 포트, 안테나, 그리고 통신 프로토콜[1]을 의미한다. 바볼랏 라켓은 블루투스 네트워크로 라켓과 스마트폰을 연결한다.

스마트 제품이 기존의 제품에는 없었던 새로운 기능이나 가치를 고객에게 제공할 수 있는 이유는 추가된 스마트 컴포넌트와 네트워크 컴포넌트가 4가지 작업을 수행할 수 있기 때문이다. 첫째, 제품에 장착된 센서

1 통신 프로토콜(또는 통신 규약)은 컴퓨터나 원거리 통신장비 사이에 메시지를 주고 받는 양식과 규칙의 체계를 뜻한다. 컴퓨터간의 통신은 사람간의 소통과 달리 기계 사이에 메시지를 주고 받는 것이므로 메시지의 양식이나 규칙을 미리 정하고 연결된 두 컴퓨터가 이를 따르도록 해야 오류없이 데이터 통신을 할 수 있기 때문에 통신 프로토콜(통신 규약)이 반드시 필요하다.

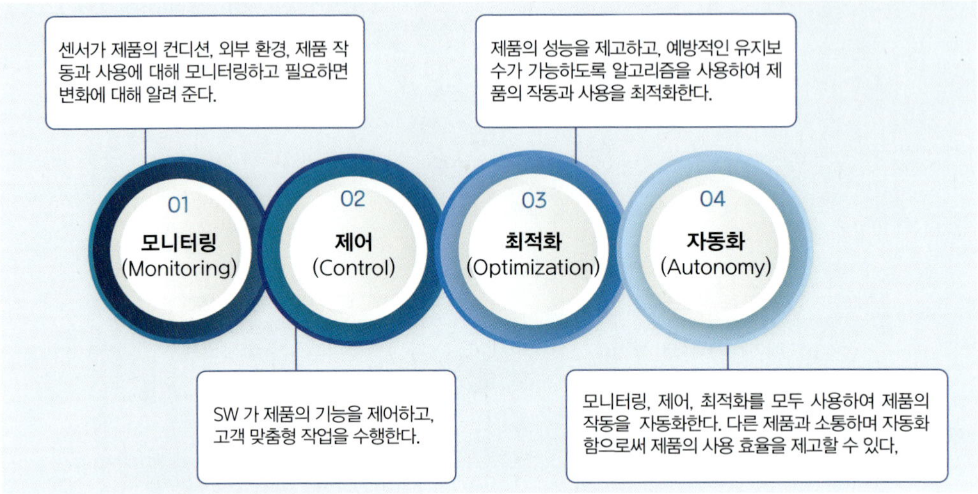

제품에 장착된 스마트 컴포넌트와 네트워크 컴포넌트는 제품의 모니터링, 제어, 최적화, 그리고 자동화를 통해 이전에는 가능하지 않았던 새로운 가치를 만들어 낸다.[2]

덕분에 제품의 컨디션, 작동 상태, 고객의 제품사용 현황, 그리고 외부 환경에 대한 모니터링을 할 수 있다. 모니터링 데이터가 만들어지면 고객에게 환경 변화나 제품의 성능에 대해 알려줄 수 있을 뿐 아니라 제품의 작동 상태에 대한 히스토리 데이터를 이용해 다양한 방법으로 새로운 가치를 만들어 내는 것이 가능하다. 제품 사용에 대한 데이터를 분석해 많이 사용하지 않는 불필요한 기능을 제거함으로써 제품의 원가를 낮출 수 있고, 고객 타입에 따른 사용 패턴 분석을 통해 시장 세분화 전략에 활용할 수도 있다. 모니터링 데이터는 유지보수 서비스를 위해서도 중요한 역할을 한다. 제품의 현재 상태에 대한 정확한 데이터를 기반으로 문

2 하버드 비즈니스 리뷰에 2014년 11월 마이클 포터와 제임스 헬만이 게재한 논문 “How

제를 바로 해결할 수 있는 기술자와 부품을 파견하고 첫 번째 방문에서 고장을 수리할 확률을 높일 수 있기 때문이다.

승강기 전문업체인 오티스(Otis)는 원격 엘리베이터 모니터링(Remote Elevator Monitoring) 시스템을 통해 자사가 설치한 모든 승강기에 컴퓨터 칩을 장착하고 이를 본사의 서버와 연결해 실시간으로 모니터링 한다. 승강기의 사용 현황에 대한 데이터를 축적할 뿐만 아니라, 승강기에 하자가 발생할 경우, 고객보다 오티스가 문제를 먼저 인지하고 대처할 수 있어 서비스 차별화의 중요한 수단이 되고 있다. 고객이 승강기 하자 문제로 콜센터에 전화하면, 오티스가 "이미 문제를 정확히 알고 있으며, 문제를 해결 중"이라는 대답을 할 수 있기 때문이다. 승강기 수리도 온라인상에서 SW 변경으로 대부분 해결하고 있으며, 그래도 해결되지 않는 경우에만 기술자를 파견함으로써 유지보수를 효율적으로 수행하고 있다.

모니터링 자체가 고객을 위한 가치창출에 핵심적인 역할을 하는 제품도 있다. 메드트로닉(Medtronic)의 연속혈당측정기는 환자의 몸에 부착된 혈당 센서와 스마트폰을 무선으로 연결한다. 하루에 한두 차례 혈당을 측정하는 기존의 기기와는 달리 연속혈당측정기의 혈당 센서는 매 5분마다(1일 288회) 혈당을 측정하며, 혈당수치가 올라갈 경우 위험수위에 도달하기 30분 전에 고객과 의사에게 이를 통지하고 적절한 치료를 받을 수 있도록 하고 있다.

둘째, 모니터링이 가능하면 그 다음 단계로 제품에 내장된 SW(알고리즘)와 기업의 서버 컴퓨터로 제품의 기능을 제어(Control)할 수 있다. 알고

Smart, Connected Products Are Transforming Competition"에서 발췌하여 수정한 그림이다.

리즘은 제품의 컨디션이나 외부환경에 특정한 변화가 일어날 경우 제품이 어떻게 반응해야 하는지를 미리 설정해 둔 규칙이다. 압력이 미리 정해둔 수위를 넘으면 밸브를 잠그거나, 주차장에 여유 공간이 없으면 주차장 입구에 있는 전등을 붉은색으로 전환하는 것 등이 이러한 규칙에 해당한다.

제품에 내장된 SW나 네트워크로 연결된 기업의 서버로 제품을 제어할 경우 이전에는 불가능했거나, 가능했더라도 경제적인 이유로 제공할 수 없었던 고객맞춤형 서비스를 추가할 수 있다. 예를 들어 조명을 스마트 제품으로 전환하면 스마트폰으로 켜고 끌 수 있음은 물론이고, 무단 침입자가 감지되면 붉은 색의 점멸등 역할을 하거나 밤이 되면 서서히 어두워지도록 제어할 수 있다. 아마존 키와 같이 사물인터넷을 사용하는 스마트 도어락 제품을 설치하면 지인이 집에 도착했을 때 직장에서 스마트폰을 사용해 집의 문을 개폐할 수도 있다.

셋째, 모니터링으로 제품 사용에 대한 많은 데이터가 생성되고 제품의 작동을 컨트롤할 수 있다면, 제품의 성능과 사용 효율을 최적화하는 SW 사용이 가능하다. 자동차의 엔진에 연료를 공급하는 연료분사 시스템은 자동차의 속도, 대기의 온도와 습도 등의 데이터를 이용해 연비를 최적화할 수 있도록 내연기관에 연료를 분사한다. 최근 GE는 전투기 엔진을 지능화하는 과정에서 이륙과 같이 높은 출력이 요구될 경우에는 연소기로 들어가는 공기를 집중적으로 불어 넣고, 고도의 출력이 불필요한 경우는 연소기 내 공기의 양을 줄이는 최적화 기법을 사용했다. 그 결과 전투기의 연비가 25%나 줄어들어 작전 반경을 35%나 늘릴 수 있었다. 엔진의 작동에 대한 데이터와 환경에 대한 정보가 모니터링되고, SW에 의해 연료분사 시스템을 제어할 수 있기 때문에 최적화가 가능해진 것이다. 엘리베이터의 경우 승강기에 장착된 컴퓨터 칩을 통해 계절별, 시간대별로 수집한 승강기 트래픽에 대한 빅데이터를 분석하면, 시간대별로 승강기를 어느 층에 대기시키는 것이 전기 사용을 최소화할 수 있는지 판단할 수 있어 엘리베이터 운영을 최적화할 수 있다.

마지막으로 모니터링과 제어, 최적화를 결합하면 제품 작동의 자동화가 가능해진다. 가장 간단한 예가 최근 사용이 늘어나고 있는 로봇청소기다. 로봇청소기는 센서와 SW가 장착되어 있어 모양이나 크기가 다른 방에서도 주위 환경을 스캔하며 자율적으로 청소작업을 수행한다. 인공지능 기술이 자동화를 위해 사용되면서 주위 환경에 대해 학습하는 기능과 스스로 서비스 필요성을 진단하고 고객의 선호도에 반응하는 등 기능도 점점 고급화되고 있다.

사물인터넷 도입이 점점 더 확대되면 제품의 독자적인 자동화가 아니라 주위에 있는 다른 제품이나 사물과 소통하면서 자동화를 수행하는 방향으로 발전할 가능성이 크다. 자신의 데이터뿐만 아니라 주위의 다른 제품으로부터 데이터를 받아 활용하는 것으로, 스마트 컴포넌트와 네트워크 컴포넌트의 활동범위가 더욱 넓어지는 셈이다. 예를 들어 자율주행차가 주행 중에 다른 자동차의 컨디션이나 트래픽 정보를 활용하면 고객에게 제공하는 가치를 더 늘릴 수 있다.

디지털 제품 혁신과 산업구조의 변화

기업의 수익성은 산업내 경쟁의 강도에 영향을 받는다. 하버드 대학의 마이클 포터 교수에 따르면 산업내 경쟁 강도는 5가지 요소에 의해 결정된다.[3] 겉으로 보이는 라이벌 기업과의 경쟁뿐 아니라 잠재적인 신규 시장 진입의 위협, 대체제나 대체 서비스의 존재 여부, 구매자(고객)와 공급자의 교섭력과 같은 경쟁 요인들이 산업 내 경쟁의 성격을 규정하고 장기적으로 기업의 수익성에 영향을 미친다. 마이클 포터의 경쟁 모델은 '스마트 제품'의 출현이 시장에 변화를 야기할 때 산업구조가 어떻게 변할 것인지 예측하는데 유용한 툴이다.

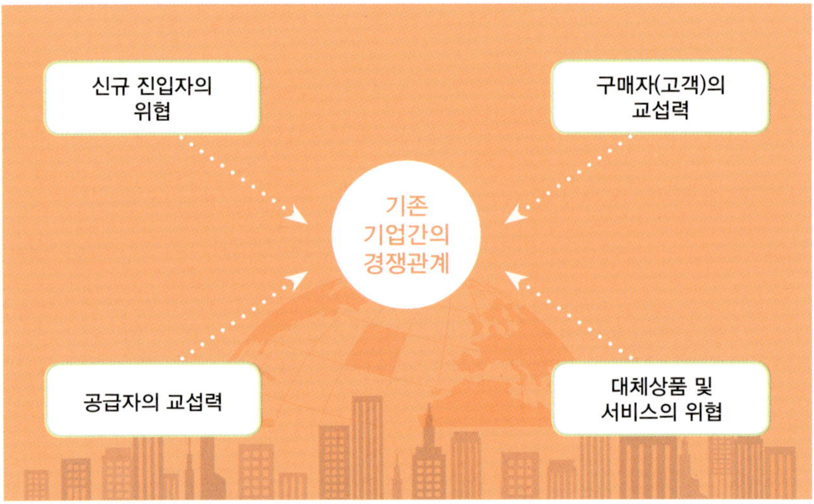

기업의 수익성은 산업내 경쟁의 강도에 의해 결정된다. 마이클 포터에 따르면 산업내 경쟁 강도에 영향을 미치는 5가지 요인이 기업의 전략에 영향을 미치게 된다.

3 "How Competitive Forces Shape Strategy," Michael Porter, Harvard Business Review, 1979.

구매자(고객)의 교섭력: 스마트 제품이 고객에게 새로운 가치를 제공하는 과정에서 고객과의 관계에 변화를 야기한다. 고객의 제품 사용을 모니터링한 데이터와 과거부터 축적된 고객에 관한 빅데이터가 중요한 자원이 되면서 이전보다 밀접한 고객과의 관계가 가능해 진다. 고객의 제품 사용 행태에 대한 보다 많은 데이터를 보유한 기업은 그렇지 않은 경쟁사보다 고객과의 관계가 친밀해지고 가까워질 가능성이 높다. 고객의 데이터를 기반으로 맞춤형 서비스를 제공할 수 있기 때문이다. 고객과의 관계가 강화되면 고객이 경쟁기업의 제품으로 교체할 경우 발생하는 전환 비용(Switching Cost)[4]이 늘어난다. 전환 비용이 증가하면 구매자의 교섭력은 낮아질 수 밖에 없다.

비행기가 한번 이륙하면 착륙하기까지 1조 바이트 이상의 데이터가 만들어진다. GE는 자사가 만든 항공기 엔진 부품에 센서를 부착하고, 수집한 항공정보 데이터를 분석한 결과를 고객 항공사와 공유한다. GE가 제공하는 정보는 항공기 엔진의 성능에 대한 기대치와 실제 데이터의 차이를 파악하고, 엔진의 성능을 최적화하는데 사용된다. GE는 이태리 항공사인 알이탈리아 항공기의 연료 사용 빅데이터를 분석해서 착륙시 날개 플랩[5]의 위치를 수정하도록 제안함으로써

4 전환 비용(Switching Cost)은 한 제품에서 경쟁사의 다른 제품으로 전환하는데 드는 비용을 뜻한다. 예를 들어 휴대폰 가입시 특정 이동통신사와 일정기간 서비스 사용 약정을 한 고객이 중간에 다른 이동통신사로 전환하면 지불해야 하는 비용이 발생하는데 이를 전환 비용이라고 한다. 전환 비용이 높아지면 고객은 쉽게 경쟁회사 제품으로 교체를 못하므로 고객의 교섭력은 낮아지게 된다.

5 플랩(Flap)은 비행기 날개의 앞 혹은 뒤쪽 끝에 경첩으로 연결되어 아래 위 등으로 움직일 수 있는 판을 의미하며 양력을 늘려주는 역할을 한다.

항공기 연료비를 크게 절감했다. 이러한 과정을 통해 강화된 GE와 항공사의 관계는 고객의 협상력을 낮추는 동시에 고객이 다른 경쟁사로 쉽게 전환하지 못하게 하는 효과가 있다.

- **기존 기업들과의 경쟁:** 고객에게 제공하는 새로운 가치는 제품의 차별화를 의미하므로 스마트 제품은 기존 라이벌과의 경쟁에서 유리한 고지를 선점할 수 있는 기회를 제공한다. 과거 140년 이상 테니스 라켓과 관련 제품들을 제조해 온 바볼랏은 사물인터넷 기능이 탑재된 테니스 라켓을 경쟁사들보다 먼저 출시해 신규 시장을 선점했다. 테니스 라켓의 손잡이에 센서와 칩을 장착하고 이를 스마트폰에 연결해 이전에는 없었던 새로운 가치를 고객에게 제공함으로써 제품 차별화에 성공한 것이다. 자신이 친 테니스 볼의 속도, 회전량, 그리고 임팩트 위치에 대한 정보를 확인할 수 있다는 점은 일반 테니스 라켓과 확연히 구별되는 차별화 포인트다. 제품 차별화가 가능하면 기존 라이벌 기업과의 경쟁에서 유리하다.

  기존의 제품에 새로운 기능(스마트 및 네트워크 컴포넌트)을 추가하는 것은 제품 원가의 상승요인이 되고, 그 결과 제품의 가격이 올라갈 수도 있다. 따라서 스마트 제품은 가격 위주의 경쟁에서 가치와 성능의 경쟁으로 시장을 전환하는 역할을 한다. 하지만 ICT 기술의 지속적인 발전으로 제품의 스마트화에 필요한 부품과 기술들이 범용화되면서 비용이 빠른 속도로 감소하고 있어 제품 원가에 미치는 이들 비용은 점차 줄어들 것으로 보인다.

- **신규 시장진입의 위협:** 제품에 내장된 센서와 컴퓨터 칩을 외부 기기나 기업의 서버와 연결해 서비스하는 스마트 제품은 시장진입장벽(Entry Barrier)이 높다. 신규 시장 진입자는 이미 시장을 선점해 네트워크와 ICT 인프라로 고객을 확보하고 있는 기존 업체와 경쟁해야 한다. 이를 위해 독점적 기술을 확보하고 스마트 컴포넌트에 대한 추가 개발과 네트워크 구축 등을 위한 초기 투자를 늘려야 하기 때문에 신규 시장진입이 어려울 수밖에 없다.

  생명과학 분야 기업인 써모피셔(Thermo Fisher)의 트루디펜더(TruDefender)제품은 화학적으로 오염 가능성이 있는 위험한 지역의 화학성분을 현장에서 분석하는 모바일 단말기다. 트루디펜더에 내장된 칩은 본사의 서버와 연결되어 있어 실시간으로 화학분석 결과를 고객에게 전송해 현장에서 기계나 사람이 오염에 노출되기 전에 조치를 취할 수 있도록 도움을 준다. 써모피셔는 단순히 화학 분석을 위한 모바일 단말기만 개발한 것이 아니라, 단말기의 데이터를 본사에 실시간으로 전송하고, 서버의 분석결과를 고객과 기업내부의 관련부서가 공유하는 복잡한 네트워크를 구축했다. 이 시장에 뛰어드는 신규 사업자는 유사한 네트워크를 구축하기 위한 기술개발과 투자를 해야 하므로 자연히 진입장벽은 높아지게 된다.

- **대체 상품과 서비스의 위협:** 스마트 제품이 이전에는 없던 새로운 기능과 고객 맞춤형 서비스를 제공하면 대체 상품에 시장을 빼앗길 위협은 낮아진다. 하지만 반대로 제품에 내장된 SW와 컴퓨터 칩이 기존 제품이 제공하던 것보다 훨씬 다양한 기능을 제공하게 되면 이전

에는 위협이 되지 않았던 상품이 대체제로 전환될 수도 있다. 예를 들어 웨어러블 디바이스를 제조하는 핏빗(Fitbit)의 디바이스는 사용자의 운동 수준과 수면 패턴과 같은 건강 관련 데이터를 주로 측정하는 제품이었지만, 기기에 내장된 SW의 기능이 확대되면서 지금은 만보계나 운동용 시계의 대체 상품 역할을 함께 하고 있다.

스마트 제품은 기업의 수익원을 제품판매에서 서비스로 바꾸기로 한다. 집카(Zipcar)는 고객이 필요할 때 원하는 장소에서 차량을 이용하도록 하는 차량공유 서비스다. 자동차에 내장된 칩을 통해 실시간으로 차량의 위치를 추적해 고객의 차량 수요와 매칭해 준다. 집카는 차량을 소유하지 않고도 사용한 만큼만 이용료를 지불하는 서비스 모델로, 차량 구매에 대한 대체 상품 역할을 한다. 집카가 차량 소유의 대체제로 부상하면서 전통적인 차량 제조업체인 GM, BMW, 그리고 도요타도 차량공유 시장에 뛰어들었다.

공급자의 교섭력: 디지털 기술을 활용하는 제품 혁신은 전통적인 공급자와의 관계와 교섭력에 큰 변화를 가져온다. 스마트 제품은 센서, SW, 네트워크, 운영체제, 데이터 저장장치, 빅데이터 분석, 그리고 인공지능 기술 등을 제공하는 파트너를 필요로 한다. 새로운 가치를 만들어 내는 원천이 스마트 컴포넌트에 있다면, 기존의 물리적 컴포넌트를 제공하는 공급자보다 ICT 기술 공급기업들의 위상이 상대적으로 높아질 수 밖에 없다. 시간이 지나면서 물리적 컴포넌트의 일부 기능들을 SW가 흡수할 수 있는 산업에서는 이러한 추세가 더욱 빨라질 수 있다. 스마트 제품 시장에서는 전통적인 물리적 컴포넌트의 공

급자 교섭력은 감소하고, 새로운 ICT 기술 공급자들이 공급자망 관리에서 중요한 위치를 차지할 가능성이 크다. 이들 기술 공급자들은 구글, 애플, 그리고 아마존과 같이 거대하고 막강한 기업들이며, 상대적으로 강력한 공급자 교섭력을 바탕으로 제조기업의 잠재적 수익성에 위협이 될 수도 있다.

스마트 제품과 산업간 경계의 붕괴

콘텐츠 산업에서 디지털 제품 혁신이 업종간의 경계를 무너뜨리고, 이전에는 경쟁자가 아니었던 ICT 기업들이 새로운 경쟁기업으로 부상할 수 있음을 보았다. 음악과 관련 없어 보였던 애플이 초기의 디지털 음반시장을 장악한 것이 대표적인 예다. 스마트 제품이 초래할 변화도 유사하다. 산업간 경계가 붕괴되고 예상치 못한 새로운 기업이 경쟁자가 되는 산업구조의 변화가 일어날 수 있다.

네스트(Nest)는 디지털 온도계 제조회사다. 네스트 제품은 단순한 온도계가 아니라 지능과 통신 기능이 더해지고 스마트폰과 연결된 사물인터넷 제품이다. 고객은 스마트폰을 이용해 실내 온도를 조절할 수 있다. 스마트홈 구축의 일환으로 가정내 에너지 소비를 도와주는 서비스를 계획하고 있는 구글이 2014년 네스트를 32억 달러(3조 5,200억 원)에 인수했다. 구글은 네스트의 디지털 온도계를 서버에 연결한 후 개별 가정의 에너지 소비에 대한 데이터를 실시간으로 수집할 목적으로 네스트를 인수했다. 이를 기반으로 전력회사의 수요 예측과 효율적인 전력 공급에 도움을 제공할 뿐 아니라, 고객이 에너지 비용을 줄일 수 있는 방법에 대한 정보를 실시간으로 서비스한다는 계획이다. 예를 들면 '지금부터 2시간 동안 에어컨 작동을 멈추면 전기료를 상당히 줄일 수 있다'는 팁과 같은 정보를 제공하는 서비스다.

구글의 인수로 네스트는 30억 달러(3조 3,000억 원) 규모의 디지털 온도계 시장에서 6조 달러(6,600조 원)에 달하는 에너지 시장의 플레이어로 변신했다. 디지털 온도계에 들어가는 SW 기능을 확대하면 스마트홈의 보안을 위한 장비 역할도 할 수 있다. 온도계를 제조하는 회사가 에너지 산업과 보안산업으로 진출할 수 있게 된 것이다.

구글의 네스트 인수로 기존의 온도계 시장에서 네스트와 경쟁하던 하니웰(Honeywell)은 구글이 새로운 경쟁기업이 되었다. 하니웰의 경영진은 구글이 자사의 경쟁기업이 되리라는 것을 이전에는 전혀 예상하지 못했을 것이다. 이처럼 디지털 기술이 초래하는 제품 혁신은 산업간의 장벽을 허물고 새로운 경쟁자를 만들어 내는 역동성을 가지고 있다.

16

제조업의 서비스화

제품 판매 이후에도 지속되는 서비스

'스마트 제품'은 제조업체로 하여금 제품이 판매된 이후에도 고객에게 가치있는 서비스를 지속적으로 제공할 수 있게 해 준다. 일반적으로 제조기업의 서비스라 하면 제품이 판매된 이후 AS 차원의 서비스를 의미한다. 즉 구매한 물품에 문제나 하자가 발생할 경우에 서비스를 제공하는 것이 일반적이다. 스마트 제품은 센서와 SW를 사용해 제품 사용에 대한 히스토리 데이터뿐만 아니라 제품의 현재 상태와 환경에 대한 데이터를 실시간으로 수집한다. 센서를 통해 축적된 빅데이터를 인공지능을 포함한 다양한 기술로 분석해 고객에게 제공할 경우, 단순한 AS 차원 이상의 다양한 서비스가 가능하다. 제품 판매 이후에도 서비스를 계속할 수 있는 '제조업의 서비스화'가 가능해 지는 것이다.

본 장에서는 스포츠 용품 제조 기업인 나이키와 산업용 기계를 생산하는 GE의 사례를 통해 스마트 제품이 가능케 하는 제조업의 서비스화에 대해 살펴보고자 한다. 나이키와 GE를 구체적으로 분석하는 것은 두 가지 측면에서 의미가 있다. 첫째, 나이키는 소비재 제조기업이며, GE는 산업재 제조업체다. 소비재 생산기업은 고객이 일반 소비자이므로 판매된 제품의 서비스도 기업이 아닌 개인을 대상으로 한다. 반면 GE가 제조한 기계를 구매하는 고객은 일반 소비자가 아닌 기업이다. 서비스 대상이 기업일 경우 소비자를 대상으로 하는 경우와는 전혀 다른 차원의 서비스 모델이 필요하다. 둘째, 나이키와 GE는 스마트 제품을 도입하는 비즈니스 모델이 다르다. 비즈니스 모델은 기업이 고객에게 어떠한 가치를 제공하며, 가치를 제공하는 과정에서 어떻게 수익을 창출하는지를 설명하는 용어다. 나이키의 스마트 제품은 새로운 수익원을 창출하는 것이 아니라 제품 차별화로 고객의 로열티를 제고하는 데에 있다. 반면, GE는 단순히 제품 차별화의 수준을 넘어 서비스를 새로운 수익원으로 설정하고 있다. 스마트 제품을 도입하는 기업은 목적에 따라 다양한 형태의 비즈니스 모델을 채택할 수 있음을 두 사례는 보여 준다.

운동 정보를 제공하는 나이키 플러스

나이키는 1971년 오레곤 대학의 육상 선수였던 필 나이트와 육상 코치 빌 바우어만이 함께 설립한 스포츠 용품 회사다. 나이키라는 상호는 그리스 신화에 나오는 승리의 여신인 니케(Nike)를 의미하며, 나이키 로고도 날개를 펴고 있는 니케의 동상을 이미지화 한 것이다. 나이키는 농구의 마이클 조던이나 골프의 타이거 우즈같은 스포츠 스타를 모델로 활용하는 광고전략을 사용해 스포츠 업계 브랜드 1위 기업으로 성장했다. 특히 1988년에 시작한 '일단 한번 해봐 (Just Do It)' 슬로건은 나이키를 대표하는 문구가 되었다.

나이키는 2006년 애플과 함께 나이키 플러스(Nike+)라는 스마트 제품을 출시한다. 나이키 플러스는 애플 아이팟 또는 아이폰에 연결된 컴퓨터 칩을 조깅화에 장착한 제품이다. 신발에 설치된 칩은 달리기 속도, 달린 거리, 칼로리 소모량을 측정해서 단말기에 전송한다. 아이팟이나 아이폰에 저장된 이들 데이터는 나이키 홈페이지에 업로드되고 저장되므로, 고객이 원하면 언제든지 그래프로 볼 수 있을 뿐 아니라 트위터나 페이스북을 통해 친구나 지인들과 공유할 수도 있다. 나이키 플러스를 위한 앱은 애플의 앱스토아에서 무료로 다운로드 받을 수 있도록 했다. 나이키 플러스에 연결된 아이팟과 스마트폰은 조깅 중에 뮤직 플레이어 역할을 수행함은 물론이고, 현재 달리는 평균 속도와 목표지점까지 남은 거리 등을 음성으로 알려준다. 오르막과 같은 힘든 구간에서는 힘을 내는데 도움이 되는 힘찬 음악을 플레이하도록 세팅하는 것도 가능하다. 나이키는 운동화에 내장되는 사물인터넷 칩을 30달러에 판매하고 있다.

나이키는 2010년에 나이키 플러스보다 한단계 발전한 나이키 플러스 GPS(Nike+ GPS)를 출시했다. 이는 기존의 달리기 관련 측정 데이터 뿐만 아니라 아이팟과 아이폰에 장착된 GPS 기능을 사용해 고객이 달린 지역을 지도상에 보여주는 서비스다. 같은 해에 나이키 플러스 스포츠워치(Nike+ SportWatch)라는 운동용 시계도 출시하는데, 이는 조깅 중에 아이팟이나 아이폰을 소지해야 하는 불편함을 없애기 위해 손목에 차는 시계 형태의 단말기를 조깅화에 장착된 칩과 연결한 제품이다.

나이키 플러스는 조깅화에 장착한 칩을 스마트폰에 연결한 스마트 제품이다. 달리기 속도, 달린 거리, 칼로리 소모량 등에 대한 정보를 스마트폰으로 보여 준다.

조깅 구간을 지도에 맵핑하는 새로운 서비스는 나이키 플러스 고객 커뮤니티의 확대에 큰 역할을 했다. 페이스북과 같은 소셜 네트워크를 통해 지인들과 조깅 정보를 공유하면서 운동을 게임처럼 즐길 수 있게 된 것이다. 실제로 나이키 플러스 고객을 대상으로 '그리드(The Grid)'라는 조깅 게임도 개최했다. 영국 런던 시내의 조깅 구간에 체크포인트를 설정하고 고객들이 팀을 이루어 릴레이 조깅 시합을 하는 행사였으며, 본인에게 배정된 체크 포인트에 도달하면 포인트를 제공하는 대회였다. 나이키 플러스 GPS 출시 2년 만에 커뮤니티 회원수가 5백만 명을 넘어섰고 이는 2011 한해 동안 나이키 조깅화 부분이 30%나 성장하는 일등공신의 역할을 했다.

나이키 플러스의 성공에 고무된 나이키는 2010년 디지털 스포츠 부서를 신설하고 나이키 플러스 제품 라인을 전담해서 개발하도록 한다. 그 결과 2012년에는 나이키 퓨얼밴드(Nike Fuelband)라는 제품을 시장에 내놓았다. 나이키 퓨얼밴드는 손목에 차는 밴드로 고객의 움직임을 모니터링하는 웨어러블 디바이스다. 시계 기능을 가지고 있는 나이키 퓨얼밴드는 칼로리 소모량, 걸음 수, 그리고 나이키 퓨얼(Nike Fuel)이라는 3개의 측정 지표를 스크린에 보여준다. 나이키 퓨얼은 나이, 몸무게, 성별 등에 관계없이 모든 사람에게 동일하게 적용할 수 있도록 나이키가 개발한 측정치다.[1] 고객은 퓨얼밴드 측정치를 사용해 매일의 운동 목표량을 설정할 수

1 나이키 퓨얼은 생리학자와 생체역학자로 이루어진 과학팀을 구성해 나이키가 개발한 측정치다. 고객의 움직임 패턴과 생리학적 반응을 산소 소비량 패턴과 연결해 만든 수치로 신장이나 몸무게, 성별에 관계없이 모든 사람에게 적용할 수 있는 표준화된 수치다.

나이키 퓨얼밴드

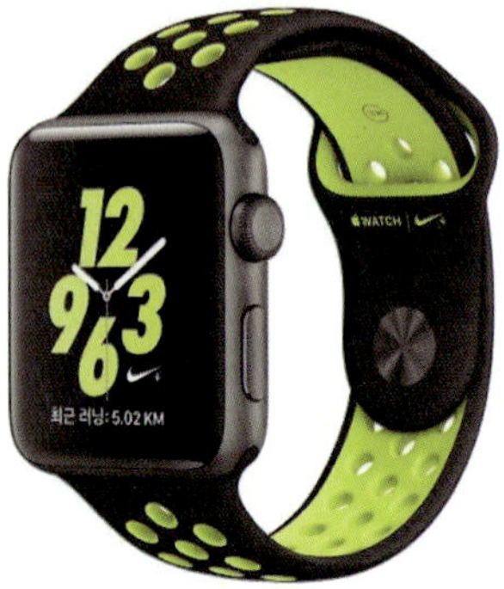

애플워치 나이키 플러스

나이키 퓨얼밴드는 손목에 차는 밴드로 칼로리 소모량, 걸음 수, 그리고 나이키 퓨얼과 같은 측정 지표를 보여준다. 우측에 있는 애플워치 나이키 플러스는 나이키가 애플과 함께 개발한 스포츠용 손목시계다.

있으며, 목표치 수행 과정과 달성 여부는 밴드가 알려 준다. 퓨얼밴드는 스마트폰과 연결이 가능하고 웹 사이트에 데이터를 업로드할 수도 있다.

나이키는 2017년에 들어와 애플과 함께 애플워치 나이키 플러스(Apple Watch Nike+)라는 스포츠용 시계도 개발했다. 시계에는 GPS가 내장되어 있어 스마트폰 없이도 거리와 속도 등을 정확히 계산하고 운동이 끝난 후에는 조깅한 경로를 지도상에서 확인할 수 있다. 심장 센서가 부착되어 심박수를 측정할 뿐만 아니라 무리가 되지 않는 운동 코스를 추천하는 기능도 있다.

나이키 플러스는 '스마트 제품'이다. 운동화에 장착된 센서와 스마트폰을 연결해 운동상태를 모니터링하고 이들 데이터를 기업의 서버에 업로드하는 새로운 형태의 신발이다. 나이키 플러스는 고객이 운동화를 구매한 이후에도 새로운 서비스를 지속적으로 제공함으로써 제품의 가치를 증가시켰다. 제품이 판매된 이후에도 계속되는 서비스는 고객을 경쟁

기업에 넘어가지 않도록 묶어두는 락인 효과[2]를 만들어 낸다. 제조업의 서비스화가 필요한 이유를 잘 보여주는 사례다.

나이키는 2019년 7월 나이키 핏(Nike Fit)이라는 모바일 서비스를 시작했다. 스마트폰 카메라로 자신의 발을 촬영하면 발 사이즈를 자동으로 인식해 본인의 사이즈에 맞는 신발을 찾아주는 서비스다. 나이키 핏은 인공지능을 활용한 추천 알고리즘 기능을 활용한다. 나이키는 마이크로소프트의 비디오 콘솔게임기[3]인 Xbox와 협력해 홈트레이딩 시스템도 출시했다. 이 제품은 Xbox가 보유한 동작인식기술인 키넥트(Kinect)[4]를 활용해 TV에서 가상 트레이너의 코칭을 받으며 가정에서 운동할 수 있는 게임이다. 미리 설정해 둔 목표 운동량을 달성하는 게임으로 친구들을 온라인으로 초대해 함께 운동할 수 있는 챌린지 모드도 함께 제공하고 있다. 2020년에 들어와 코로나19가 전 세계적으로 확산되면서 체육관에서 운동을 하는게 어려워지자 많은 고객들이 나이키의 홈트레이닝으로 가정에서 운동을 하고 있다. 나이키가 2010년 신설한 디지털 스포츠 부서가 운동과 디지털 기술을 결합하는 혁신을 지속해 온 결과다.

나이키는 ICT 기업이 아닌 제조업체다. 따라서 나이키 플러스라는 스마트 제품을 개발하기 위해 애플을 중요한 파트너로 끌어들였다. ICT 기

2 락인 효과(Lock-in Effects)는 기존보다 새로운 상품이 나와도 소비자가 다른 제품으로 소비 전환을 하지 않고 기존의 제품이나 서비스에 계속 머무르는 현상을 의미한다.

3 비디오 콘솔게임기는 닌텐도의 위(Wii)나 소니의 플레이스테이션(Play Station)처럼 TV에 연결해 게임을 하는 기기다. 마이크로소프트가 출시한 비디오 콘솔게임을 Xbox라고 부른다.

4 키넥트(Kinect)는 콘솔게임기에서 컨트롤러 없이 카메라를 사용해 이용자의 움직임을 게임에 반영하는 주변기기 장치다.

술에 대한 백그라운드가 약한 제조기업은 센서와 칩, 데이터 저장장치, 네트워크 등의 기술을 보유한 기업을 파트너로 끌어들일 수밖에 없다. 나이키의 전통적인 공급자 리스트에 애플과 같은 ICT 기업이 추가된 셈이다.

나이키 플러스가 시장에 출시되자 경쟁기업들도 디지털 기술로 혁신한 제품을 만들기 시작했다. 아디다스가 출시한 마이코치 스마트런(miCouch Smart Run)은 달린 거리와 페이스를 측정해 운동효과를 높일 수 있는 개인 트레이너의 역할을 하는 제품이다. MP3 플레이어 제조업체인 아이리버는 아이리버온(iriverOn)이라는 헤드셋을 출시했다. 헤드셋에 장착된 센서를 통해 고객의 심박동수, 이동속도, 칼로리 소모량 등을 측정해 알려주고, 운동량의 목표치를 설정하면 목표 도달 시 음성으로 알려주기도 한다. 불과 10년 전만 해도 아이리버와 나이키가 경쟁관계가 되리라고 누구도 상상하지 못했다. 이처럼 스마트 제품이 야기하는 디지털 혁신은 산업간의 영역을 무너뜨리며 새로운 경쟁관계를 만들어 낸다.

산업인터넷으로 새로운 가치를 창출하는 GE

GE는 토마스 에디슨이 1878년 설립한 전기조명회사를 모체로 성장한 글로벌 기업이다. GE가 글로벌 장수기업으로 성장할 수 있었던 이유는 과거의 성공 공식을 과감히 버리고 끊임없는 사업 포트폴리오 조정을 통해 변화와 혁신을 추구해 왔기 때문이다. 1980년대 초 방만한 경영으로 어려움에 처하기도 했으나 당시 CEO였던 잭 웰치

분야	소프트웨어	내용	성과
에너지	Wind PowerUp	풍력발전소의 발전 환경을 분석하여 터빈으로부터 최적의 발전 성능을 이끌어냄	연간 에너지 생산량 5% 증가
에너지	Advantage Advanced Gas Path Solution	가스발전소의 축전된 실가동 데이터를 기반으로 전력생산 증가, 전력 부하 대응, 온실가스 배출 감축에 유연하게 대응	온실가스 배출 감축
항공	Flight Efficiency Services	항공기 비행 데이터를 실시간으로 수집, 분석하여 연료 관리, 비행 분석, 항공기 동기화 등 제공	1천 건의 지연 도착 및 결항 예방
운송	Rail Connect 360 Solution	기관차 운영데이터를 수집, 분석하여 철도망과 장치에 대한 최적화된 운영 방안 제시	운행속도 10~20% 향상, 기관차 연료소비 10% 절감
헬스케어	Centricity 360™	환자 진단 및 치료에 대한 협업, 실시간 차트 및 영상의료기록 제공	환자 대기시간 단축 및 장비와 침대 관리 최적화

GE의 산업인터넷을 위한 플랫폼인 프리딕스에는 다양한 SW가 설치되어 에너지, 항공, 운송, 헬스케어 등의 산업에서 성과를 내고 있다.[5]

의 성공적인 구조조정과 포트폴리오의 변화로 재기에 성공했으며, 금융위기 이후 사업을 재조정하여 현재는 전력, 항공, 헬스케어, 에너지 관리, 운송 등의 분야에서 사업을 수행하고 있다. 이처럼 시대의 변화를 읽고 민첩한 대응을 통해 최장수 기업으로 존속해 온 GE가 최근에는 SW 중심 기업으로 변신해 4차산업혁명의 선두주자로 탈바꿈하고 있다.

GE의 이러한 변신의 중심에는 '산업인터넷(Industrial Internet)'이 있다. 산업인터넷은 제품을 진단하는 SW와 분석 솔루션을 결합해 기존 설비나 운영 체계를 최적화하는 차세대 기술이다. 발전소의 가스터빈, 항공기의 제트 엔진, 헬스케어 장비 등 수많은 기계들은 끊임없이 방대한 양의 데이터를 만들어 낸다. 산업인터넷은 기계들이 생성하는 빅데이터를 분석

5 출처: "GE Technology Story," General Electric, 2015.

해 관리자에게 의미 있는 정보를 제공하고, 효과적인 의사결정을 돕는 디지털 생태계를 구축하는 기술이다. 산업인터넷의 원리는 기본적으로 사물인터넷과 유사하지만 냉장고나 온도계와 같은 일상적인 제품이 아니라 에너지, 항공, 철도 등 사회인프라 산업에 사용되는 기계나 엔진에 센서와 칩을 내장해서 데이터를 수집하고 활용하는 것이다. 따라서 규모가 크고 극한의 환경에 적용될 뿐만 아니라 수집되는 정보의 양도 방대하다. 무엇보다도 분석과 예측을 통해 효율성을 높일 경우 절감할 수 있는 비용의 규모가 막대하다.

예를 들어 산업인터넷을 활용하면 기계의 고장으로 인한 다운타임(작동할 수 없는 시간)을 크게 줄일 수 있다. 산업분야에서 경험하는 비효율성은 대부분 예측하지 못한 장비 또는 기계의 다운타임에서 발생한다. 기계 상태에 대한 실시간 정보가 부족해 사전에 예방할 수 있었던 고장도 발생 이후에야 해결하는 경우가 대부분이다. 항공기 지연과 취소 원인의 10%가 예정에 없던 항공기 부품의 유지보수 때문에 발생한다. 빅데이터를 사용해 이를 해결할 경우 항공산업에서만 연간 약 80억 달러(8조 8,000억 원)의 비용을 절감할 수 있다.

GE는 항공, 에너지, 헬스케어, 운송 등의 분야에서 산업인터넷을 도입해 업종별로 1%만 효율을 증가시켜도 고객기업들이 엄청난 비용을 절감할 수 있을 것으로 분석하고 있다.[6] 예를 들어 전기 및 발전산업에서 산업인터넷으로 연료효율을 1%만 증가시키면 발전소들은 연간 4조 원

6 "산업인터넷: 지성과 한계를 뛰어 넘다 (Industrial Internet: Pushing the Boundaries of Minds and Machines)," General Electric, 2012.

GE는 산업인터넷을 자사가 공급한 설비에 적용하여 1%의 효율을 제고하면 고객기업들이 연간 16조~23조 원의 비용을 절감할 수 있을 것으로 분석하고 있다.

이상의 비용을 절감할 수 있다. 산업인터넷이 1%의 위력을 발휘할 경우 GE의 주요 업종인 항공산업, 에너지 산업, 헬스케어 산업, 운송 산업 등에서 고객 기업들이 연간 총 16조~23조 원의 비용을 절감해 생산성을 크게 늘릴 수 있게 된다. GE는 CSA(Contract Service Agreement)라는 계약을 통해 산업인터넷으로 고객 기업이 비용절감으로 얻는 이익의 일정부분을 서비스 수수료로 받는 비즈니스 모델을 채택하고 있다. GE의 산업부문 매출에서 CSA 매출이 75%에 해당한다. 이제는 GE를 제조기업이 아니라 서비스 기업으로 봐야 하는 이유가 여기에 있다.

GE는 2011년 캘리포니아 실리콘밸리 인근에 'GE 소프트웨어 센터'를 설립하고 10억 달러(1조, 1,000억 원)를 투자해 프리딕스(Predix)라 불리는 산업인터넷을 위한 SW 플랫폼을 구축했다. 설치된 기기간에 정보를 교환해 고장이나 오작동을 미리 예측(Prediction)한다는 의미에서 프리딕스로 명명했다. 프리딕스는 GE가 설치한 산업재 기계와 설비에 장착된 센서로부터 대규모 데이터를 수집하고, 이들 빅데이터를 분석해 운영의 최적화를 달성하는 어플리케이션을 개발하고 관리할 수 있는 플랫폼이다. 현재 프리딕스는 다양한 산업에서 활용하고 있다.

국제선 항공기는 고도 10km의 높이에서 운항한다. 이 정도 고도라면 온도가 영하 40도로 떨어지며 기압도 낮아지고 산소도 희박하다. 이와 같은 극한의 환경에서는 기체에 예기치 못한 이상이 발생할 가능성이 높다. 특히 한번 착륙 후 다시 이륙하기 위해서는 반드시 기체 점검을 해야 하는데, 이상이 없다는 완벽한 판정이 나오기까지 짧게는 1~2시간에서 길게는 몇 시간이 소요되며, 아예 이륙이 불가할 경우도 자주 발생한다. GE의 프리딕스 솔루션은 상공에서 운항 중인 항공기에 탑재된 다양한 센서가 보내오는 정보와 기존에 점검한 이력을 종합 분석해 예측 결과를 알려준다. 항공사는 착륙 후 문제가 생길 수 있는 부분을 미리 파악함으로써 기체결함으로 인한 수리 시간을 크게 단축시킬 수 있다. 또한 기체 자체로부터 수집한 운항 데이터와 날씨, 항로, 사고 위험 정보, 연료 운용 상황 등의 빅데이터를 분석해 불필요한 연료소비를 줄인다. 말레이시아의 에어아시아(AirAsia) 항공사는 프리딕스 솔루션을 도입해 연료비만 연간 3,000만 달러(330억 원) 이상 절감하고 있다.

석유시추 기술의 발전으로 이전에는 채굴할 수 없었던 심해 해저의 원유를 시추할 수 있게 되었다. 망망대해 위에 시추선을 띄우고, 해저 표면을 드릴로 굴착한 후, 긴 파이프를 연결해 원유를 뽑아낸다. 해수면에서 4.8km를 내려가면 1평방인치당 가해지는 압력은 자동차 3대의 무게와 같다. 고장이나 사고로 인해 시추 장비를 가동하지 못하면 하루 300만 달러의 손실이 발생한다. 시추 장비의 문제를 미리 예측하고 그에 대비해 다운타임을 줄이는게 그만큼 중요하다. 미국의 석유회사 아파치 코퍼레이션(Apache Corporation)은 GE의 산업인터넷 솔루션을 활용해 육지 및 해양 석유 시추 시설의 펌프 고장을 사전에 감지하는 시스템을 운영하고 있다. 센서를 통해 심해 장비의 압력, 밸브 위치, 해류 등의 데이터를 수집해 분석하고, 이 데이터를 활용해 작업자들이 기계의 작동을 모니터링하며 앞으로의 상황을 예측한다. 석유 및 가스 산업에서 펌프 성능을 1%만 향상시켜도 하루에 생산할 수 있는 석유의 양이 50만 배럴 이상 늘어난다. 이는 연간 190억 달러(20조 9,000억 원)의 수익에 해당하는 규모다.

미국 동부의 최대 철도 운영회사인 노퍽서던철도(Norfolk Southern Railway)도 GE의 프리딕스를 이용해 기관차와 열차 운행에 필요한 모든 정보를 수집하고, 이를 분석해 이익을 극대화하고 있다. 운행 최적화 시스템은 기관차의 상태, 운행 상황 등 기관차의 운전 조건을 실시간으로 모니터링한다. 빅데이터 분석은 열차 제동을 최소화함으로써 기관차의 연료 효율을 향상시켰다. 노퍽서던철도는 열차 속도를 종전보다 10~20% 높일 수 있었고 그 결과 연료 사용을 6.3%나 절감했다.

산업인터넷 도입을 위해 GE는 세일즈 조직의 혁신을 단행했다. 영업활동의 축이 단순히 기계나 엔진을 판매하는 방식에서 고객과 GE 양측에 상호 이익을 주는 장기적인 관계형성 중심으로 변할 필요가 있기 때문이다. 판매하는 제품이 하드웨어가 아닌 서비스로 바뀜에 따라 영업하는 방법도 변경되었으며 영업의 대상이 되는 고객 기업의 컨택트 포인트도 달라졌다. GE는 CCO(Chief Commercial Officer)라는 새로운 임원 레벨의 직책을 만들었을 뿐 아니라 모든 세일즈 팀에 판매 이후의 서비스를 위한 '문제해결 설계전문가(Solution Architect)'를 포함시켰다.

GE는 산업인터넷 비즈니스를 위해 주요 ICT 기업들을 파트너로 끌어들였다. IBM, 시스코, 인텔, AT&T 등과 함께 '산업인터넷 컨소시엄'을 구축해 필요한 기술적인 지원을 받을 수 있는 체계를 만들었다. 마이크로소프트와 공동으로 카라다임(Caradigm)이라는 합작회사를 설립해 헬스케어 분야의 빅데이터 분석을 위한 프리딕스 응용 SW를 개발하고 지원하도록 했다. 항공 분야의 산업인터넷 응용을 위해서는 액센츄어(Accenture)와 공동으로 텔레리스(Teleris)를 설립했다. 산업인터넷 때문에 GE의 공급자 리스트에서 ICT 관련 기업들의 비중이 커지고 있는 셈이다.

한가지 흥미 있는 사실은 SAP이 GE의 경쟁사가 되고 있다는 점이다. SAP은 산업별로 최적화된 비즈니스 프로세스를 전사적자원관리(ERP)와 같은 SW에 담아서 판매하는 기업이다. 재무회계 소프트웨어로 시작한 SAP은 글로벌 ERP 시장에서의 성공으로 현재 독일 주식시장에서 지멘스나 폭스바겐 같은 회사를 제치고 시가총액 1위에 올라 있는 기업이다. SAP은 2017년 5월 레오나르도(Leonardo)라고 불리는 산업인터넷 플랫폼을 시장에 선보였다. 레오나르도는 전통적인 비즈니스 어플리케이션뿐만 아니라 각종 센서에서 생성되는 데이터를 통합하고 분석할 수 있는 플랫폼이다. GE는 자사가 보유한 빅데이터를 지렛대로 프리딕스라는 분석 플랫폼을 개발한 반면, SAP은 자사가 강점을 가지고 있는 비즈니스 프로세스의 베스트 프랙티스(Best Practice)를 무기로 산업인터넷 플랫폼

시장에 뛰어들었다. 스마트 제품은 이처럼 산업간의 영역을 무너뜨리며 전혀 다른 분야에서 사업하던 이종기업들이 경쟁자가 되는 산업구조의 변화를 야기하고 있다.

GE의 산업인터넷은 제프 이멜트(Jeff Immelt) 회장이 2001년 GE의 새로운 사령탑을 맡으면서 시작했다. 디지털 경제 시대를 대비해 제조기업인 GE를 세계 10대 SW 기업으로 변모시키기 위해 산업인터넷에 과감한 투자를 해 왔던 이멜트 회장은 2017년 6월 CEO 직에서 사퇴했다. 이멜트 회장의 뒤를 이어 GE의 새로운 수장이 된 존 플래너리(John Flannery)는 15개월 만인 2018년 10월 로런스 컬프(Lawrence Culp)로 다시 교체된다. 1896년 미국 다우존스 산업평균지수[7]가 출범할 당시 지수에 포함되었던 12개 상장기업 가운데 유일하게 남아 있던 GE는 기업가치 하락으로 2018년 다우존스 지수에서도 퇴출되는 수모를 겪는다. 실적 악화로 CEO가 교체되고 기업가치가 하락하면서 GE의 산업인터넷이 잘못된 비전일 수 있다는 우려가 제기되기도 했다. 산업인터넷을 위한 플랫폼과 SW에 과다한 재원이 투입된 반면 수익은 크게 늘지 않았기 때문이다.

2020년에 들어와 수많은 기업이 '인더스트리 4.0'이라 불리는 스마트 공장에 대한 투자를 늘리고 있다. 인더스트리 4.0은 '연결 공장 (Networked Factory)'이라 불리는 4차산업혁명의 새로운 페러다임이다. 통신 네트워크를 통해 공장내 시설과 장비를 연결함으로써 새로운 가치와 비즈니스 모

7 1896년 다우존스 산업평균지수가 시작될 당시에는 우량 기업 12개의 주식 종목을 사용했지만 오늘날의 다우존스 지수는 미국의 증권거래소에 상장된 30개 우량기업 주식 종목의 비율 평균 방식으로 산정한다.

델을 만들어 낸다. 인더스트리 4.0을 위해서는 모든 설비에 칩을 내장하고 이를 네트워크를 통해 플랫폼에 연결하는 산업인터넷 기술이 기반이 될 수 밖에 없다. 즉, GE가 시작한 산업인터넷은 대부분의 제조 및 서비스 기업이 지향해야할 방향성을 제공하는 것이다. 최근 GE가 겪고 있는 어려움은 혁신 초기에 선도적인 기업들이 경험하는 과도기적 경험으로 이해해야 하며 이 때문에 산업인터넷의 중요성을 간과하는 우를 범해서는 안된다.

17

제품 플랫폼과 '시장' 메커니즘

스마트 제품 개발의 복잡성

4차산업혁명은 이전과는 다른 디지털 혁신의 기회를 제공한다. 하지만 스마트 제품은 기존의 하드웨어 제품에 스마트 컴포넌트와 네트워크 컴포넌트가 추가되므로 제품 개발 프로세스의 복잡성이 커진다. 기계부품에 회로와 센서, 임베디드 SW와 저장장치, 네트워크 포트 등을 설치하고 이들을 기존의 부품들과 상호 연결해야 하는 스마트 제품은 개발 과정이 복잡해질 수 밖에 없다. 늘어난 제품개발의 복잡성은 개발 과정에서 예상치 않았던 많은 문제를 일으킬 수 있다.

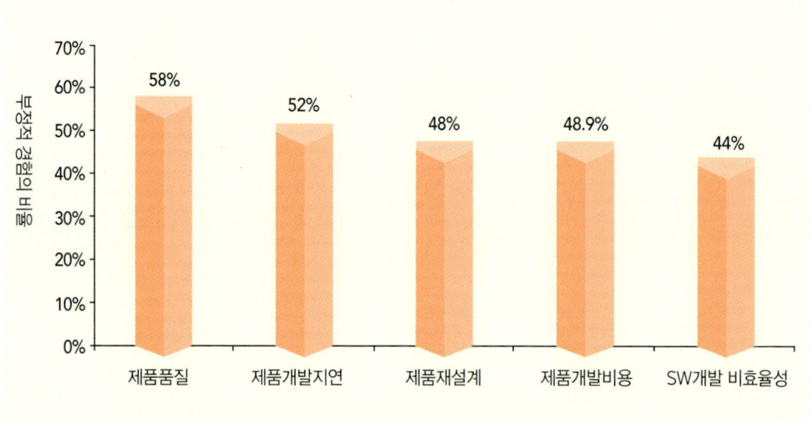

기존 제품에 임베디드 SW를 장착한 제조기업의 절반 이상이 제품개발 과정의 복잡성 때문에 부정적인 경험을 하고 있는 것으로 조사되었다.[1]

1 "소프트웨어 중심 제품의 개발: 혁신 복잡성의 난제 해결(Developing Software-Intensive Products: Addressing the Innovation Complexity Conundrum)," Tech-Clarity, Inc., 2012.

기존의 제품에 임베디드 SW를 추가한 기업들을 대상으로 조사한 연구결과에 의하면 설문에 참여한 제조기업의 절반이상이 임베디드 SW 때문에 제품의 품질이나 개발 시간, 개발 비용 등에서 부정적인 경험을 하고 있다. 기존의 제품(물리적 컴포넌트)과 SW는 상호의존적이기 때문에 한쪽의 사소한 변화가 시스템 내부에서 호환 문제를 일으키고 궁극적으로 제품 품질에 영향을 미친다. 문제를 신속하게 찾아내고 시정하지 않으면 제품 브랜드에 해를 끼치게 되고 매출에도 부정적인 결과를 가져온다. 찾아낸 문제점을 해결하는 과정에서 제품 출시가 지연되는 경우가 많고 추가적인 불량이 발생하기도 한다. 많은 경우 처음부터 재설계를 하게 되면서 시간과 비용이 동시에 늘어나게 된다. 비용 증가는 제품 재설계뿐 아니라 잘못 설계된 제품의 폐기에서도 발생한다. 이 모든 것이 ICT와 제품이 결합하면서 복잡성이 증가했기 때문에 나타나는 문제다.

플랫폼에는 제품(HW) 플랫폼, SW 플랫폼, 그리고 서비스 플랫폼의 세 가지 종류가 있다. 음반, 서적, 미디어, 신문 산업 등 디지털 콘텐츠 위주의 산업에서는 서비스 플랫폼이 중요하다. 하지만 스마트 제품을 개발하고자하는 기업에게는 하드웨어 중심의 제품 플랫폼의 운영이 훨씬 중요하다. 스마트 제품은 하드웨어 제품에 장착된 센서와 임베디드 SW, 저장장치 등이 제품내 다른 기계적인 부품들과 상호 연결되고, 나아가서 네트워크를 통해 제품 외부에 있는 단말기나 서버와 소통해야 한다. 제품개발 과정에서 발생하는 복잡성을 관리하고 해결하기 위해서는 제품 플랫폼을 활용하는 접근방법이 필요하다.

스마트 제품을 위한 '제품 플랫폼'

대형 컴퓨터를 제작하던 IBM과 같은 기업은 컴퓨터의 제조와 판매, 서비스에 관련된 일련의 가치 사슬[2]에 해당되는 모든 업무를 스스로 해결했다. 대형 컴퓨터의 제작을 위해 IBM은 마이크로프로세서 칩의 제작부터, HW와 운영체제(OS)를 자체적으로 개발했을 뿐만 아니라, 고객을 위한 응용 SW의 개발과 마케팅 및 판매, 그리고 판매된 컴퓨터의 AS까지 도맡아서 수행했다. 하지만 PC가 도래하면서 컴퓨터 시장의 가치사슬은 분해되고 서로 다른 업체들이 가치사슬의 일부만 맡아서 컴퓨터 제작에 참여하는 형태로 바뀌었다. PC에 들어가는 마이크로프로세서 칩은 인텔이나 모토로라가 제작하고, HW 제작은 델이나 휴렛팩커드 등이 맡았다. 운영체제는 마이크로소프트(윈도우)가 제작했고, 응용 SW 개발에는 수백 개의 기업들이 참가했다. 제작된 컴퓨터의 판매도 유통채널이나 컴퓨터 조립업체들이 담당했으며, 델 컴퓨터 같이 온라인으로 PC를 판매하는 기업들은 컴퓨터 하자 보수를 위해 왕컴퓨터나 유니시즈 같은 기업과 아웃소싱 계약을 맺었다. 컴퓨터 가치사슬을 이루는 업무들이 완전히 분해되고, 분화된 태스크는 서로 다른 기업들이 맡아서 진행하는 형태로 바뀐 것이다.

2 가치사슬(Value Chain)이란 고객에게 가치를 제공함에 있어서 부가가치 창출에 직·간접적으로 관련된 일련의 활동·기능·프로세스의 연계를 의미한다.

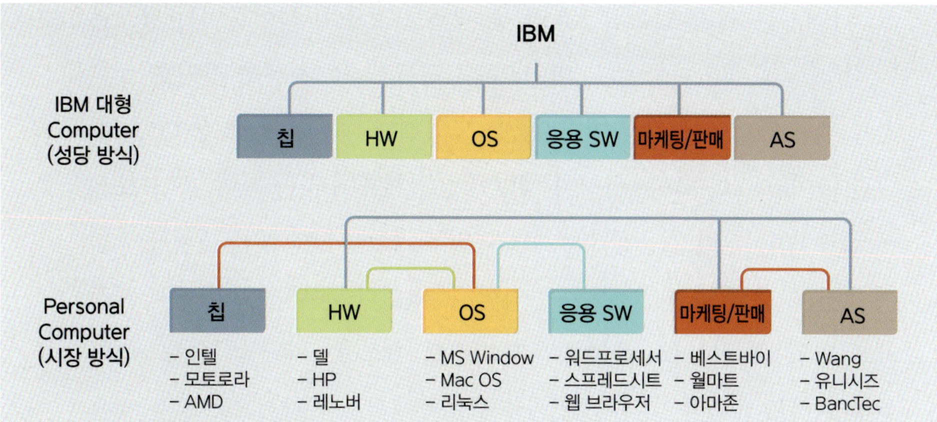

과거 IBM은 대형컴퓨터 제작 시 '제품 플랫폼'의 모든 업무를 직접 맡아서 해결하는 '성당' 방식을 사용했으나, PC 시장에서는 기업들이 '제품 플랫폼'에서 핵심역량을 가지고 있는 업무만 맡고 나머지는 파트너들과 함께 개발하는 '시장' 메커니즘을 사용하고 있다.

컴퓨터 산업의 가치사슬이 이렇게 분화된 이유는 기술발전의 속도 때문이다. 과거에는 IBM과 같은 기업이 가치사슬의 모든 업무를 맡아서 진행하는 게 가능했지만, PC 산업에서 하나의 기업이 컴퓨터 칩부터 HW, OS, 응용 SW 개발까지 모두 다 수행한다면 경쟁에서 살아남기 어렵다. 가치사슬 내 개별 파트들의 기술 발전 속도가 너무 빨라 모든 파트를 껴안고 시장에서 경쟁하는 것이 불가능하기 때문이다. 따라서 자신이 가장 경쟁력을 가지고 있는 파트에 역량을 집중하고 가치사슬의 다른 파트를 담당하는 기업들과 팀을 만들어 시장에서 경쟁하는 체제로 바뀔 수밖에 없었다.

IBM처럼 자사의 역량만으로 제품 플랫폼의 모든 파트를 개발하고 제조하는 방식은 '성당(Cathedral)' 메커니즘이다. 반면 PC 시장처럼 기업이 핵심역량(Core Competence)을 가지고 있는 부분에만 개발 자원을 집중하고, 나머지는 역량 있는 파트너들을 제품 플랫폼에 끌어들이는 방식은 '시장(Bazaar)' 메커니즘이다. 마이크로소프트가 PC 시장을 장악한 것은 바로 제품 플랫폼에 시장 메커니즘을 도입했기 때문이다. PC용 OS를 개발한 마이크로소프트는 자사가 개발한 운영체제에 맞는 마이크로프로세서 칩과 HW, 그리고 응용 SW 개발을 위해 파트너들을 제품 플랫폼에 참여시켰고, 그 결과 PC 시장을 장악할 수 있었다. 콘텐츠 산업에서 시장 재편 기업들이 서비스 플랫폼의 크리티컬 매스를 구축하기 위해 제3자를 파트너로 끌어들인 것처럼, 제품 플랫폼에서도 독자적으로 모든 것을 만드는 '성당' 방식보다는 파트너들을 참여시키는 '시장' 메커니즘이 플랫폼 경쟁에서 유리할 수 있다.

스마트 제품을 위한 '제품 플랫폼'은 기존의 물리적인 제품에 컴퓨터 칩과 센서, 센서와의 연동을 제공하는 하드웨어, 하드웨어와 응용 SW 지원을 위한 운영체제, 제품 사용과 환경에 대한 모니터링 정보를 저장하는 장치, 제품과 외부 디바이스와의 연결에 필요한 통신시설 등 규모가 작을 뿐 컴퓨터의 가치 사슬에 해당하는 많은 기술들이 내장된다. 뿐만 아니라 제품이나 디바이스가 만들어 내는 빅데이터 분석 툴과, 데이터 분석과정에서 인공지능 등을 적용하는 업무가 가치 사슬에 추가될 수도 있다.

스마트 제품은 기존의 제조방식과는 다른 디자인 원칙을 필요로 한다. SW 기반의 맞춤형 서비스를 위해서는 오리지날 하드웨어 제품인 물리적 컴포넌트의 표준화가 필수적이다. 그리고 하드웨어 제품에 SW를 내장해서 맞춤형 서비스를 제공할 경우 물리적인 하드웨어와 SW 간의 인터페이스가 제품의 품질을 결정한다. 기존의 물리적인 컴포넌트가 수행하던 기능을 SW가 대체하면 당연히 하드웨어 제품의 설계도 따라서 변경되어야 한다. 제품에 내장된 SW의 업그레이드가 지속적으로 가능해야 하고, 제품의 하자 문제를 사전에 파악하고 이를 원격으로 해결할 수 있는 디자인도 요구된다. 제품 플랫폼을 기반으로 스마트 제품을 개발하고 관리해야 하는 이유다.

스마트 제품으로 전환하고자 하는 제조업체는 디지털 혁신을 위한 제품 플랫폼의 성공 공식을 이해해야 한다. 자동차나 컴퓨터와 같은 일부 산업을 제외하고 대부분의 전통적인 제조기업들은 제품 플랫폼을 스스로 만들고 내부에서 모든 문제를 해결하는 성당 방식에 익숙해 있다. 하지만 기존의 제품에 추가될 스마트 컴포넌트와 네트워크 컴포넌트는 제조 기업들이 핵심역량을 가지고 있는 영역이 아니다. 뿐만 아니라 이들 ICT 기술들은 엄청나게 빠른 속도로 발전하는 분야로 기존의 제조기업들이 뛰어들기도 어려운 영역이다. 제품 설계 단계부터 제작, 그리고 서비스 단계까지 역량 있는 ICT 기업들을 제품 플랫폼에 끌어들이는 시장 메커니즘이 반드시 필요하다.

'시장' 메커니즘을 활용한 제품 개발

스마트 제품 개발을 위한 플랫폼에 참여하는 파트너들이 소수의 ICT 기업일 필요는 없다. 제품의 성격에 따라서는 제품 플랫폼에 참여하는 파트너가 소비자와 같은 불특정 다수가 될 수도 있다. 레고의 마인드스톰(Mindstorms)은 제품 플랫폼에 소비자들을 파트너로 끌어들여 성공한 사례다.

마인드스톰은 레고가 출시한 스마트 제품이다. 레고는 마인드 스톰의 '제품 플랫폼'에 소비자를 파트너로 동참시키는 '시장' 메커니즘으로 큰 성공을 거두었다. 위 그림은 레고가 2020년 가을에 출시한 4세대 마인드스톰인 '로봇 인벤터' 제품이다 (출처: 레고).

레고(Lego)는 유아와 어린이용 블록 기반 장난감 시장에서 부동의 1위 자리를 차지하고 있는 글로벌 기업이다. 하지만 방만한 유통망 경영과 높은 임금, 장난감 시장의 침체 등으로 2003년에 파산위기를 겪게 된다. 레고는 이 위기를 마인드스톰이라는 신제품의 성공으로 극복했다. 레고의 마인드스톰 제품 구성은 일반적인 레고와 다르다. 일반 레고는 블릭(Brick)으로 불리는 다양한 형태의 블록만으로 이루어진 반면 마인드스톰은 기존의 블록 외에 제어 모듈과 색상, 터치, 적외선을 감지하는 센서가 함께 들어있다. 제어 모듈은 사용자가 코딩으로 작성한 명령어를 인식해 여러 모터와 센서들에 데이터를 전송한다. 즉, 센서로부터 받은 정보를 처리하며 블릭으로 만든 조립물을 움직이는 심장과 두뇌의 역할을 하는 것이 제어 모듈이다. 마인드스톰은 기존의 레고 제품을 스마트 제품으로 전환한 상품인 셈이다.

소비자가 마인드스톰을 원하는 모양으로 만드는 과정은 단순하다. 먼저 홈페이지를 통해 제어를 위한 프로그램 SW를 내려 받아 PC나 스마트폰에 설치한다. 프로그램 설치가 끝나면 일반 레고처럼 블럭을 조립하며, 로봇의 조립이 완성된 후에는 생명을 불어넣는 프로그램(코딩 작업) 과정을 거치게 된다. 마인드스톰은 이른바 비주얼 코딩이라는 방식을 사용해 누구나 쉽게 코딩을 할 수 있도록 만들었다. 전진, 후진, 회전 등의 아이콘을 드래그(Drag)해서 타임 스케쥴에 넣으면 코딩이 완성된다. 예를 들어 자신이 만든 로봇에 3초간 전진, 2초간 멈춤, 오른쪽 회전, 음악 재생, 적외선 센서 감지 시 동작 멈춤 등의 명령어를 넣고 싶다면, 해당 아이콘들을 순서대로 타임 스케쥴에 드래그해서 넣은 후 완료한 명령 데이터를 제어 모듈로 전송하면 로봇이 명령에 따라 작동한다. 레고로 만든 창작물을 RC(Radio Car)[3]처럼 스마트폰으로 조종할 수도 있다. 스마트폰에 표시된 조이스틱을 조작하면 로봇이 제어한 대로 움직이게 된다.

마인드스톰은 레고가 MIT대학과 1998년 공동으로 제작한 조립제품이다. 초기에는 소수의 매니아 층만 관심을 가졌을 뿐 크게 시장을 늘리지 못했다. 그러던 중 2005년에 마인드스톰 매니아 가운데 일부가 레고의 제어 SW를 해킹한 후 이를 마음대로 변경해 인터넷에 배포하는 사건이 일어난다. 레고는 이 사건 발생 후 해커들을 법적으로 고소하기보다는 이들을 제품 플랫폼의 파트너로 끌어들이는 '시장' 메커니즘을 채택했다. 레고는 마인드스톰 제어 SW를 오픈소스화해서 고객들이 자유롭게 프로그램을 변경할 수 있도록 개방했는데, 이 오픈소스화가 엄청난 반향

3 RC(Radio Car)는 전파를 이용해 무선으로 조종하는 장난감 자동차를 의미한다.

을 일으키게 된다. 원래 마인드스톰의 타겟 고객은 어린이나 유아가 아닌 조립형 로봇 제작을 좋아하는 어른 계층이다. 마인드스톰 제어 프로그램의 오픈소스화는 이들 고객 가운데 SW 능력이 있는 개발자 그룹들의 상상력을 자극했고, 그 결과 수백 개의 제어 SW가 새로 출현해 마인드스톰 제품의 차별화에 큰 도움을 주었다.

레고는 마인드스톰을 통해 AFOL(Adults Fan of Lego)이라는 새로운 소비자 계층을 창출했다. 마인드스톰 SW의 오픈소스화가 레고의 타겟 고객을 기존의 어린이나 유아 층에서 성인 계층으로 확대하는 일등공신의 역할을 한 것이다. 마인드스톰 제품은 레고가 기획하는 것이 아니라 고객 스스로 기획하고 제안하며, 레고는 생산만 담당하는 새로운 형태의 제품 플랫폼이다. 레고는 2006년 '마인드스톰 NXT'라는 프로젝트를 론칭하며 매니아 고객 가운데 100여 명을 선발해 제품개발에 공식적으로 참여시켰다. 신제품 개발 파트너로 선택된 이들은 보수도 받지 않고 자발적으로 이 프로젝트에 참여했다. 마인드스톰 NXT 프로젝트에 선발되고 참여하는 자체가 매니아 층에서는 특권으로 인식되었기 때문이다. 제품 플랫폼에 다수의 고객을 파트너로 참가시키는 시장 메커니즘이 큰 효과를 본 셈이다.

마인드스톰의 성공은 4세대 제품의 출시로 이어지고 있다. 레고는 2013년 EV3라고 불리는 3세대 마인드스톰을 출시한 후 7년이 지난 2020년 가을에 4세대 마인드스톰 제품인 '로봇 인벤터'를 시장에 공개했다. 로봇 인벤터는 모두 949개의 레고 피스로 이루어져 있는데, 4족 보행 로봇, 2족 바퀴 로봇 등 5종류의 로봇 제품을 만들 수 있다. 이들 로봇은 물건 집기, 플라스틱 폭탄 발사, 장애물 회피, 볼 다루기 등 다양한 기능을 수행한다. 새로 출시된 마인드스톰은 조도 센서와 거리 센서, 자이로 센서와 가속도계 등 다양한 기술을 활용해 프로그래밍의 재미를 더했다. 안드로이드와 애플의 iOS가 탑재된 스마트폰을 사용해 블루투스로 로봇을 제어하는 것도 가능하다. 마인드스톰은 만드는 재미(공학)와 즐기는 재미(놀이)에 코딩(교육)까지 결합한 스마트 제품인 셈이다.

제품 가치사슬의 한 부분을 구성하는 AS 서비스 영역에 시장 메커니즘을 도입해 비용을 크게 절감한 사례도 있다. 시스코(Cisco)는 라우터를 비롯한 다양한 네트워크 장비를 판매하는 글로벌 제조기업이다. 시스코 커넥션 온라인(Cisco Connection Online, 줄여서 CCO)은 판매된 네트워크 장비의 온라인 서비스를 위한 웹 서비스다. 네트워크 장비의 운영에 필요한 SW의 업데이트를 포함해 시스코 고객 서비스의 90%가 CCO를 통해 이루어 진다.

시스코는 고객사이트에 설치한 네트워크 장비에 문제나 하자가 발생할 경우, CCO에서 고객들이 서로 도움을 줌으로써 문제를 해결하도록 유도하고 있다. 시스코의 CCO를 방문하는 사람들은 개별 고객기업에서 네트워크를 관리하는 기술자들이다. 누군가가 본인 회사에서 겪고 있는 네트워크 장애 문제를 CCO에 올리면 유사한 문제를 경험했던 다른 기업고객의 관리자들이 해결방법을 알려주는 식이다. 타인의 기술적 문제를 해결해 주는 과정에서 자부심과 만족감을 얻는 기술자들의 특성을 최대한 활용한 시장 메커니즘이다.

시스코 기술인력의 개입없이 고객들 간에 문제를 스스로 해결하는 시장 메커니즘 덕분에 시스코는 AS 비용을 크게 절감했다. 매달 100만 건에 해당하는 고객의 전화가 CCO 도입 이후 절반으로 줄어든 것이다. 시스코는 내부적으로 서비스 전화 한 건당 약 17달러의 비용이 발생하는 것으로 추정하고 있다. 서비스용 전화는 수신자 과금 전화번호를 사용하므로 장거리 전화요금을 시스코가 부담해야 할 뿐만 아니라 수십만 건의 전화 문의에 고급인력인 시스코 기술자들이 일일이 응답을 해야 하기 때문이다. 시스코는 CCO 도입으로 서비스를 위한 기술인력의 인건비를 연간 1억 8천만 달러(1,980억 원)나 절감했다. AS 분야에 시장 메커니즘을 활용할 수 있음을 보여주는 사례다.

스마트 제품 혁신을 위한 조직의 변화

기존의 제품을 '스마트 제품'으로 혁신하고자 하는 기업은 비즈니스 모델의 재정립, 제품 개발 전략의 수정, 마케팅과 서비스 조직의 재편, 그리고 새로운 기술인력의 확보 등 디지털 혁신과 관련된 조직내 변화를 병행해야만 성공할 수 있다.

- **비즈니스 모델의 설정:** 무엇보다도 스마트 제품으로 전환하는 목적을 분명히 하는 것이 가장 중요하다. 제품 혁신을 위해 어떠한 기능을 추가하고, 이를 통해 고객에게 어떠한 가치를 제공하며, 그 결과로 어떠한 혜택이나 수익을 추구할 지에 대한 명확한 비즈니스 모델의 설정이 선행되어야 한다. 나이키 플러스처럼 운동화 판매 이후에도 지속적인 가치를 고객에게 제공함으로써 제품의 차별화와 경쟁력을 제고

하는 것이 제품 혁신의 목적이 될 수 있다. 반면 '서비스로서의 제품'[4]으로 전환함으로써 제품 판매 이후의 서비스를 새로운 수익원으로 변경하거나 추가하는 비즈니스 모델도 가능하다. GE의 산업인터넷이 바로 이 방식을 채택하고 있다. 스마트 제품이 타겟으로 하는 고객군의 특성과 제품의 성격에 따라 제품 혁신의 비즈니스 모델을 다르게 책정할 수 있다.

- **제품 개발 프로세스의 변화:** 제품 개발과 관련된 기존의 전략이나 절차도 수정이 필요하다. 스마트 컴포넌트에 SW가 장착되면 제품 개발의 복잡성이 늘어난다. 사용자의 요구사항 분석을 기반으로 설계하고 코딩을 마친 후 테스트 단계를 거치는 SW 개발 과정은 일반 하드웨어 제품을 개발하는 절차와 많이 달라 대부분의 제조기업은 익숙하지 않은 프로세스다. 따라서 스마트 제품을 개발하고자 하는 제조기업들은 SW 업체들의 제품개발 과정을 벤치마킹하거나 참고할 필요가 있다.
  완성된 단계에서 바로 시장에 출시하는 일반 제품과는 달리 SW는 개발이 완성된 후 소위 '베타 테스트' 단계를 거친다. 아무리 완성도가 높은 SW라도 '버그'라는 오류에서 자유롭지 않기 때문이다. SW 업체들은 베타 버전의 상품을 가급적 많은 고객이 무료로 사용하도록 함

4 '서비스로서의 제품(Product-as-a-Service)'은 제품 판매가 목적이 아니라, 고객이 제품을 구매한 이후 지속적인 서비스를 통해 수익을 창출하는 방식으로 정수기 렌탈 서비스가 대표적인 예다.

으로써 사용성이나 디자인, 성능 등에 관한 의견을 수집한다. 이들로부터 받은 피드백을 SW 개발에 반영하거나 미처 발견하지 못했던 오류 등을 수정함으로써 정식 버전의 제품을 보다 좋게 완성하는 전략을 사용한다.

스마트 제품을 SW처럼 테스트 단계에서 많은 고객에게 무료로 제공하기는 어렵다. SW는 변동 비용[5]이 없어 테스트 단계에서 무료로 제공하더라도 비용부담이 적지만, 스마트 제품은 기본적인 제조원가가 있기 때문이다. 따라서 로얄고객이나 공개 모집한 고객 등 제한된 수의 고객을 대상으로 무료로 제품을 사용하게 해 보는 클로즈 베타 방식을 통해 제품 테스트를 수행하는게 가능하다. 베타 버전의 제품을 저렴하게 출시해 불특정 다수를 테스트에 참가시키는 오픈 베타 방식도 고려할 수 있다. 스마트 제품인 인공지능 스피커 제조기업들은 이미 제품개발 과정에 이러한 과정을 도입하고 있다. 중국 최대 전자상거래 업체인 알리바바는 인공지능 스피커인 티몰 지니 X1을 본격적으로 대량 생산하기 이전에 한 달간 천 개의 제품에 한정해 시장에서 오픈 베타 테스트를 실시했다. 베타 테스트 기간에 스피커 가격은 아마존이나 구글 AI 스피커 가격의 절반 수준이었으며, 베타 테스트를 지나 정식으로 제품을 론칭할 때 정상적인 가격을 책정했다.

5 변동 비용(Variable Cost)은 생산량이 증가하거나 감소하면 그에 따라 함께 늘어나거나 줄어드는 비용을 뜻한다. 변동 비용의 대표적인 것이 원자재 비용이다. SW는 콘텐츠로 되어 있어 사용자가 10명이든 100명이든 원가에 차이가 없다. 즉, 변동비가 거의 없는 셈이다. 반면 원자재가 소요되는 일반 제품은 생산량에 따라 비용이 증가하게 된다.

- **지속적인 제품 개선과 최적화:** 스마트 제품은 고객에게 상품이 배달된 이후에도 제품 수명 기간 내내 제품 개선과 최적화가 이루어진다. SW를 통해 지속적으로 제품 업그레이드가 가능하기 때문이다. 비행기 조종석의 아날로그 바늘로 되어있는 기계식 계기판을 디지털 전자계기 표시장치로 변경하면 SW를 사용해 원격으로 상시 업그레이드가 가능한 것과 같은 원리다. 하드웨어 부품이 제공하던 일부 기능을 SW가 대체하도록 개선하는 것도 지속적으로 일어날 수 있다.
  최근 자동차산업 전문가 그룹이 분석한 자료에 따르면 신차 구입 후 3년이 지난 가솔린 자동차의 중고차 가격은 신차 가격의 70%로 3년간 차량의 가치가 30% 정도 하락한다. 하지만 테슬라 전기차는 3년이 지나도 중고차 가격이 신차 가격의 90% 정도로 차량 가치가 3년 동안 10% 정도 밖에 떨어지지 않는다. 왜 테슬라 전기차의 중고차 가격이 일반 가솔린 자동차보다 더 높게 책정될까? 전기차는 SW에 의해 움직이는 제품이다. 테슬라 전기차는 판매 이후에도 신규 SW의 지속적인 업그레이드가 가능하다. 전기차는 출시된 지 몇 년이 경과해도 SW 교체만으로 차량의 품질을 개선할 수 있지만 가솔린 차는 이러한 개선이 상대적으로 어렵다. 가솔린 자동차는 SW가 아닌 엔진 등과 같은 하드웨어를 교체해야만 제품 개선이 가능하기 때문이다. 전기차가 SW와 네트워크로 가동되는 스마트 제품의 특성을 가지고 있기 때문에 가능한 결과다.
  제품 변경에 소요되는 비용이 낮아 신속하고 효율적으로 바꿀 수 있는 상품이라면 SW를 사용해 다양한 버전의 제품을 만들어내는 유연성도 확보할 수 있다. 세계적인 농기계 제조회사인 존디어(John Deere)

는 고객에 따라 서로 다른 마력을 가진 다수의 엔진을 개발해 왔으나, 지금은 동일한 엔진을 제작하되 SW만으로 고객 별로 엔진 마력을 조정한 제품들을 출시하고 있다. 고객이 더 높은 마력의 제품을 원하면 SW 변경만으로 고객 니즈를 충족시킨다. 고객이 구매한 제품을 계속해서 그대로 사용하는 것이 아니라 제품의 수명주기 내내 사용중인 제품을 지속적으로 업그레이드하고 최적화하는 새로운 문화에 제조기업들이 익숙해져야 할 필요가 있다.

- **서비스와 마케팅의 변화:** 스마트 제품 혁신은 서비스 조직과 프로세스에도 변화를 요구한다. 빅데이터를 이용하면 제품의 고장 발생 이전에 문제를 인식하고 해결하는 것이 가능하다. 스마트 제품으로 혁신하는 제조기업은 이러한 예방적 유지보수(Preventive Maintenance) 기능을 최대한 활용할 수 있도록 서비스 조직과 프로세스를 새롭게 설계해야 한다. 실시간으로 제공되는 제품 사용과 성능에 대한 데이터를 제대로 활용하면 유지보수 서비스 인력의 현장방문 비용을 절감할 수 있을 뿐 아니라, 부품 재고관리의 효율성도 높일 수 있다. 제품에 장착된 SW 문제로 발생한 하자는 원격으로 해결이 가능하다. 조만간 문제 발생의 확률이 높은 부품의 조기 경보체제를 갖추면 제품의 하자를 줄일 수 있으며, 유지보수 인력의 서비스 스케쥴도 효율적으로 관리할 수 있게 된다. 제품 사용에 대한 빅데이터 분석으로 많이 사용하지 않으면서 하자 문제를 자주 일으키는 부품은 향후 신제품 디자인에서 제거하거나 SW가 대체하게 함으로써 유지보수 비용과 고객 만족도를 함께 제고할 수도 있다.

스마트 제품은 기업과 고객 사이의 관계에 변화를 초래하므로 이전과는 다른 마케팅 기법이 요구된다. 제품에 장착된 센서가 고객의 제품 사용에 대하여 알려줄 수 있는 것이 스마트 제품이다. 고객의 제품 사용에 대한 데이터가 축적되면 제품이 고객에게 어떠한 가치를 만들어 내는지에 대한 인사이트를 가질 수 있다. 이를 활용하면 시장 내 제품의 포지셔닝을 향상시킬 수 있을 뿐 아니라, 제품 가치에 대한 고객과의 소통에도 도움을 받을 수 있다. 빅데이터를 분석하면 고객들을 보다 정교하게 세분화할 수도 있으며, 세분화된 고객별로 보다 큰 가치를 제공할 수 있도록 제품과 서비스, 그리고 가격을 번들링할 수도 있다. GE처럼 주로 기업 고객들을 대상으로 기계나 설비를 판매하는 제조회사들은 이전처럼 제품을 단순히 판매하는 개념에서 벗어나 세일즈팀 내에 문제해결 설계사를 보강해 솔루션을 판매하는 마케팅 조직의 변화도 함께 도모해야 한다.

- **ICT 인력의 확보:** 제품 플랫폼에 ICT 기업을 파트너로 끌어들이더라도, 기업 내에 ICT 기술 역량을 보유한 인력과 부서는 반드시 필요하다. ICT 분야는 필요한 기술을 가진 인력의 확보가 상대적으로 어려운 분야이며, 이러한 현상은 앞으로 사물인터넷이 확산될수록 더욱 심화될 가능성이 높다. 대부분의 제조회사들은 기계공학 전공자는 많이 보유하고 있으나 SW 개발자나, 시스템 엔지니어, 빅데이터 분석가 등은 부족한 게 사실이다. 사물인터넷이 필요로 하는 기술을 보유한 인력과 조직을 확보해서 제품 플랫폼 설계 시 스마트 컴포넌트와 네트워크 컴포넌트의 설계에 주도적인 역할을 할 수 있는 역량을

갖추어야 한다. 특히, 복잡한 ICT 기술을 기업내 경영진을 대상으로 쉽게 설명하고 이해시킬 수 있는 소통능력을 지닌 관리자급의 기술 인력의 역할은 무엇보다도 중요하다.

- **데이터 보안에 대한 투자:** 스마트 제품은 스마트폰과 같은 단말기, 그리고 기업의 서버와 데이터를 주고 받는다. 따라서 데이터 보안은 아무리 강조해도 지나침이 없는 중요한 요소다. 사용 권한이 없는 무단 사용자의 제품 접속을 차단하고, 제품을 통해 기업의 네트워크에 접근하려는 해커들을 방지하는 시스템이 함께 마련되어야 한다. 이는 제품 사용을 위한 새로운 사용자 인증 절차의 도입, 제품에 저장된 사용자 데이터의 보안, 제품과 고객 사이의 정보에 접근하려는 해커의 차단 등 제조기업이 이전에는 경험하지 못했던 새로운 보안 기술에 대한 투자를 의미한다.

미래의 파트너: ICT 기업과 유니콘 기업

스마트 제품을 통해 디지털 혁신을 추구하는 제조기업들의 제품 플랫폼에 동참할 수 있는 후보기업들인 ICT 업체들의 기업가치가 가파르게 상승하고 있다. 경제전문지인 포브스는 2020년 5월 글로벌 기업 200여 개의 브랜드 가치를 평가해 순위를 발표했다. 글로벌 브랜드 순위 톱 10 기업 가운데 ICT 관련 기업이 6개나 포함됐다. 10년 전인 2010년 1위였던 코카콜라는 6위로 순위가 하락했다. 대신 2010년 톱

순위	브랜드	브랜드 가치 (억 달러)	매출 규모 (억 달러)
1	애플	2,417	2,602
2	구글	2,075	1,456
3	마이크로 소프트	1,629	1,258
4	아마존	1,354	2,605
5	페이스북	703	497
6	코카콜라	644	252
7	디즈니	613	387
8	삼성	504	2,095
9	루이비통	472	150
10	맥도날드	461	1,002

포브스가 2020년 5월 발표한 글로벌 브랜드 가치 톱10 기업 가운데 ICT 관련 기업이 6개나 포함되어 있다. 4차산업혁명으로 ICT 기업들의 브랜드와 가치는 지속적으로 상승하고 있다 (출처: 포브스).

10 리스트에 없던 애플, 아마존, 페이스북, 그리고 삼성과 같은 ICT 기업들이 새로 10위권에 이름을 올렸다.

ICT 기업들의 브랜드 가치가 이처럼 지속적으로 증가하는 이유는 무엇일까? 4차산업혁명시대가 도래하면서 새로운 기술을 활용한 디지털 트랜스포메이션에 대한 기대와 희망이 이들 ICT 기업들의 미래 가치를 끌어올리고 있기 때문이다. 스포츠 용품을 제작하는 나이키는 나이키 플러스라는 스마트 제품을 만들면서 애플을 중요한 파트너로 활용했다. 아마존은 알렉사라는 인공지능 시스템을 개발해 AI 스피커 시장에서 1위를 달리고 있다. 전 세계에서 가장 많은 가입자(27억명)를 보유한 페이스북은 오큘러스를 인수한 후 가상현실 시장을 선점하고자 하는 의지를 보여주고 있다. 알파고로 인공지능 기술 수준을 증명한 구글은 전통적인 자동차 업체보다도 훨씬 더 장시간과 긴 거리의 자율주행 테스트를 진행하고 있다. 이들 ICT 기업과 이전에는 관계가 없었던 제조기업들은 스마트 제품 개발과 제작을 위해 이들을 파트너로 동참시키거나, 이들이 가지고 있는 기술을 가치사슬이나 제품의 자재 리스트에 포함시켜야 할 가능성이 크다. ICT 기업들의 기업 가치와 브랜드 가치가 계속 상승할 수밖에 없는 이유다.

4차산업혁명의 영향으로 '유니콘(Unicorn)' 기업도 크게 늘어나고 있다. 유니콘 기업이란 창업한 지 10년이 지나지 않아 아직 주식시장에 상장되지 않았지만 기업가치를 10억 달러(1조 1,000억 원) 이상 평가받는 벤처기업을 의미한다. 유니콘이란 뿔이 하나 달린 말처럼 생긴 전설상의 동물이다. 스타트업 기업이 증권시장에 상장하기도 전에 기업가치가 10억 달러 이상이 되는 것은 마치 유니콘처럼 상상속에서나 존재할 수 있다는 의미로 만들어진 용어다. 하지만 최근의 4차산업혁명은 유니콘 기업을 상상이 아닌 현실로 만들고 있다.

2020년 6월 기준으로 전 세계 유니콘 기업은 586개[6]로 지난 2014년의

6 586개 유니콘 기업 가운데 미국이 277개로 가장 많고 중국이 227개로 그 뒤를 쫓고 있다. 미국과 중국의 유니콘 기업수가 전체의 80%를 차지하고 있는 셈이다. 2020년 10월 현재 국내

유니콘 기업 수 45개에 비하면 13배 이상 증가했다. 포춘 500대 기업들이 시가총액 10억 달러에 도달하는 데 평균 20년 이상 소요된 데 반해, 이들 유니콘 기업들은 평균 6년 이내에 10억 달러 클럽에 들었다. 유니콘 기업 가운데 26개는 기업가치가 100억 달러를 넘어서 '데카콘(Decacorn)' 기업으로 불린다. 데카콘은 머리에 뿔이 10개 달린 역시 상상 속 동물이다. 비상장 스타트업 기업이 100억 달러 이상의 기업가치를 달성하는 것이 가능해 진 것이다. 이들 유니콘 기업들은 공유 경제, 전자상거래, 핀테크, 인터넷 SW와 HW, 빅데이터, 소셜 네트워크 등 ICT 관련 업종들이 주를 이루고 있다. 스마트 제품을 위해 제조업자들이 제품 플랫폼에 파트너로 끌어들일 후보 리스트인 셈이다.

유니콘 기업은 13개가 있다.

18

4차산업혁명 기술의 두 얼굴

4차산업혁명, 축복인가 재앙인가

인류가 개발한 새로운 기술은 항상 양면성을 보여왔다. 인류의 삶을 더 나은 방향으로 이끄는 혜택을 제공하면서도, 잘못 사용하면 이전에는 존재하지 않았던 심각한 사회적 문제를 만들어 내거나, 경우에 따라서는 재앙 수준의 피해를 가져다 주기도 한다. 원자력 기술은 석유가 나지 않는 국가가 안정적으로 전기를 생산할 수 있도록 혜택을 주지만, 사고로 방사선이 유출되면 치명적인 환경 피해를 초래할 수 있고, 핵무기 개발로 평화에 위협을 주기도 한다. 전국에 설치된 CCTV

4차산업혁명의 새로운 기술들은 인간에게 다양한 혜택을 제공하는 축복이 될 수 있지만, 기술적 실업(失業), 해킹의 위협, 사생활 침해, 윤리적 이슈 등 심각한 부작용을 초래하는 재앙이 될 수도 있다.

는 범죄 예방이나 범인 검거에 큰 역할을 하고 있지만 개인의 사생활 침해라는 새로운 사회적 문제를 야기하고 있다.

4차산업혁명을 대표하는 기술들도 예외가 아니다. 지금까지 논의한 새로운 기술들은 다양한 분야에서 긍정적인 방향으로 인류의 삶을 업그레이드 시킬 것으로 기대된다. 하지만 기술의 사용이 가져올 부정적인 측면을 이해하고 최소화하기 위한 노력을 병행하지 않으면 부작용과 함께 새로운 사회적 문제를 양산할 수도 있다. 칼날의 양면과 같은 이들 기술을 도입할 때, 혜택을 주는 기술적 특성은 최대한 살리되 부작용은 최소화하는 지혜가 필요하다.

인공지능과 로봇에 의한 기술적 실업(失業)

인공지능과 로봇이 인간을 대체함으로써 일자리가 줄어드는 기술적 실업(失業)에 대한 우려가 점점 커지고 있다. 기술적 실업이 가져온 논란은 이번이 처음은 아니며 새로운 기술이 태동될 때마다 사회적 이슈가 되어 왔다. 19세기초 직물 기계에 일자리를 빼앗긴 노동자들이 러다이트 운동[1]을 일으키며 반발했고, 20세기에 들어와서도 공장 자동화와 사무 자동화로 실직자가 증가하자 기계가 야기하는 일자리 감

1 러다이트(Luddite) 운동은 19세기 초인 1811년에서 1817년 사이에 산업혁명의 산물인 방직기에 일자리를 빼앗긴 노동자들이 일으킨 기계파괴운동이다. 네드 러드(Ned Ludd)라는 인물이 이 운동을 주도했고, 그의 이름을 따서 러다이트 운동으로 불린다.

소에 대한 사회적 우려가 지속적으로 불거져 왔다. 최근에는 로봇이 인공지능과 결합하면서 단순 노동자 뿐만 아니라 지식 전문가들의 일자리도 위협하고 있다. 인공지능이 탑재된 로봇은 학습을 통해 지식을 습득할 수 있어 지식 노동자도 대체할 수 있게 되었기 때문이다.

유럽의 석학인 제레미 리프킨(Jeremy Rifkin)은 1995년 출간한 그의 저서 『노동의 종말』에서 첨단 기계와 정보기술이 노동을 대체하는 현상이 증가하면 결국 노동 없는 시대가 올 수 있다고 경고하고 있다. 영국 옥스포드 대학 연구진이 2013년 발표한 "고용의 미래" 보고서는 자동화와 기술발전으로 20년 이내에 현재 직업의 47%가 사라질 것으로 분석했다. 2016년에 개최된 세계경제포럼에서는 인공지능과 로봇기술의 발전으로 향후 5년간 15개 국가에서 510만 개의 일자리가 감소할 것으로 예측했다.[2] 뿐만 아니라 인공지능의 발달은 기술을 이해하고 활용할 수 있는 소수의 사람들에게만 혜택을 줌으로써 기술진보의 열매를 다수가 누리지 못하고 빈익빈 부익부를 가속화시킬 수 있다고 경고하고 있다.

기술적 실업에 대비하기 위해 인류는 기계와 협업하는 능력을 길러야 한다. 기계가 가진 능력과 인간의 창의성을 결합하는 새로운 협력관계를 설계하고, '인간-기계 공존 시대'에 맞도록 현재의 교육시스템을 재설계함으로써 미래의 인공지능-로봇 시대를 대비할 필요가 있다. 인공지능과 로봇 기술로 고용 절벽이 현실화되면 늘어난 생산성의 열매를 고르게

2 세계경제포럼이 2016년에 발표한 "미래고용보고서"에서는 로봇과 인공지능이 향후 5년간 15개 국에서 710만 개의 일자리를 없애고 200만 개의 일자리를 새로 만들 것으로 분석했다. 이 예측대로 진행된다면 기술발전의 영향으로 앞으로 5년간 510만 개의 일자리가 사라지는 셈이다.

분배하는 제도적인 논의[3]도 시작되어야 한다. 4차산업혁명이 가져올 미래가 공포가 될 것인지 아니면 더 나은 세계가 될 것인지는 무서운 속도로 발전하는 인공지능과 로봇 기술에 대한 인류의 준비에 달려있다

사물인터넷과 해킹의 위협

사물인터넷이 확대되면 네트워크에 연결된 기기들이 인간의 개입없이 서로 정보를 주고 받고 대화를 나누게 된다. 인간의 개입이 필요 없어 편리성은 늘어나지만, 연결된 기기가 해킹을 당할 위험은 상대적으로 커질 수밖에 없다. 우리의 일상생활에 필요한 기기들이 네트워크를 통해 해킹 당하면 생명이 위협받을 수도 있다. 사물인터넷의 보안이 무너질 경우 발생하는 피해의 속도와 규모가 상상하지 못할 정도로 커질 수 있으며, 그에 따른 사회적 비용도 엄청나게 늘어날 수밖에 없다.

최근 미국 내 보안기술 연구원들이 고속도로를 주행하는 차량을 16km나 떨어진 장소에서 원격 조정하는 모습이 인터넷에 공개되자 해당 자동차 회사가 미국에서 판매된 차량 140만 대를 리콜한 적이 있다. 사물인터넷에서 해킹의 2차 피해는 경제적인 손실을 넘어 인간의 목숨까지

3 인간의 일자리가 로봇에 의해 대체되면 로봇에게 세금을 매겨야 한다는 것이 한 예다. 빌 게이츠가 제안한 것으로 로봇을 보유한 사람에게 세금을 부과해 로봇의 한계 수익을 낮춤으로써 로봇의 도입을 늦추는 동시에 그 재원으로 노동자를 재교육하거나 로봇 대체가 어려운 보건이나 교육 등에 투자해야 한다는 주장이다.

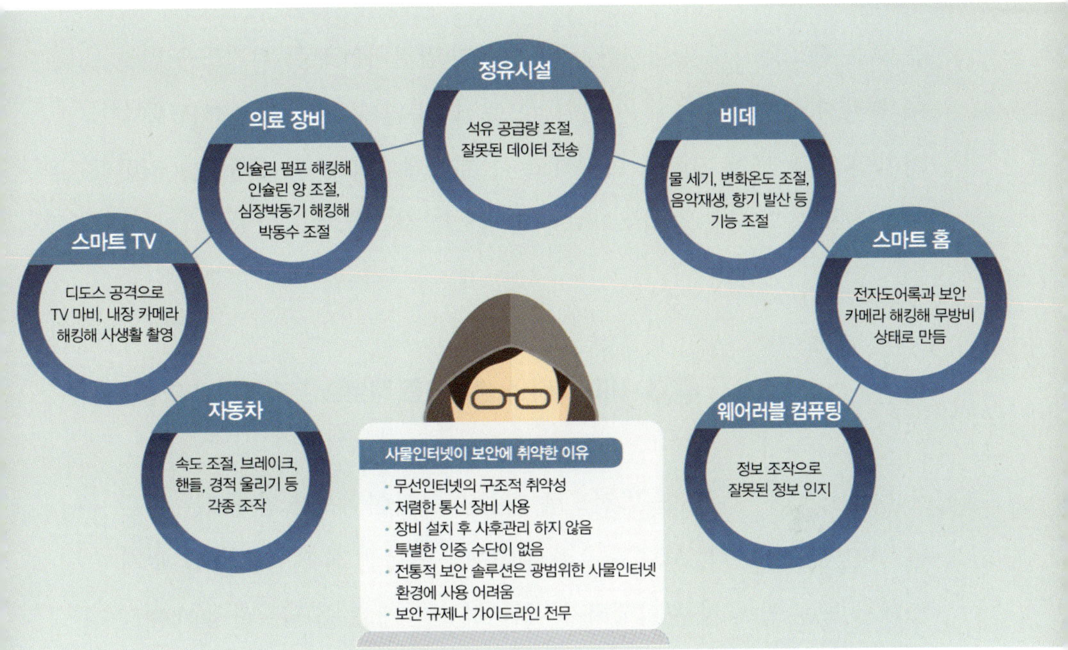

사물인터넷이 발달하면 각종 해킹의 위험이 커진다. TV, 세탁기 등 가전제품은 물론 자동차, 열차, 항공기까지 그야말로 만물이 인터넷으로 이어지면서 사이버 보안의 취약점이 확대되기 때문이다 (출처: 트러스트웨이브).

위협할 수 있음을 보여주는 예다. 보안에 대한 우려는 사물인터넷의 확산을 저해하는 가장 큰 요인이기 때문에 완벽한 보안이 실현되어야만 사물인터넷 응용이 늘어날 수 있다.

사물인터넷 보안은 기존의 사이버 환경에서의 보안과 달리 보호대상의 범위와 특성, 보안 담당 주체, 그리고 보호 방법 등에서 새로운 접근방법이 필요하다. 과거에는 PC나 모바일 기기와 같은 단말기들이 보안 대상이었다면, 사물인터넷에서는 네트워크에 연결되는 가전제품, 자동차 부품, 의료기기 등 모든 기기가 보안 대상이 된다. 따라서 보안의 주체가 기존의 컴퓨터나 네트워크 사업자 뿐 아니라 스마트 제품을 생산하는 모든 제조업자로 확대된다. 네트워크에 연결되는 모든 기기들을 일일이 통제하고 관리하는 일은 현실적으로 쉽지 않다. 보안 표준화를 통해 기기의 자체 보안 기능을 확보하고, 설계단계부터 보안 내재화를 위한 보안 칩셋 등의 사용을 의무화하는 방식으로 전환할 필요가 있다.

빅데이터와 생체인증 정보의 프라이버시 위협

기술 발전으로 개인의 프라이버시가 침해되는 경우는 이전에도 많았다. 새로운 우편시스템을 도입한 후 편지를 중간에 개봉해서 보는 일이 자주 발생하자 미국 정부가 배송 중에는 편지 개봉을 금하는 법을 제정했고, 이후 전신과 전화가 보급된 이후에도 유사한 법률을 도입하게 된다. 카메라 사용이 일반화되면서 프라이버시 침해가 늘어나자 '사생활 보호를 위한 권리'라는 제도도 만들었다. 빅데이터의 사용이 증가하면 사생활 보호가 침해될 가능성이 커진다. 빅데이터에 축적된 데이터의 공개나 오남용, 데이터의 부정확성으로 문제가 발생하면 개인 프라이버시 침해의 피해는 늘어난다.

우리 주변에 있는 다양한 기기에 센서가 설치되고, 소셜미디어에서 소비자의 활동에 대한 정보가 빅데이터 형태로 수집되면 개인의 사적인 정보가 노출될 가능성은 커질 수 밖에 없다. 최근에 사회적으로 큰 파장을 일으켰던 페이스북 사용자 정보유출 사건도 빅데이터 기술의 부작용을 보여주는 사례다.[4] 페이스북에서 유출된 정보는 주민등록번호나 신용카드 정보가 아니라 사용자들이 특정한 콘텐츠에 보인 반응, 즉 '좋아요'와 같은 정보다. 사용자 개인의 반응 하나하나는 하찮은 정보처럼 보이지만, 27억 명이 넘는 사용자들의 데이터를 분석하면 상당히 정확하게 사용자의 성향을 파악할 수 있는게 빅데이터 분석의 힘이다. 특히 헬스케어 분야에서 환자에게 맞춤형 의료서비스를 제공할 목적으로 개인 치료 기록, 유전자 염기서열, 임상시험 등의 빅데이터를 구축하면, 프라이버시 침해는 더욱 심각해진다. 생체인증을 위한 개인의 생체 정보가 유출되면 복제를 통한 자유로운 도용이 가능하다. 생체 정보는 유출되거나 해킹이 되었다고 해서 변경할 수 없다는 특성이 있으므로 한층 더 높은 단계의 프라이버시 보호가 필요한 분야다.

개인의 사생활을 보호하는 방법 가운데 하나가 성명, 주민등록번호, 전화번호 등 개인을 확인할 수 있는 정보를 삭제하는 비식별 기법[5]이다. 하지만 기술의 발전으로 비식별된 기록에서 삭제된 정보를 복구하는 것이 가능해지고 있어 비식별 기법만으로 개인정보를 보호하기에는 한계가 있다. 최근 한 실험에서 우편번호, 생년월일, 성별에 대한 정보만으로 데이터의 주인을 90% 확률로 맞출 수 있음이 밝혀지기도 했다.

사생활 침해의 위협을 최소화하면서 빅데이터가 제공하는 다양한 혜

4 런던의 빅데이터 분석 회사가 페이스북에 성격 검사용 앱을 올려놓고 이를 내려 받은 이용자와 그들의 친구 5,000만 명의 성향을 분석해 2016년 미국 대선에서 도널드 트럼프 대통령의 선거운동에 활용했다는 비판을 받으면서 미국 사회에 큰 파장을 일으킨 사건이다.

5 비(非)식별(De-identification) 기법이란 정보의 일부 또는 전체를 삭제 또는 대체하거나, 다른 정보와 쉽게 결합하지 못하도록 해 특정 개인을 알아볼 수 없도록 하는 일련의 조치를 뜻한다.

택을 누리기 위해서는 개인의 데이터를 수집하는 데이터 수집가, 이를 분석해서 의미있는 정보를 만들어 내는 데이터 분석가, 그리고 분석결과를 활용하는 개인, 민간, 공공 기관과 같은 데이터 사용자에 대한 종합적인 정책을 마련하고 이를 적용해야만 한다.

자율주행차의 책임소재와 트롤리 딜레마

자율주행이 상용화되면 교통사고가 발생할 경우 책임소재의 주체가 문제가 될 수 있다. 자율주행 상태에서 차량에 대한 통

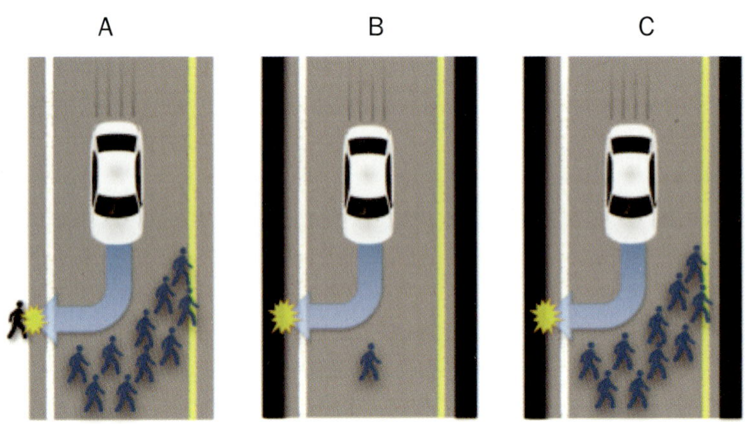

윤리학의 고전적 문제인 트롤리 딜레마가 자율주행차에도 적용된다. 상황A는 직진하면 10명이 다치게 되고, 방향을 꺾으면 1명만 다친다. 상황B는 직진하면 보행자 1명을 치게 되고, 방향을 꺾으면 운전자 본인 1명만 크게 다치거나 사망할 수 있는 상황이다. 상황C는 그대로 직진하면 여러 명이 다치거나 죽고, 방향을 꺾으면 운전자 본인 1명만 죽거나 다치는 상황이다. 자율주행 알고리즘이 이런 상황에서 어떤 판단을 내리도록 설계되어야 할까?

제권을 인간이 아닌 기계가 가지게 되는 단계부터는 운전자에게 사고책임을 물을 수 없기 때문에 책임 주체에 대한 논란이 불가피하다. 앞으로 자율주행 시장이 확대되면 운전자가 아닌 자동차 제조업체가 배상책임을 질 가능성이 큰 것으로 보험업계는 보고 있다. 이럴 경우 '주행 중 사고는 운전자의 책임'이라는 자동차 보험의 기본 전제가 무너지기 때문에 보험제도의 변화가 불가피하다.

트롤리 딜레마(Trolley Dilemma)라 불리는 윤리적인 이슈도 문제가 될 수 있다. 만약 자율주행차가 충돌을 피할 수 없다면 누구를 보호하고, 누구를 희생해야 할지에 대한 판단을 해야 한다. 자율주행을 위한 인공지능 알고리즘이 인간의 생명에 영향을 끼치는 판단을 할 경우 무엇을 기준으로 판단해야 할지, 그런 판단을 소프트웨어 알고리즘에 맡겨도 되는지에 관한 윤리적인 이슈가 제기될 수 있다.

바이오닉스와 트랜스휴먼

트랜스휴먼(Transhuman)은 과학과 기술을 이용해 정신적, 육체적 능력을 개선한 인간을 의미한다. 과거 모든 종들은 자연선택의 법칙에 따라 진화를 거듭해 왔으며 자연환경에 맞춰 생존하는 종만이 진화할 수 있었다. 하지만 이제 인류는 과학기술로 스스로의 진화에 관여하는 것이 가능해졌다. 인공심장, 인공관절, 그리고 각종 보철물 등을 몸속에 삽입해 생명을 연장하고 있다. 인간의 혀나 코보다 만 배나 더 섬세한 바이오 전자 혀와 전자 코를 개발하고 있고, 인공 귀까지도 만들어 내고 있다. BMI 기술의 진화로 인간의 뇌에 데이터를 업로드하고 뇌로부터 정보를 다운로드 받을 수 있다면 인간은 트랜스휴먼에 한 단계 더 다가가는 셈이다. 뇌에 데이터를 바로 입력하는 세상이 온다면 힘들게 공부해서 지식을 충전할 필요가 없는 세상, 영어나 수학, 소프트웨어 코딩을 배우고 싶으면 학원이 아닌 마트에 가서 전문가의 지식이 들어간 지식데이터를 구입하는 시대가 올 지도 모른다.

바이오닉스는 자연법칙에 의한 진화가 아니라 인간이 스스로 만든 기술과 규칙에 따라 인위적인 진화를 가능하게 한다. 이는 여러가지 사회적인 부작용을 야기할 수 있다. 트랜스휴먼은 종교적으로는 인간 존엄성과 인간의 도덕적 지위를 훼손할 수 있다는 우려가 있으며, 사회적으로도 공정성이 훼손되고 불평등이 심화될 수 있다는 비판이 제기되고 있다. 트랜스휴먼이 치료의 목적을 넘어 인간의 '진화'를 위해 사용된다면 빈부의 차이에 따른 양극화가 심화될 수 있다는 우려다. 인간의 신체에 하드웨어와 소프트웨어가 심어 지고, 이들이 네트워크로 연결된다면 인간을 대상으로 하는 해킹이 또다른 사회문제가 될 수도 있다. 바이오닉스 기술에 대한 연구가 윤리적인 논의와 병행하며 진행되어야 하는 이유다.

기술발전이 가져올 윤리적, 도덕적 과제

인공지능과 로봇이 스스로 학습하는 능력 때문에 인간의 통제를 벗어나 인류를 지배할 수도 있다는 SF영화의 단골 소재가

현실이 될 수도 있다. 테슬라의 CEO 일론 머스크는 인공지능 연구는 악마를 소환하는 것과 다름없으며 제3차 세계대전의 원인이 될 수 있다고 경고하고 있다. 영국의 세계적인 물리학자인 스티븐 호킹 박사도 인공지능을 활용한 무기와 로봇들이 상용화되면 세계적인 군비경쟁을 촉발시키고, 스스로 판단하고 인간을 공격하는 로봇의 대량생산으로 인류멸망을 자초할 수 있다고 지적했다. 인공지능과 로봇기술을 안전하고 인류에게 이로운 방향으로 발전시키는 노력과 정책이 수반될 필요가 있는 것이다.

지능형 로봇기술의 발전으로 미래의 휴머노이드 로봇이 감정을 지닐 수 있는 단계가 되면 로봇과 인간의 영역 구분에 대한 윤리적인 문제가 대두될 수도 있다. 감정이 있는 로봇을 단순한 기계를 넘어 하나의 인격체로 인정하고 대우해야 하는지에 대한 질문이다. 2001년에 개봉한 스티븐 스필버그 감독의 공상과학 영화인 'A.I'는 인간을 사랑하도록 프로그래밍된 로봇 인간이 결국 가족으로부터 버려진 후 인간이 되기 위해 여행을 떠나지만 그 꿈을 이루지 못한 채 기능이 정지되어 버리는 안타까운 내용을 다루고 있다. 바람직한 미래의 로봇 사회를 준비하기 위해서는 기술 뿐 아니라 윤리적인 이슈도 함께 논의되어야 한다.

디지털 기술 발전이 야기하는 소득 불균형 문제도 해결이 시급하다. 미국 MIT 대학의 브린욜프슨 교수와 맥아피 교수는 디지털 경제의 발달로 소득 양극화가 심화되는 현상을 '극심한 디커플링(The Great Decoupling)'으로 표현하고 있다. 컴퓨터와 디지털 기술의 발달로 지난 수십 년간 국민총생산은 꾸준히 상승했지만, 이에 반해 중산층은 점점 축소되어 왔다. 경제성장의 과실이 중산층의 소득증가와 연결되지 않고 분리되는

'디커플링 현상' 때문이다. 디지털 기술 발달이 가져온 경제적인 부(富)가 균등하게 분배되지 않아 소득 양극화의 골이 점점 깊어지고 있다는 의미다. 최근 미국에서는 소득 상위 1%에 속하는 계층이 경제성장으로 새로 창출된 이익의 2/3를 가져가고 있다. 그 결과 중위층의 소득은 점점 줄어들어 중산층이 축소되고 있는 것이다. 이러한 빈익빈 부익부의 문제는 미국 뿐 아니라 대부분의 선진국에서 나타나는 공통적인 현상이다. 4차 산업혁명의 결과로 경제규모가 확대되더라도, 늘어난 경제적인 부가 재대로 분배되지 않고 일부에게 쏠리게 되면 소극 양극화는 점점 심화될 수 밖에 없다. 디지털 기술이 야기하는 소득 불균형 문제를 해결하기 위한 사회적 차원의 논의가 필요한 이유다.

에필로그

1769년 제임스 와트가 증기기관을 발명한 후 45년이 지나서야 증기기관을 이용한 기차가 등장했다. 초창기의 증기기관은 효율이 낮아 기관차 엔진으로 바로 사용할 수 없었기 때문이다. 증기기관 엔진을 장착한 최초의 기관차는 1814년 조지 스티븐슨이 상용화에 성공했다. 증기기관차가 상용화되기 이전에 이미 철도가 부설되기 시작했는데, 아이러니하게도 기관차가 없는 철도 위의 수레는 말이 끌고 다녔다. 철도가 기관차의 상용화 시점보다 먼저 부설되면서 나타난 현상이다.

당시에는 많은 사람들이 철도 위의 짐차를 말이 끄는 게 당연하다고 생각했다. 다수의 역마차 회사가 생긴 것도 이 때문이다. 하지만 증기기관차가 상용화된 지 10년 정도 지나면서 대부분의 역마차 운영회사들은 도산했다. 오랜 기간 운송업을 해오던 이들 역마차 사업주들이 증기기관차라는 기술변화를 무시했기 때문이다. 기관차 기술이 개발된 초기에는 비용이 많이 들 뿐 아니라 효율이 낮아 역마차 사업주의 입장에서는 숙련된 말을 이용하는 것이 훨씬 더 경제적이었다. 하지만 말을 유지하고 관리하는 데에 드는 비용은 점진적으로 증가하는 반면 증기기관차를 이용하는 비용은 기하급수적으로 감소하고 효율은 획기적으로 늘어난다는 사실을 역마차 사업주들은 내다보지 못했다.

4차산업혁명은 이전에는 가능하지 않았던 새로운 도구들을 우리 손에 쥐어 주고 있다. '초(超)지능화'와 '초(超)연결성'이라는 특성을 가진 이들 기술들은 기업내 업무 최적화나 고객과의 소통, 그리고 제품과 서비스를 혁신하는 디지털 트랜스포메이션의 기회를 제공한다. 주어진 기회를 제대로 활용하지 못하는 기업은 철도 위의 짐차를 말이 끌도록 했던 역마차 사업주들의 실수를 반복하는 셈이 된다.

산업인터넷을 통해 GE를 디지털 제조기업으로 혁신한 제프리 이멜트 회장이 2017년 CEO에서 물러났다. 이멜트 회장은 2001년 CEO로 취임한 이후 금융과 미디어 분야를 과감하게 정리함으로써 GE를 에너지, 항공, 헬스케어 등 미래지향적인 산업전문기업으로 탈바꿈시켰다. 그리고 소프트웨어 회사로의 변신을 선언하며 4차산업혁명의 선두주자가 될 것임을 천명해 왔다. 이멜트 회장의 사업 포트폴리오 구조조정은 성공적이었지만 GE의 주주들로부터 박수를 받지는 못했다. 그가 GE의 사령탑을 맡은 이후 다우존스 지수는 121% 상승한 반면 GE의 주가는 오히려 30% 하락했다. 이멜트 회장이 GE를 떠나게 된 주요 배경이다. 2018년부터 GE의 새로운 수장이 된 로런스 컬프 CEO가 비용절감의 차원에서 산업인터넷 등 GE가 과감하게 진행해 왔던 디지털 부문의 투자를 줄일 가능성이 크다.

나이키 플러스를 출시하며 소비재 시장에서 사물인터넷을 리드했던 나이키도 손목에 차고 운동량을 측정해 주는 나이키 퓨얼밴드의 생산을 중단했다. 나이키 디지털 스포츠 부서의 하드웨어 담당 팀의 인력도 절반 이상으로 줄었다. 하드웨어 사업에 대한 자사의 경쟁력이 크지 않다는 판단 하에 사용자 데이터를 분석하고 SW 생태계를 구축하는데 초점을 맞추기 위해 웨어러블 기기 관련 하드웨어 부분의 투자를 줄인 것이다. 대신 하드웨어에 핵심역량을 지니고 있는 애플과의 파트너십을 강화하고 있다.

4차산업혁명을 위한 제품 혁신 분야의 선두주자였던 GE와 나이키의 투자 축소를 디지털 트랜스포메이션의 실패로 해석해서는 안된다. 새로운 기술이 시장에 커다란 변화를 야기할 때 초기 단계에서 시행착오를 경험하는 기업들이 나오기 마련이다. 1990년대 중반 전자상거래 시장의 초창기에 스테이플이나 월마트 같은 대기업들은 독립된 온라인 자회사를 설립하는 등 상당한 투자를 단행했으나 수익 발생이 예상보다 늦어지자 투자를 줄였다. 하지만 전자상거래가 지속적으로 성장해 소매시장에서 상당한 점유율을 차지하게 되자, 전통적인 유통기업들은 이전보다 더 많은 리소스를 전자상거래 부문에 투자하고 있다.

디지털 트랜스포메이션도 마찬가지다. 상당한 규모의 투자에도 불구하고 초기단계에서는 새로운 기술의 완성도가 부족하거나 고객들이 혁신된 제품을 받아들일 준비가 되어 있지 않아 예상보다 수익이 적게 나고 투자에 대한 회수가 더딜 수 있다. 이럴 경우 기업의 최고 경영진은 기술과 시장, 그리고 수익성의 균형을 고려해 디지털 혁신을 위한 투자 속도를 조절할 수밖에 없다. 하지만 디지털 혁신에 대한 투자감소가 디지털 트랜스포메이션에 대한 비전이 잘못되었음을 의미하지는 않는다. 전자상거래 시장이 확대되면서 100년 이상된 거대한 백화점들이 파산하는 '소매점의 몰락(Retail Apocalypse)'이 현실화되자 대부분의 오프라인 유통기업들은 온라인 비즈니스에 대한 투자를 이전보다 늘리고 있는 것과 같은 이치다. 장기적으로 디지털 트랜스포메이션, 특히 '스마트 제품' 혁신은 점점 늘어나 향후 다양한 산업에서 경쟁 구조를 바꾸는 역할을 할 것이다.

디지털 혁신을 위해 ICT 분야에 투자할 경우 디지털 트랜스포메이션의 목적을 분명히 설정하는 것이 중요하다. 산업내 경쟁기업이 디지털 혁신을 추진하고 있다는 이유로 급하게 혁신을 추진하면 실패할 가능성이 크다. 수많은 기업들이 마케팅 혁신을 위해 CRM(Customer Relationship Management) 솔루션을 도입했으나, CRM 투자의 성공 확률은 20% 정도에 지나지 않는다. CRM 투자에 성공한 기업들은 CRM의 목적을 명확히 설정하고, CRM 솔루션과 함께 조직의 변화를 병행했다는 공통점을 가지고 있다. 반면 CRM 도입이 산업 내 대세가 되면서 경쟁기업이 추진한다는 이유로 명확한 목적과 조직의 변화없이 성급하게 CRM 솔루션에만 투자한 기업들은 대부분 실패했다. ICT 투자는 기술 그 자체보다는 조직의 변화가 성공을 좌우하는 경우가 대부분이다. 디지털 트랜스포메이션도 사람과 조직이 변해야 기술 투자가 효과를 발휘할 수 있다.

4차산업혁명이 진행될수록 디지털 트랜스포메이션이 기업의 경쟁우위를 결정할 가능성이 크다. 디지털 기술을 활용한 제품 혁신의 기회를 살려 시장을 재편하며 마켓 리더가 되는 기업이 등장하는 반면, 디지털 혁신에 실패해 디지털 다위니즘의 희생이 되는 기업도 나타날 것이다. 특히 사물인터넷을 사용한 디지털 혁신을 추구하는 기업들은 제품 플랫폼 전략이 필요하다. 제품 혁신을 위해 기업의 내부 자원에만 의존하는 성당 방식보다는 파트너를 플랫폼에 과감하게 동참시키는 시장 메커니즘이 필요함을 인식해야 한다.

4차산업혁명이 디지털 트랜스포메이션을 통해 효율을 증대시키고 인류의 삶을 한단계 업그레이드 시킬 수 있지만, 새로운 기술이 야기할 수 있는 부작용에 대한 이해도 중요하다. 인공지능과 로봇은 기술적 실업(失業)을 증가시킬 수 있고, 사물인터넷과 빅데이터 기술 등은 개인의 사생활 보호에 위협이 된다. 인간의 판단을 기계가 대체하면서 도덕적이고 윤리적인 이슈가 제기될 수도 있다. 과거 증기기관(1차산업혁명), 조립과 대량생산(2차산업혁명), 그리고 정보기술(3차산업혁명)이 인류의 생산성을 매번 큰 폭으로 확대한 뒤 재분배 실패라는 거대한 그늘을 우리 사회에 드리운 것처럼, 4차산업혁명은 빈부격차와 양극화를 더욱 심화시킬 수도 있다. 새로운 기술의 빛과 그림자를 모두 인식하고 슬기롭게 사용해야만 부작용을 최소화할 수 있다.